PENGUIN ENGLISH POETS
GENERAL EDITOR: CHRISTOPHER RICKS

BEOWULF

The only manuscript of the Old English *Beowulf* dates from about the year 1000. The poem was composed generations earlier, and its story is set centuries earlier still, on the North Sea coasts from which the Angles and Saxons came to Britain. It shows the northern heroic world, a world of deep interest to its Christian audience as the world of their ancestors, presenting it with a tragic reserve. This is the first edition of the text of the poem to have a full facing glossary.

Michael Alexander is Berry Professor of English Literature at the University of St Andrews. His translations, *The Earliest English Poems* and *Beowulf*, have become well-known Penguin Classics. A revised and expanded edition of *Beowulf: A Verse Translation* is to appear in 2001. Other publications include *Old English Riddles from the Exeter Book* (verse translations), *A History of Old English Literature*, *Twelve Poems* and *The Poetic Achievement of Ezra Pound*. His one-volume *A History of English Literature* (Palgrave), appeared in 2000.

BEOWULF:
A Glossed Text

Edited by MICHAEL ALEXANDER

PENGUIN BOOKS

PENGUIN BOOKS

Published by the Penguin Group
Penguin Books Ltd, 80 Strand, London WC2R 0RL, England
Penguin Putnam Inc., 375 Hudson Street, New York, New York 10014, USA
Penguin Books Australia Ltd, 250 Camberwell Road, Camberwell, Victoria 3124, Australia
Penguin Books Canada Ltd, 10 Alcorn Avenue, Toronto, Ontario, Canada M4V 3B2
Penguin Books India (P) Ltd, 11 Community Centre, Panchsheel Park, New Delhi – 110 017, India
Penguin Books (NZ) Ltd, Cnr Rosedale and Airborne Roads, Albany, Auckland, New Zealand
Penguin Books (South Africa) (Pty) Ltd, 24 Sturdee Avenue, Rosebank 2196, South Africa

Penguin Books Ltd, Registered Offices: 80 Strand, London WC2R 0RL, England

www.penguin.com

First published 1995
Revised 2000
10

Editorial matter copyright © Michael Alexander, 1995
All rights reserved

The moral right of the editor has been asserted

Map drawn by Nigel Andrews

Set in 9.5/13pt Monotype Times New Roman
Typeset by Datix International Limited, Bungay, Suffolk
Printed in England by Clays Ltd, St Ives plc

CONTENTS

To Mary,
Lucy, Patrick and Flora

INTRODUCTION

Beowulf is the greatest surviving Old English poem, and it is also the longest, with 3,182 lines of verse, more than one-tenth of the verse remaining from Anglo-Saxon times. Other epics are longer – the *Iliad* is five times as long, the *Aeneid* three times – but *Beowulf* is condensed. The text survives in a single manuscript, now in the British Library, into which it was copied along with other texts in about the year 1000. The story is set in a southern Scandinavian world remote from though ancestral to its Anglo-Saxon audience. After 1066 there was no audience for *Beowulf* at the French-speaking court. And the Conquest accelerated changes in English which put the archaic poetic dialect of *Beowulf* out of reach of English audiences. By Chaucer's day, when English had regained parity with French as a major literary medium, the old poem would have been unreadable.

Anglo-Saxon origins became of interest when the Church in England became the Church of England, but it was not until the eighteenth century that examples of Anglo-Saxon verse were printed. *Beowulf* was first edited by Thorkelin, an Icelander in the service of Denmark, who published it in Copenhagen in the year of Waterloo, with a translation into Latin. The first vernacular translation was into Danish, by the poet Gruntvig in 1820. Extracts had appeared in England early in the century, and Tennyson tried his hand at a few lines in 1830–31.

The first English edition of the whole text, by Tennyson's friend Kemble, was published in 1833. There were several scholarly editions in the next hundred years, culminating in the encyclopaedic editions of F. Klaeber. A better literary understanding of the poem came with J. R. R. Tolkien's British Academy lecture of 1936, 'Beowulf: The Monsters and the Critics'. Since then Victorian mediaevalism and the cult of the North have long since passed away, and Beowulf has emerged from its antiquarian chrysalis and joined the company of the English poets. It has gained a wide audience, partly through translation and adaptation. As knowledge of older languages becomes rarer, older literature will survive only on grounds of literary merit, that is, of artistry and lasting human interest, and on such grounds Beowulf will live.

This edition has a special format in which the text is faced by a page with a very full glossary. It is designed for modern students of the poem, not for students of the editorial problems of its text. Text and procedure are discussed in the Editorial Preface which follows this Introduction.

Beowulf opens with an account of Scyld's arrival from the sea, of his life of conquest and his mysterious burial in a ship, an overture that draws us into a past heroic world, a world known to Anglo-Saxon audiences as the world of their ancestors. The subject-matter of the poem is historical and legendary, and its history is the history of the dynasties ruling the Baltic and North Sea coasts in the fifth and sixth centuries. It was from these coasts and in these centuries that the English had come to Britain, as the Anglo-Saxon Chronicle entry for 937 records in a historical retrospect. I translate:

> . . . from the east came
> Angles and Saxons up to these shores,
> Seeking Britain across the broad seas,
> Smart for glory, those smiths of war
> That overcame the Welsh, and won a homeland.

We know from the Chronicle, begun under Alfred, that to the rulers of the English kingdoms their continental ancestors were of deep interest, since they ruled by right of conquests made by those ancestors. West-Saxon genealogies go back to Noah via Woden, and include three names mentioned early in Beowulf – Scyld, Shef and Beow.

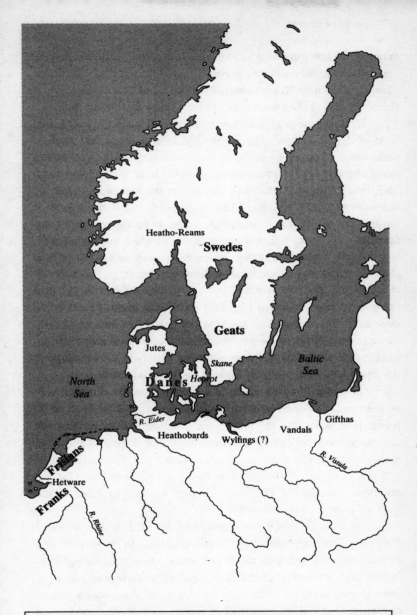

The Geography of *Beowulf*

When in the seventh century the islanders became Christians they sent missionaries to the continent to give the good news to their Germanic cousins. The Anglo-Saxon audience was proud of its ancestors, yet, as the poem says of the Danes, 'they did not know God' (line 180).

We know nothing specific about the milieu of the poem, and little of its provenance. The manuscript in which our text appears was copied about the year 1000 in the classical Late West-Saxon dialect by two scribes, the second of whom took over at line 1939. The three prose texts preceding *Beowulf* in the manuscript describe monsters or giants, and the climax of the poem following *Beowulf*, a paraphrase of the story of Judith, is the beheading of a human monster. Whoever gathered these texts collected monster-stories, but this tells nothing about the milieu of *Beowulf*. It used to be held that the poem was copied from a version of an original composed much earlier, perhaps around the time of Bede's death in 735. But the poem's assimilation of Christian terms now seems to indicate a later date. The recent proposal that the poem was composed after the year 1000 by the scribe who touched up folio 182 is unconvincing since it is evident that this man did not understand the language of the poem very well, probably because he found it archaic.

Questions of composition and transmission are complex and, as the history of the Homeric question shows, not easily open to proof. It is likely that the poem's composition had more than one oral stage and more than one written stage. The poem has a decided unity, but the argument from design does not prove the existence of a single designer. Although it is by no means required that we renounce the idea of the single literary author, to talk of 'the *Beowulf*-poet' is to oversimplify.

For what audience was *Beowulf* composed? It would be odd if the ruling families of the Anglo-Saxon kingdoms in the seventh and eighth centuries had had no stories about their conquering forefathers and continental grandfathers. Indeed we have such stories in early poems such as *Widsith*, a catalogue of the peoples of the migration that followed the fall of Rome, and of their rulers and heroes, including names prominent in *Beowulf*.

The knowing way in which *Beowulf* alludes to tales of Finn and of Ingeld makes it clear that their stories were in oral circulation before there was a written *Beowulf*, and much of the poem may have been available in oral verse tradition before a monk dipped his quill in ink. In which case, the writer who gave the poem its final shape shares the credit of authorship with the unlettered poets who went before him, unclerical poets like those celebrated in the poem. Whoever wrote it, it is likely that a written version substantially similar to the text we have was in existence before the death of King Alfred in 899.

The traditional language of poetic composition is a conglomerate, but the Anglian component which shows through our West-Saxon text has suggested that one stage of the poem's composition took place north of the Thames at a court with Scandinavian ancestral interests. West-Saxon genealogies include names found in *Beowulf*; the Hengest of the poem may be the Hengest who came to Kent in 449; and the Offa of the poem was claimed as an ancestor for Offa of Mercia in the eighth century. So the poem's history too is a conglomerate. The writer of *Beowulf* must be presumed to have been a cleric, for whom the heathen ancestors of his king would have been like Old Testament kings of Israel, such as Saul or David. Some clerics had the same ancestors as their kings.

The action begins in the early sixth century in Zealand at Heorot, the court of Hrothgar, king of the Danes, which is terrorized by a monster. Hrothgar is then helped by Beowulf, a nephew of Hygelac, king of the Geats, a people of southern Sweden. The poem ends with the death of Beowulf in Geatland after his fight against a dragon. The Geats now expect to be attacked by their neighbours the Swedes and also by the Merovingian Franks, who had been raided by Hygelac. The turning point for the Geats in the poem was Hygelac's death in a rash expedition against the Frisians and the Hetware on the northern edge of the Frankish empire. Hygelac's death, four times recalled in the poem, is recorded late in the sixth century by Gregory of Tours in his *Historia Francorum*, and also in an eighth-century history of the Franks. The death of the historical Hygelac must have happened in about the year 520.

What *Beowulf* relates of the Danes, Swedes and Geats, then, has a strong basis in the events of history, though a history shaped in legendary patterns. Hrothgar was the legendary king who held court at Lejre and founded the town of Roskilde, still the burial place of Danish kings. The account of life at Hrothgar's hall Heorot is given the gloss of epic poetry, but also has its value as social history. The poem concerns the dynastic history of Denmark, Geatland and Sweden over two or three generations, and the names and events fit with other northern sources for this period.

The poem itself deals with legend rather than history, however, and is called after a hero who is more mythical than historical. In no other source do we find the name Beowulf (or Biowulf, as he is called by the second scribe of the manuscript). Courageous and wise, he is as strong as thirty men and a champion swimmer. Repaying a favour done to his father, he goes to Hrothgar and volunteers to fight Grendel at night with his bare hands. He dives into a lake to seek out Grendel's mother in her lair. Obliged later to take the throne of Geatland, he rules well for fifty years. When a dragon attacks his people, he meets it in single combat. The bold and magnanimous hero becomes a peace-loving and generous king. Monster-haunted old Scandinavia was a suitable place for such adventures and such a man.

There are two narratives in the poem, the story of the northern dynasties and Beowulf's own story. The dynastic history is also the far-back family history of those who were the patrons of poetry and of its audience. Then there is the heroic story of Beowulf, an archetype not an ancestor. He has no son, but represents the best that a hero could be and do in one lifetime. The pattern of that life is a mythical one. Supposedly lazy in youth, he becomes a glorious monster-slayer, then a champion of his king, then a king beloved of his people. At the end of his peaceful reign he kills the dragon; but he is a man, and must die.

The dynastic and the personal narratives compare the life of the heroic age with the life of a hero: what the experience of living in the heroic age had been like, and what the ideal hero could be like. The Anglo-Saxons looked for ethical wisdom in their poems, and this poem is preoccupied with the fate of heroes, of dynasties and of nations. There is a post-imperial perspective on the eventual fall of Heorot and the impending extinction of the Geats. The mode of the poem is retrospective from the first: 'Listen! We have heard of the glory of the kings of the people of the Spear-Danes, how in former days those princes accomplished glorious deeds.' Such a perspective comes not simply from the uncertainty of life in the Dark Ages, nor from the sobriety which a review of tribal history might induce in a reflective historian of the North. The fall of the Roman Empire had been read by Augustine in the light of the Apocalypse, and we see the action of the poem in the grey light of the latter days of the heroic age. Insofar as the gnomic commentary of the poem is clerical, it is a Mirror for Magistrates of the post-heroic age, held up for kings and counsellors. The portrait of the noble Beowulf is surrounded by portraits of less ideal heroes and kings: Hygelac is rash, Heremod a tyrant, Finn and Hrothulf treacherous; Ongentheow is a terrible enemy. The noble Hrothgar confesses to Beowulf that he himself had grown complacent in his prosperity.

Beowulf tells Hygelac that Hrothgar used to recite poems about the past which were both *soth* and *sarlic*, true and painful. The second half of the poem relates the Geat-Swedish wars, ending in the messenger's true forecast of pain to come: the Geats were absorbed into the Swedish empire. Heroic obligations were often in conflict in a warrior society of tribal kingdoms: the law of hospitality and the law of vengeance for a lord or a kinsman; the duty to avenge a father and the duty to a wife. The Danish princess Hildeburh, standing at the pyre of her husband, her brother and her son, is an unforgettable figure of the suffering entailed in heroic ideas of duty, a suffering constantly renewed by vengeance. The blood-feud unravelled the 'peace-weaving' bond of dynastic marriages such as the marriage of Hrothgar's daughter Freawaru to Ingeld. No sooner is Heorot built than we are reminded that it will be burnt down because of the hatred of those who have bound themselves to each other by oaths. Some of the ethical problems brought into the poem are extreme cases: after one of the sons of Hrethel the Geat has killed another in an archery accident, the father dies of grief, for this killing can neither be avenged nor settled by *wergild*. Some things cannot honourably be avoided: king Heardred of the Geats pays with his life for sheltering the exiled heirs of the neighbouring Swedish kingdom. This is almost as if *Macbeth* had ended with the usurper killing Edward the Confessor. An epic is also a tribal encyclopaedia, and *Beowulf* is a lexicon of the warnings offered by history to heroes and rulers. Many of the allusions and episodes of the poem are lost at first on a modern reader, and some of them will remain lost. It is unlikely that a later Anglo-Saxon audience would have recognized every tragic irony with the clarity of a well-instructed audience of *Oedipus Rex*. But they would have taken the general point of the constant comparisons and caught the tone of the allusions.

Scholars have thrown light on most of the many obscure references of *Beowulf*, so that the remaining difficulties are local, though not negligible. The general narrative method of the poem used to perplex scholars looking for a *Beowulfiad* with classically subordinated episodes. It is now understood that the episodes and stories told in parallel to Beowulf's own story are not digressions. Allusive and locally opaque to us, they are not told for their own sake but reflect the main theme. These comparisons show the imperfection, cost and violence of heroic life over time, whereas Beowulf's almost mythical life-cycle shows the ideal subordination of heroic virtue to the common good. It is noticeable, however, that the episodes related when Beowulf is a mature king are more historical and less legendary than when he was a young hero. These later stories of war are also less encouraging. In the introduction to my verse translation of *Beowulf* I remarked that Beowulf's two away wins were followed by a home defeat. Whatever the fortunes of any English descendants they may have had, the Geats, unlike the Danes, the Franks and the Swedes, were to be relegated by history to a lower division.

Though the names are unfamiliar to us, the episodes are told as if familiar, and told with an eye to thematic relevance rather than to chronological exposition: the second Geat-Swedish war is recalled before the first. Unstraightforwardness is found also in the style of the poem. Old English verse (see the Note on Metre) is in a uniform measure, each line a balance of two-stress phrases. Oral composition formed a style in which the sense constantly advances and consolidates, states a theme and varies it. Even the narration of an action as simple as Beowulf's voyage to Denmark is marked by variation of sense within symmetry of sound. And narrative recapitulations (as when Beowulf tells Hygelac about his time in Denmark) do not merely repeat material but add meaning. This variation of sense narrowly escapes repetition, and avoids straightforwardness by an ingenuity which can seem perverse. *Beowulf* is hard to translate into modern English prose, because the word-order and element-order of modern speech favour a straight march along the line of sense. Even the plain verdict on Scyld's reign – *þæt wæs god cyning* – is a poetic understatement. The diction of Old English verse is traditional and archaic compared with that of Old English prose. The audience seem to have been accustomed to expect that things should rarely be taken at face value. They valued wisdom, the enigmatic as well as the plain. Riddling was very popular with the Anglo-Saxon hierarchy of Bede's day, and the riddle is the clue to Anglo-Saxon verse style: it needs to be unknotted.

In a poem from such a remote world, a poem which looks backward rather than forward, difficulties of cultural access remain for the modern reader. The unique is not easy to assimilate. *Beowulf* is set in a period of which records are scarce, and was composed in a period of history known to few. It is part of a literature which, when studied as literature, has to be studied without much context. Access to *Beowulf* can admittedly be gained also via the generic literary category of the epic poem, but Homer and Virgil are not well known to most teachers of English literature, at least in Britain. And so, for the student and general reader, Beowulf's tomb stands on a headland at the far end of the Middle Ages, beyond the

Norman Conquest. Between it and the next literary monument, which may be Shakespeare rather than Chaucer, lies a gulf plied by monsters. Here be dragons. We do not know what to make of dragons, or of fairy-tales. Grendel, his mother and the dragon show evil as physically manifest in the world, which is contrary to liberal literary convention, though not to the realities of modern history. We wonder at the monsters, and wonder what they represent.

Grendel is a house-troll promoted from folk-tales: the ghost of the unburied who haunts Icelandic farm-houses. A man-eater from the fens, he has eyes of fire, nails like steel, a grip to tear you apart and a dragon-skin sack to put you in. As his name suggests, he has grinding teeth. He is mixed beast, spirit and man. Feral in habit, he wanders the margins of earth and water, and dwells beyond them. He is a demon from hell. And he is also human, though of giant stature and without speech and reason. He has no lord and no table manners, and does not know the use of arms. He is of the kin of Cain, the first-born man, marked by God for his fratricide and driven out from mankind. Grendel hates the sound of the feast in Heorot, with its song of creation. His mother is weaker, but formidable enough in her hall, which has fire and air, though reached through water. Both monsters are proof against ordinary human swords.

Sometimes we see a cloud that's dragonish, as Shakespeare's Antony says, which implies that we know what dragons look like. Reptilian fire-breathing treasure-guarding dragons were met by such classical heroes as Jason. The *Anglo-Saxon Chronicle* says that in Northumbria fiery dragons were seen flying in the air in the year 793. They fly at night and can strike like lightning to set fire to houses. Bible commentaries had linked the serpent of Eden with the dragon of the Apocalypse. In the popular scene of the harrowing of hell, Satan is a dragon. St Michael and St George slay dragons. The Northern dragon dwelt in a mound, jealous of his gold. Beowulf's killer is a classic dragon, more visible than Grendel, and more symbolic.

How far did the audience of *Beowulf* believe in such monsters? In a world of unexplained wonders the natural is not divided from the supernatural, yet we should not exaggerate the credulity of the English hierarchy under archbishops like Theodore of Tarsus. Gregory the Great, who sent the Angles the gospel, taught that we must believe its miracles, but that we should not expect miracles in our age. Bede recounts many miracles from the past, not from his own day. One approach to a solution is offered when the despairing Danes sacrifice to their heathen idols at *Beowulf*, line 175. The heathen god is identified with the slayer of souls, the devil, in the tradition of the representation of false gods in the Old Testament. The poem presents its world as a kind of ancestral Old Testament, a heroic age under a former dispensation, where wonders are to be expected.

Insofar as the audience thought of the monsters allegorically, Grendel and his mother are possessed by the *invidia* which leads to violence and feud, the curse of heroic society. They are kindred of Cain, unlike the dragon, which is elemental and bestial, neither human nor demon. It destroys to avenge not the death of kindred but the theft of a possession. If Grendel is moved by a Cain-like hatred to murder sleepers after the feast, the dragon kills for a stolen cup. Its outraged possessiveness offends against the magnanimity of a Beowulf. For the hero himself, the dragon represents death, a terror from which he does not flinch.

Before he dies Beowulf asks to see the gold, which he has won for the Geats but which proves useless both to him and to them. Beowulf's epitaph is that of all kings he was the mildest, the gentlest and the dearest to his people – and the keenest for fame. But is he too keen on the dragon's famous gold? Could it even be that we should regard him as damned? This is a problem for some critics rather than for the poem, which can be explicit but sometimes takes care not to be. It is clear that Beowulf lives a noble life and is prepared to die for his people, but that he cannot know God in the way the audience can. The fact that Beowulf lives under the old dispensation limits his understanding but not his stature under the heavens. The poem allows a Christian perspective upon the heroic world, a humane but hard world, in which valour is the supreme virtue and discretion its better and rarer part. *Beowulf* is a heroic poem: it gives us the heroic world, good and bad, and a hero whom we can admire.

EDITORIAL PREFACE

The text is faced by a very full set of word-by-word glosses. Footnotes are designed to give on the page all essential information, except for what is found in the Glossary of Proper Names at the end of the book.

The text of *Beowulf* is found in MS Cotton Vitellius A.XV in the British Library. This West-Saxon MS of c.1000, containing four other texts about monsters and bound up with an unrelated MS, came into the collection of the antiquarian Sir Robert Cotton, who died in 1631. Earlier it had passed through the hands of Lawrence Nowell, Dean of Lichfield, for the MS bears his signature, dated 1563. Before this its history is unknown. The MS, already scuffed on the outside of some quires, was damaged by a fire at the Cottonian Library in 1731 and some of its edges have since crumbled. The received text presented in modern editions contains many readings preserved in two transcripts of the Cotton MS made in 1786–87 by the Icelander Thorkelin: one transcript was made by a copyist, the other by Thorkelin himself. The base text of the poem is the product of the collation of the MS with the transcripts, but this base text has required much emendation by editors and scholars. Of the 3,182 lines of the poem in modern editions, about 750 print a reading restored from a transcript or emended by an editor. Counting words rather than lines, there are about 20,000 Old English words in a modern printed text. Of these, more than one thousand have been restored or emended. Wrenn's edition, for example, accepts emendations from over thirty different sources. Restorations and emendations to the MS text are proposed and accepted where editors think the text is defective or cannot be made to make sense. Such changes to the text of the MS are often small and may seem entirely convincing, but it should be realized that as many as one in twenty of the words in the edited text are in some respect restored or improved.

As in other manuscripts of Old English verse, the text is untitled and written out continuously as prose, using a word-division and punctuation which do not correspond to modern conventions. Modern editions print the Old English text in sentences which follow modern conventions of punctuation and capitalization. These repunctuated sentences are further arranged in lines of verse, usually leaving a gap in the middle of the line as a prompt to the reader to read it as verse. Moreover, many Old English words in the MS are silently joined up in modern editions and printed as one word, sometimes with the modern device of the hyphen to indicate a compound. Other MS words are silently divided and printed as a hyphenated word, or as two words. Modern editions in this respect differ more from the MS than do most modern editions of classical texts. Finally, there are the Old English letter-forms. A student who sees that the Old English letter-forms for 'th' are preserved in modern editions may suppose that these editions are especially close to MS forms. But editors do not preserve other Old English letter-forms, such as the 'w' form, which are as strange to modern eyes as the 'th' forms. A serious student might examine a facsimile page of the MS to ascertain how far it differs from modern texts. This is best seen in the Early English Text Society facsimile and transcription by Norman Davis. Individual folios are reproduced in other editions.

The text of the Penguin English Poets edition of *Beowulf* is based on the editorial tradition reflected in the standard English-language editions of Klaeber and Wrenn-Bolton, which print the readings of scores of earlier editors and scholars. As explained above, editors have to grant readings from Thorkelin's transcripts an authority not far below that of the MS. This edition has also had the benefit of Professor Swanton's edition and has benefited more especially from the edition by Mr George Jack, prepared in the School of English at St Andrews at the same time as this Penguin edition, and since published by the Clarendon Press. The text that appears here is substantially the same as the text in these editions. This edition is not based on an independent study of the manuscript but upon printed editions and facsimiles. The editor of course remains responsible for the text, which is the product of decisions over readings and punctuation, many of these invisible.

The text is printed throughout in roman type. Punctuation is editorial. Other departures from what is found in the manuscript and transcripts are listed in Manuscript Readings towards the end of this edition, but in the text they too appear in roman type. The text therefore incorporates conjectural restorations of letters missing or omitted; more probable restorations of indistinct letters; emendations of what is clearly legible; and conjectural restorations of supposed omissions. Here are some examples of what roman type may conceal. In line 4 the final *a* of *sceapena* is not in the MS but appears in a transcription from it by Wanley in 1705 and makes better sense. In line 6 the final *as* of *eorlas* is an emendation of MS *eorl* proposed by Kemble. In line 15 *aldor-lēase* includes a restoration of two unclear letters. In line 20 the first six letters of *geong guma* are indistinct or lost. In line 499 *Unferð* represents MS *Hunferð*, one of the few editorial deletions from the text.

The format of this edition is devised for those who wish to study *Beowulf* in Old English and to work out the meaning of the text. The specialist who wishes to study the MS and how an editor arrives at his text will want to go beyond a list of Manuscript Readings to the textual apparatus offered in the four current English-language learned editions of this poem, and to the scholarly literature which hopes to correct these editions.

Glosses and footnotes

The format of this edition is a new departure for the Penguin English Poets series. The words of the poem are glossed on the facing right-hand page. The word to be glossed is given in headword form in bold type, followed by the gloss. Thus a noun is given in its nominative singular form, and a verb in the infinitive. Grammatical class is not given: the headword is not followed by an abbreviation such as *n* or *vb*, nor is it indicated that the word is in, say, the dative case or the plural number or the past tense. The space available permits an unprecedentedly full set of glosses of the major parts of speech – nouns, verbs, adjectives and adverbs – although it normally forbids the glossing of minor parts of speech such as articles, demonstratives, pronouns, conjunctions, prepositions and negative particles. Such relational words are sometimes glossed when sense requires and space permits. Exceptionally a word is glossed in the inflected form in which it occurs in the text, sacrificing consistency to convenience. The negative particle *ne* has been omitted from glosses on contracted forms of verbs in the negative. Thus, *nolde* (= *ne* + *wolde*, did not wish) is simply glossed *willan*, to wish.

Words that have hardly changed their spelling or meaning are not glossed. Thus *gōd* (e.g. line 11, 'good') and *God* (e.g. line 13, 'God') are not glossed, except where it is not obvious that they mean something different, as in line 20 where *gōd* means 'good deed'. Words spelled *hūs*, *druncen* or *swurd* are not glossed where it is clear from context that they mean 'house', 'drunken' and 'sword'. Words more heavily disguised by modern spelling, such as *fisc* (fish) or *weal* (wall) are glossed unless they have just been glossed. There is some inconsistency: the verb 'to be' is glossed less often than the verb 'to have'.

Glosses are normally literal: 'whale-road' and 'swan's riding' are not resolved into 'sea', even where they might be rendered as 'sea' in a prose translation. Thus, *fēla lāf* (line 1032) is glossed '*fēl* file *lāf* legacy'; *fēl* is nominative, *fēla* the genitive plural. This miniature riddle is solved in the note at the foot of the page: '*fēla lāf*: "the legacy of files": a sword'.

A glossed text, like any edition, presupposes a reader with some sense of grammar, and with access to an Old English Grammar. Such a reader, a persistent person, will become familiar with common accidence, such as the forms of declinable articles and pronouns and the common inflections of nouns and verbs. The gloss should accelerate grammatical recognition and the construction of sense. The edition has been prepared in the belief that a fully glossed text will give an access to sense both quicker and more direct than is provided in an edition with a separate glossary at the back. In this belief I have glossed each occurrence of a word, however familiar and however often it occurs; there is no final glossary of common words. Such repetitiveness is required, for *Beowulf* is not read from beginning to end in one sitting. Word-by-word glossing cannot become a substitute for the text, unlike a facing translation. Such glosses should enable a student to make out the sense, and to begin to make a translation.

Glossing in headword form means glossing word by word rather than by phrase. The glossing of two-word phrases is excluded, with the exception of such forms as *oð þæt*, 'until', *elles hwær*, 'elsewhere' or *be . . . twēonum*, 'between'. Where a phrase, idiom or construction cannot easily be worked out by grammar and common syntax, help is provided in the notes at the foot of the page. Footnotes gloss awkward phrases or clauses, and some complex sentences, but the editor's policy has been to provide a running gloss of this sort only in difficult or easily misread places. The reader should consult the glosses first and only thereafter look for a footnote. He or she should look right before looking down. Footnotes are deliberately kept to the minimum. In rough places that are not hard enough to require a footnote, the gloss of a pronoun or preposition has often been provided to help the reader to construe.

Exceptionally an alternative reading or interpretation is briefly indicated in a footnote. Many difficult places, and some cruces, are traversed silently or with minimal discussion. A few corrupt or linguistically problematic passages important to the poem are discussed briefly in the footnotes.

Finally, the footnotes offer assistance with passages requiring historical or cultural background. Elementary information about persons, peoples and places mentioned in the poem is given in the Glossary of Proper Names at the end of the book, not in the footnotes. There is no separate section of lengthy end-notes. The only thing that has required an appendix of its own is the tale of Finnsburh. It has been the aim of this edition to provide a reliable and clear text and to reduce the apparatus to what is indispensable to the student. As the Introduction makes clear, *Beowulf* is a story often referring to other stories, but it is possible to overwhelm a poem with information, and in this edition the background has been kept in the background.

NOTE ON METRE

Some readers may welcome an elementary sketch of Anglo-Saxon versification. The following account is not the only way of describing the verse, is far from complete and is based on Sievers' analysis of the 'five types' as simplified by Tolkien,* with my own examples.

The metre common to old Germanic verse balances two main stresses in each half of the verse:

wæs se GRIM | ma GÆST || GRENdel | HATen.

These verses are neither rhymed nor gathered into stanzas. Old English is a stressed language, and the four main stresses fall on the chief words for the sense, normally nouns, adjectives and adverbs. In each half-line the two main stresses occur with syllables of lighter stress in the five patterns exemplified below. Unstressed 'hypermetric' syllables can be admitted before the half-line begins (as with *wæs* above), for the metre goes by stress-count rather than syllable-count.

Modern editions print the two halves of the line with a gap at the medial caesura. References in Anglo-Saxon prose and verse make it clear that poetry was composed and performed aloud, sometimes to music. Alliteration helped the composer find his words, and helped the audience find the stress-pattern which is the basis of the verse. The medial caesura alerts us to listen for the first main stress of the second half-line. The initial sound of the third stress echoes the

* In his Prefatory Remarks to J. R. Clark Hall's translation of *Beowulf* (London, 1950).

initial sound of the first stress or of the second stress (or both). The final, fourth stress must not alliterate with its predecessor. Consonantal alliteration is precise, but all vowels are linked by assonance.

The five types of half-line exemplified:

A	falling-falling	*lánge	hwíle* $_4$ $_1$ $_4$ $_1$	15a
B	rising-rising	*on flód	es ǽht* $_1$ $_4$ $_1$ $_4$	42a
C	clashing	*Oft Scýld	Scéfing* $_1$ $_4$ $_4$ $_1$	4a
Da or	falling by stages	*cníht-	wésènde* $_4$ $_3$ $_2$ $_1$	372b
Db	broken fall	*Fýrst	fórth gewàt* $_4$ $_3$ $_1$ $_2$	210a
E	fall and rise	*blǽd	wìde spráng* $_4$ $_2$ $_1$ $_4$	18b

A, B, C have equal feet, each containing a lift and a dip. D and E have unequal feet: one consists of a single lift, the other has a subordinate stress inserted (marked `). The subscript numbers indicate degrees of stress, with 4 the heaviest.

A further set of examples:

AA	Alex	ander's Anglo-	Saxon	
BB	Is by	and large so bad	ly made	
CC	That keen	scanners, though kind-	hearted,	
Da	Deem	downright he's		
Db			deaf,	handicapped.
EE	E	qually I own	this is so.	

BEOWULF

BEOWULF

Hwæt wē Gār-Dena   in geār-dagum
þēod-cyninga   þrym gefrūnon,
hū ðā æþelingas   ellen fremedon.
    Oft Scyld Scēfing   sceaþena þrēatum,
5   monegum mǣgþum   meodo-setla oftēah;
egsode eorlas,   syððan ǣrest wearð
fēasceaft funden;   hē þæs frōfre gebād:
wēox under wolcnum,   weorð-myndum þāh,
oðþæt him ǣghwylc   þāra ymb-sittendra
10   ofer hron-rāde   hȳran scolde,
gomban gyldan: þæt wæs gōd cyning!
    Ðǣm eafera wæs   æfter cenned
geong in geardum,   þone God sende
folce tō frōfre;   fyren-ðearfe ongeat,
15   þæt hīe ǣr drugon   aldor-lēase
lange hwīle;   him þæs Līf-frēa,
wuldres Wealdend,   worold-āre forgeaf;
Bēowulf wæs brēme   – blǣd wīde sprang –
Scyldes eafera,   Scede-landum in.

1   **Hwæt wē ... gefrūnon** 'Listen! We have heard'. **Hwæt** is an exclamation: the
poet calls for the attention of his audience
3   'how those princes accomplished glorious deeds'
4   **Scyld Scēfing** (see Glossary of Proper Names) is the founder of the Danish
dynasty of the Scyldings
5   **meodu-setla oftēah** he 'deprived them of mead-benches', hence of a retinue,
and so of independence

BEOWULF

Hwæt what! **Gār-Dene** Spear-Danes **geār-dagas** days of yore
þēod-cyning king of a people **þrym** power **gefrignan** hear of
hū how **æþeling** prince, hero **ellen** (deeds of) valour **fremian** accomplish
oft often **sceaþa** enemy **þrēat** troop

5   **monig** many **mǣgþ** nation **mēodo-setl** mead-bench **oftēon** take away
egsian terrify **eorl** warrior **syðða** after **ǣrest** first **weorþan** become
fēasceaft destitute **findan** find **frōfor** consolation **gebīdan** experience
weaxan grow up **wolcen** cloud **weorð-mynd** honour **þēon** prosper
oðþæt until **ǣghwylc** each **ymb-sittend** surrounding people

10   **hron-rād** whale-road **hȳran** obey **sculan** must
gombe tribute **gyldan** pay **gōd** good **cyning** king
ðǣm to him **eafera** child **æfter** afterward **cennan** bring forth
geong young **geard** court **þone** whom **sendan** send
folc people **tō** for **frōfor** comfort **fyren-ðearf** dire distress

15   **ǣr** formerly **drēogan** endure **aldor-lēas** without a lord
hwīl time **Līf-frea** Lord of Life
wuldor glory **Wealdend** Ruler **woruld-ār** worldly honour **forgyfan** give
brēme renowned **blǣd** fame **wīde** far **springan** spread
eafera offspring **Scede-land** southern Scandinavia

6–7   **wearð . . . funden** 'was found'
11   **gōd cyning** Scyld was more than a good king. A mild example of the litotes or
      poetic understatement characteristic of the poem
18   **Bēowulf** See Glossary of Proper Names. Beowulf the Dane, son of Scyld. Not
      the hero of the poem

20 Swā sceal geong guma   gōde gewyrcean,
    fromum feoh-giftum   on fæder bearme,
    þæt hine on ylde   eft gewunigen
    wil-gesīþas,   þonne wīg cume,
    lēode gelǣsten;   lof-dǣdum sceal
25 in mǣgþa gehwǣre   man geþēon.
           Him ðā Scyld gewāt   tō gescæp-hwīle,
    fela-hrōr, fēran   on Frēan wǣre.
    Hī hyne þā ætbǣron   tō brimes faroðe,
    swǣse gesīþas,   swā hē selfa bæd,
30 þenden wordum wēold   wine Scyldinga,
    lēof land-fruma   lange āhte.
    þǣr æt hȳðe stōd   hringed-stefna,
    īsig ond ūt-fūs,   æþelinges fær;
    ālēdon þā   lēofne þēoden,
35 bēaga bryttan   on bearm scipes,
    mǣrne be mæste;   þǣr wæs mādma fela
    of feor-wegum,   frætwa, gelǣded.
    Ne hȳrde ic cȳmlīcor   cēol gegyrwan
    hilde-wǣpnum   ond heaðo-wǣdum,
40 billum ond byrnum;   him on bearme læg
    mādma mænigo,   þā him mid scoldon
    on flōdes ǣht   feor gewītan.
    Nalæs hī hine lǣssan   lācum tēodan,
    þēod-gestrēonum,   þon þā dydon,
45 þe hine æt frumsceafte   forð onsendon
    ænne ofer ȳðe   umbor-wesende.
    þā gȳt hīe him āsetton   segen gyldenne
    hēah ofer hēafod,   lēton holm beran,
    gēafon on gār-secg;   him wæs geōmor sefa,

---

26   **Him ... gewāt** 'he departed'
30b   'the friend of the sons of Scyld': lord of the Danes
32ff   Scyld is buried with honours in a ship which is put out to sea, unlike the
       burial-ships found in mounds in Sweden and at Sutton Hoo, Suffolk. The
       Sutton Hoo ship-burial has regal armour like Scyld's, and food and drink for

20   swā thus   geong young   guma man   gōd good deed   gewyrcean accomplish
     from splendid   feoh-gift rich gift   fæder father   bearm protection
     yldo old age   eft afterwards   gewunian remain with
     wil-gesīþ dear companion   þonne when   wīg war   cuman come
     lēode people   gelǣstan serve   lof-dǣd praiseworthy deed   sculan must
25   mǣgþ nation   gehwā each   geþēon prosper
     gewītan go   tō at   gescæp-hwīl appointed time
     fela-hrōr very strong   fēran go, journey   Frēa Lord   wǣr protection
     hī they   hyne him   þā then   ætberan carry   brim sea   faroð current
     swǣs dear   gesīþ retainer   swā as   self self   biddan ask
30   þenden while   wealdan rule   wine friend   Scyldingas Danes
     lēof dear   land-fruma king   lange for long   āgan possess
     þǣr there   hȳð harbour   standan stand, be   hringed-stefna ringed prow
     īsig icy   ūt-fūs ready to set out   æþeling hero   fær vessel
     ālecgan lay down   þā then   lēof dear   þēoden prince
35   bēag ring   brytta distributor   bearm bosom   scip ship
     mǣre famous   mǣst mast   þǣr there   māðmas treasures   fela many
     of from   feor-weg distant part   frætwe ornaments   gelǣdan bring
     ne nor   hȳran hear   cȳmlīcor more beautifully   cēol ship   gegyrwan adorn
     hilde-wǣpen war-weapon   heaðo-wǣd battle-dress, armour
40   bill sword   byrne coat-of-mail   bearm bosom   licgan lie
     māððum treasure   menigo multitude   mid with   sculan must
     flōd flood   ǣht possession   feor far   gewītan depart
     nalæs not at all   hī they   hine him   lǣssa less   lāc gift   tēon provide
     þēod-gestrēon people's treasure   þon than   þā those   dōn do
45   þē who   frum-sceaft beginning   onsendan send away
     ān alone   ȳð wave   umbor-wesend being a child
     þā then   gȳt further   him for him   āsettan erect   segen standard
                                                          gylden golden
     hēah high   hēafod head   lǣtan allow   holm sea   beran bear
     gifan give   gār-secg spear-man, sea   geōmor mournful   sefa heart

the journey; but with a pair of baptismal spoons. The Sutton Hoo ship-burial
is associated with Rædwald (d 525/26), but no trace of a body remains, and
there may have been a Christian burial elsewhere. Bede tells us that Rædwald
maintained both Christian and pagan altars

43   **Nalæs ... lǣssan** 'Not at all less': much more (litotes)

50 murnende mōd.   Men ne cunnon
    secgan tō sōðe,   sele-rǣdende,
    hǣleð under heofenum,   hwā þǣm hlǣste onfēng.

[1] Ðā wæs on burgum   Bēowulf Scyldinga,
    lēof lēod-cyning,   longe þrāge
55 folcum gefrǣge;   fæder ellor hwearf,
    aldor of earde.   Oþþæt him eft onwōc
    hēah Healfdene;   hēold, þenden lifde,
    gamol ond gūð-rēouw,   glæde Scyldingas.
    Ðǣm fēower bearn   forð-gerīmed
60 in worold wōcun: weoroda rǣswan,
    Heorogār, ond Hrōðgār   ond Hālga til;
    hȳrde ic þæt . . . . . wæs   Onelan cwēn,
    Heaðo-Scilfingas   heals-gebedda.

         þā wæs Hrōðgāre   here-spēd gyfen,
65 wīges weorð-mynd,   þæt him his wine-māgas
    georne hȳrdon,   oððþæt sēo geogoð gewēox
    mago-driht micel.   Him on mōd be-arn
    þæt heal-reced   hātan wolde,
    medo-ærn micel   men gewyrcean,
70 þonne yldo bearn   ǣfre gefrūnon,   ·
    ond þǣr on innan   eall gedǣlan
    geongum ond ealdum,   swylc him God sealde,
    būton folc-scare   ond feorum gumena.
    Ðā ic wīde gefrægn   weorc gebannan
75 manigre mǣgþe   geond þisne middan-geard,
    folc-stede frætwan.   Him on fyrste gelomp,
    ǣdre mid yldum,   þæt hit wearð eal-gearo,
    heal-ærna mǣst;   scōp him Heort naman,
    sē þe his wordes geweald   wīde hæfde.

53 The marginal Arabic number 1 in square brackets is the first of a series of
    numbers dividing the MS into fitts; the MS has roman numerals
62 Words missing from text; other records supply the name 'Yrse'
63 Heaðo-Scilfingas probably 'of the War-Scylfing': Onela

50 **murnan** mourn **mōd** mind **mon** man **cunnan** know
    secgan say **tō** in **sōð** truth **sele-rǣdend** counsellor in hall
    hæleð hero **heofon** heaven **hwā** who **hlæst** freight **onfōn** receive
    burh fortified place **Scyldinga** of the Scyldings
    lēof dear **lēod-cyning** king of a people **long** long **þrāg** time

55 **folc** people **gefrǣge** well-known **fæder** father **ellor** elsewhere **hweorfan** turn
    aldor lord **eard** land **oþþæt** until **eft** again **onwǣcnan** be born to
    hēah noble **healdan** rule **þenden** while **libban** live
    gamol aged **gūð-rēow** fierce in battle **glæd** gracious
    ðǣm to him **fēower** four **bearn** child **forð-gerīmed** all told

60 **worold** world **wǣcnan** waken **werod** band **rǣswa** leader
    til good
    hȳran hear **cwēn** queen
    heals-gebedda bedfellow
    here-spēd success in battle **gifan** give

65 **wīg** war **weorð-mynd** honour **wine-mǣg** friend and kinsman
    georne readily **hȳran** obey **oððæt** until **geogoð** youthful company
                                            geweaxan increase
    mago-driht band of young retainers **micel** large **mōd** mind **be-irnan** run into
    heal-reced hall-building **hātan** command **willan** wish
    medo-ærn meadhall **micel** great **mann** man **gewyrcean** construct

70 **þonne** than **ylde** men **bearn** child **ǣfre** ever **gefrignan** learn
    þǣr there **on innan** inside **eall** all **gedǣlan** distribute
    geong young **eald** old **swylc** which **sellan** give
    būton except **folc-scaru** people's portion **feorh** life **guma** man
    ðā then **wide** widely **gefrignan** hear **weorc** task **gebannan** order

75 **manig** many **mǣgþ** tribe **geond** over **middan-geard** earth
    folc-stede dwelling-place **frætwan** adorn **fyrst** time **gelimpan** happen
    ǣdre early **ylde** men **weorðan** become **eal-gearo** quite ready
    heal-ærn hall-building **mǣst** greatest **scyppan** create **him** for it **nama** name
    word word **geweald** power **wīde** far and wide **habban** have

73 **folc-scare** common land
76b 'to him in time it happened'
78 Heor(o)t has been located at Lejre, near the Danish royal seat of Roskilde in
    Zealand

80   Hē bēot ne ālēh,   bēagas dǣlde,
     sinc æt symle.   Sele hlīfade
     hēah ond horn-gēap,   heaðo-wylma bād,
     lāðan līges;   ne wæs hit lenge þā gēn,
     þæt se ecg-hete   āþum-swēoran
85   æfter wæl-nīðe   wæcnan scolde.
          Ðā se ellen-gǣst   earfoðlīce
     þrāge geþolode,   sē þe in þȳstrum bād,
     þæt hē dōgora gehwām   drēam gehȳrde
     hlūdne in healle;   þǣr wæs hearpan swēg,
90   swutol sang scopes.   Sǣgde sē þe cūþe
     frumsceaft fīra   feorran reccan,
     cwæð þæt se Ælmihtiga   eorðan worhte,
     wlite-beorhtne wang,   swā wæter bebūgeð:
     gesette sige-hrēþig   sunnan ond mōnan
95   lēoman tō lēohte   land-būendum,
     ond gefrætwade   foldan scēatas
     leomum ond lēafum;   līf ēac gesceōp
     cynna gehwylcum,   þāra ðe cwice hwyrfaþ.
     Swā ðā driht-guman   drēamum lifdon,
100 ēadiglīce,   oððæt ān ongan
     fyrene fremman   fēond on helle.
     Wæs se grimma gǣst   Grendel hāten,
     mǣre mearc-stapa,   sē þe mōras hēold,
     fen ond fæsten;   fīfel-cynnes eard
105 won-sǣlī wer   weardode hwīle,
     siþðan him Scyppend   forscrifen hæfde
     in Caines cynne   – þone cwealm gewræc
     ēce Drihten,   þæs þe hē Ābel slōg.
     Ne gefeah hē þǣre fǣhðe,   ac hē hine feor forwræc,

---

84   **āþum-swēoran** Hrothgar and Ingeld are father- and son-in-law at the marriage of
     Hrothgar's daughter Freawaru to Ingeld, intended to heal the Dane-Heathobard
     feud, in which Heorot is to be burnt. See 2024ff

91a The poet's reported song recalls Bede's report of Cædmon's hymn of creation.
     Both are versions of the story of Creation in Genesis

80   **bēot** promise   **ālēogan** belie   **bēag** ring   **dǣlan** distribute
      sinc treasure   **symbel** banquet   **sele** hall   **hlīfian** tower up
      hēah high   **horn-gēap** wide-gabled   **heaðo-wylm** hostile surge   **bīdan** await
      lāð hateful   **līg** flame   **lenge** near at hand   **þā gēn** yet
      ecg-hete sword-hatred   **āþum-swēoras** in-laws

85   **æfter** on account of   **wæl-nīð** mortal enmity   **wæcnan** arise   **sculan** must
      ellen-gǣst bold demon   **earfoðlīce** miserably
      þrāg time   **geþolian** endure   **þȳstru** darkness   **bīdan** wait
      dōgor day   **gehwā** each   **drēam** rejoicing   **gehȳran** hear
      hlūd loud   **heal** hall   **hearpe** harp   **swēg** sound

90   **swutol** clear   **sang** song   **scop** poet   **secgan** tell   **cunnan** know how to
      frumsceaft origin   **fīras** men   **feorran** from far back   **reccan** recount
      cweðan speak   **Ælmihtiga** Almighty   **eorðe** earth   **wyrcan** make
      wlite-beorht bright to see   **wang** plain   **swā** as   **bebūgan** encompass
      gesettan establish   **sige-hrēþig** triumphant   **sunne** sun   **mōna** moon

95   **lēoma** luminary   **tō** as   **lēoht** light   **land-būend** earth-dweller
      gefrætwian furnish   **folde** earth   **scēat** region
      lim limb, branch   **lēaf** leaf   **līf** life   **ēac** also   **gescyppan** create
      cynn race   **gehwylc** every   **cwic** alive   **hweorfan** move
      swā so   **driht-guma** retainer   **drēam** joy   **libban** live

100   **ēadiglīce** happily   **oððæt** until   **ān** one   **onginnan** begin
      fyren crime   **fremman** carry out   **fēond** fiend, enemy
      grim cruel   **gǣst** spirit   **hātan** call
      mǣre famous   **mearc-stapa** border-wanderer   **mōr** moor   **hēaldan** hold
      fæsten fastness   **fīfel-cynn** monster-race   **eard** homeland

105   **won-sǣlī** unhappy   **wer** man   **weardian** inhabit   **hwīl** time
      siþðan after   **Scyppend** Creator   **forscrīfan** proscribe   **habban** have
      cynn progeny   **cwealm** killing   **gewrecan** avenge
      ēce eternal   **Drihten** Lord   **slēan** slay
      gefēon rejoice in   **fǣhð** feud   **feor** far   **forwrecan** drive far

107   Cain, the first murderer (Genesis 4), an exile and marked man, is made
      progenitor of all monsters
109b **hē** refers to **Metod**, **hine** to Cain

110 Metod for þȳ māne,   man-cynne fram.
þanon untȳdras   ealle onwōcon,
eotenas ond ylfe   ond orcnēas,
swylce gīgantas,   þā wið Gode wunnon
lange þrāge;   hē him ðæs lēan forgeald.

[2]   Gewāt ðā nēosian,   syþðan niht becōm,
hēan hūses,   hū hit Hring-Dene
æfter bēor-þege   gebūn hæfdon;
fand þā ðǣr inne   æþelinga gedriht
swefan æfter symble   – sorge ne cūðon,

120 wonsceaft wera.   Wiht unhǣlo,
grim ond grǣdig,   gearo soña wæs,
rēoc ond rēþe,   ond on ræste genam
þrītig þegna;   þanon eft gewāt
hūðe hrēmig   tō hām faran,

125 mid þǣre wæl-fylle   wīca nēosan.
         Ðā wæs on ūhtan   mid ǣr-dæge
Grendles gūð-cræft   gumum undyrne;
þā wæs æfter wiste   wōp up āhafen,
micel morgen-swēg.   Mǣre þēoden,

130 æþeling ǣr-gōd,   unblīðe sæt,
þolode ðrȳð-swȳð,   þegn-sorge drēah,
syðþan hīe þæs lāðan   lāst scēawedon
wergan gāstes.   Wæs þæt gewin tō strang,
lāð ond longsum.   Næs hit lengra fyrst,

135 ac ymb āne niht   eft gefremede
morð-beala māre   ond nō mearn fore,
fǣhðe ond fyrene;   wæs tō fæst on þām.
þā wæs eāð-fynde   þe him elles hwǣr
gerūmlīcor   ræste sōhte,

140 bed æfter būrum,   ðā him gebēacnod wæs,
gesægd sōðlīce   sweotolan tācne

113   **gīgantas** From the Latin Vulgate Bible word at Genesis 6.4. In northern tradition, they fought with God

110 **Metod** God **mān** crime **man-cynn** mankind
þanon thence **untȳdre** monster **eal** all **onwæcnan** be born
eoten giant **ylfe** elves **orcnēas** evil spirits
swylce likewise **gīgant** giant **winnan** fight
lang long **þrāg** time **lēan** reward **forgyldan** repay

115 **gewītan** depart **nēosian** seek out **syþðan** after **becuman** come
hēah lofty **hūs** house **hū** how **hit** it
bēor-þege beer-drinking **gebūan** settle in **habban** have
findan find **þā** then **inne** inside **æþeling** prince **gedriht** band
swefan to sleep **symbel** feast **sorh** sorrow **cunnan** know

120 **wonsceaft** unhappiness **wer** man **wiht** creature **unhǣlo** damnation
grǣdig greedy **gearo** ready **sōna** soon **wesan** to be
rēoc fierce **rēþe** cruel **ræst** bed **geniman** seize
þrītig thirty **þegn** thane **þanon** thence **eft** back **gewītan** depart
hūð booty **hrēmig** exulting **hām** home **faran** to go

125 **wæl-fyllo** abundance of the slain **wīc** dwelling **nēosan** seek out
ðā then **ūhte** dawn **ǣr-dæg** daybreak
gūð-cræft war-strength **guma** man **undyrne** not hidden
þā then **wist** feast **wop** weeping **āhebban** raise
micel much **morgen-swēg** morning-cry **mǣre** famous **þēoden** chief

130 **æþeling** prince **ǣr-gōd** preeminent **unblīðe** joyless **sittan** sit
þolian suffer **ðrȳð-swȳð** mighty (one) **þegn-sorg** sorrow for thanes
                                                          drēogan endure
syðþan when **lāð** foe **lāst** trace **scēawian** behold
werga accursed **gāst** spirit **gewin** struggle **tō** too **strang** strong
lāð loathsome **longsum** long-lasting **næs** was not **lengra** longer **fyrst** time

135 **ac** but **ymb** after **ān** one **niht** night **eft** again **gefremman** accomplish
morð-bealu murder **māra** more **murnan** be sorry **fore** for it
fǣhð feud **fyren** wickedness **tō** too **fæst** set **þām** those things
þā then **ēað-fynde** easy to find **elles hwǣr** elsewhere
gerūmlīcor more at a distance **ræst** resting place **sēcan** seek

140 **æfter** among **būr** chamber **gebēacnian** point out
gesecgan tell **sōðlīce** truly **sweotol** manifest **tācen** token, evidence

heal-ðegnes hete;   hēold hyne syðþan
fyr ond fæstor   sē þǣm fēonde ætwand.
   Swā rīxode   ond wið rihte wan
145 āna wið eallum,   oðþæt īdel stōd
hūsa sēlest.   Wæs sēo hwīl micel:
twelf wintra tīd   torn geþolode
wine Scyldinga,   wēana gehwelcne,
sīdra sorga;   forðām secgum wearð,
150 ylda bearnum,   undyrne cūð,
gyddum geōmore,   þætte Grendel wan
hwīle wið Hrōþgār,   hete-nīðas wæg,
fyrene ond fǣhðe   fela missēra,
singāle sæce;   sibbe ne wolde
155 wið manna hwone   mægenes Deniga,
feorh-bealo feorran,   fēa þingian,
nē þǣr nǣnig witena   wēnan þorfte
beorhtre bōte   tō banan folmum;
ac se ǣglǣca   ēhtende wæs,
160 deorc dēaþ-scūa   duguþe ond geogoþe,
seomade ond syrede;   sin-nihte hēold
mistige mōras;   men ne cunnon
hwyder hel-rūnan   hwyrftum scrīþað.
   Swā fela fyrena   fēond man-cynnes,
165 atol ān-gengea,   oft gefremede,
heardra hȳnða;   Heorot eardode,
sinc-fāge sel   sweartum nihtum;
nō hē þone gif-stōl   grētan mōste,
māþðum for Metode,   nē his myne wisse.
170   þæt wæs wrǣc micel   wine Scyldinga,

142a 'hall-thane': Grendel
156 **þingian** to settle a blood-feud by *wergild*. Such reparation by payment
   according to the rank of the slain man was a Germanic practice approved by
   the Church. The inhuman Grendel does not wish to settle

heal-ðegn hall-thane   hete hate   healdan hold   syðþan afterwards
fyr further   fæstor safer   sē who   fēond enemy   ætwindan escape from
swā thus   rīxian rule   wið against   riht right   winnan fight

145   āna alone   eal all   oðþæt until   īdel empty   standan stand
hūs house   sēlest best   hwīl space of time   micel great
twelf twelve   winter year   tīd period   torn affliction   geþolian suffer
wine friend   Scylding Dane   wēa woe   gehwylc each
sīd great   sorh sorrow   forðām because   secg man   weorðan become

150   ylde men   bearn child   undyrne openly   cūð well-known
gyd song   geōmor sad   winnan attack
hwīl a long time   hete-nīð enmity   wegan carry on
fyren wickedness   fæhð feud   fela many   missēre half-year
singāl continuous   sacu strife   sib friendship   willan desire

155   man man   hwā any one   mægen might, force (of men)
feorh-bealo deadly evil   feorran remove   fēoh money   þingian settle
nænig not any   wita councillor   wēnan expect   þurfan have reason
beorht bright   bōt reparation   tō at   bana slayer   folm hand
ac but   æglǣca terrible one   ēhtan persecute

160   deorc dark   dēaþ-scūa death-shadow   duguþ proven men   geoguð youth
seomian lie in wait   syrwan plot   sin-niht deep night   healdan possess
mistig misty   mōr moor   cunnan know
hwyder whither   hel-rūne sharer in hell's secrets   hwyrft movement
                                                        scrīðan glide
swā thus   fela many   fyren crime   fēond enemy   man-cyn mankind

165   atol dire   ān-gengea solitary   oft repeatedly   gefremman perform
heard cruel   hȳnðu injury   eardian inhabit
sinc-fāg treasure-adorned   sel hall   sweart black   niht night
gif-stōl throne   grētan approach   mōtan be permitted
māþðum treasure   for because of   Metod Creator   myne purpose
                                                        witan know

170   wrǣc distress   micel great   wine friend

168–69 A much disputed passage. Perhaps 'nor could Grendel approach the throne
and its treasure, because of God; nor did he know His love.' Some see the
gif-stōl as God's rather than Hrothgar's

mōdes brecða.   Monig oft gesæt
rīce tō rūne,   rǣd eahtedon,
hwæt swīð-ferhðum   sēlest wǣre
wið fǣr-gryrum   tō gefremmanne.
175 Hwīlum hīe gehēton   æt hærg-trafum
wīg-weorþunga,   wordum bǣdon,
þæt him gāst-bona   gēoce gefremede
wið þēod-þrēaum.   Swylc wæs þēaw hyra,
hǣþenra hyht;   helle gemundon
180 in mōd-sefan,   Metod hīe ne cūþon,
dǣda Dēmend,   ne wiston hīe Drihten God,
nē hīe hūru heofena Helm   herian ne cūþon,
wuldres Waldend.   Wā bið þǣm ðe sceal
þurh slīðne nīð   sāwle bescūfan
185 in fȳres fæþm,   frōfre ne wēnan,
wihte gewendan!   Wēl bið þǣm þe mōt
æfter dēað-dæge   Drihten sēcean
ond tō Fæder fæþmum   freoðo wilnian!

[3]   Swā ðā mǣl-ceare   maga Healfdenes
190 singāla sēað;   ne mihte snotor hæleð
wēan onwendan;   wæs þæt gewin tō swȳð,
lāþ ond longsum,   þe on ðā lēode becōm,
nȳd-wracu nīþ-grim,   niht-bealwa mǣst.
        þæt fram hām gefrægn   Higelāces þegn,
195 gōd mid Gēatum,   Grendles dǣda;
sē wæs mon-cynnes   mægenes strengest
on þǣm dæge   þysses līfes,
æþele ond ēacen.   Hēt him ȳð-lidan
gōdne gegyrwan;   cwæð, hē gūð-cyning
200 ofer swan-rāde   sēcean wolde,

177   **gāst-bona** slayer of the soul: devil. 'Such was their practice' (178b) is an
Anglo-Saxon comment on the heathenism of their ancestral cousins the
Danes; Bede records Anglo-Saxon lapses into paganism in times of calamity.
Later in the poem Hrothgar seems to be half a Christian

mōd spirit   **brecð** breaking   **monig** many   **oft** repeatedly   **sittan** sit
rīce great ones   **tō** in   **rūne** secret council   **ræd** plan   **eahtian** consider
hwæt what   **swīð-ferhð** strong-minded   **sēlest** best   **wesan** be
wið against   **fǣr-gryre** sudden terror   **gefremman** contrive

175   **hwīlum** sometimes   **gehātan** promise   **hærg-træf** heathen temple
wīg-weorþung honour to idols   **word** speech   **biddan** pray
gāst-bona slayer of souls   **gēoc** help   **gefremman** provide
wið against   **þēod-þrēa** distress of the people   **swylc** such   **þēaw** usage
hǣþen heathen   **hyht** hope   **hell** hell   **gemunan** think

180   **mōd-sefa** inner mind   **Metod** God   **hīe** they   **cunnan** know
dǣd action   **Dēmend** Judge   **ne** nor   **witan** know   **Drihten** Lord
hūru indeed   **heofon** heaven   **Helm** protector   **herian** praise   **cunnan** know
wuldor glory   **Waldend** Ruler   **wā** woe   **bēon** be   **sculan** must
slīðe dire   **nīð** affliction   **sāwol** soul   **bescūfan** thrust

185   **fȳr** fire   **fæþm** embrace   **frōfor** comfort   **wēnan** hope
wihte a whit   **gewendan** change   **wēl** well   **bēon** be   **mōtan** may
dēað-dæg day of death   **Drihten** Lord   **sēcean** seek
Fæder Father   **fæþm** embrace   **freoðo** protection   **wilnian** ask from
swā thus   **mǣl-cearu** sorrow of the time   **maga** son

190   **singāla** constantly   **sēoðan** brood upon   **snotor** wise   **hæleð** hero
wēa woe   **onwendan** put aside   **gewin** oppression   **tō** too   **swȳð** severe
lāþ dire   **longsum** long-lasting   **lēode** people   **becūman** befall
nȳd-wracu violent stress   **nīþ-grim** cruel   **niht-bealu** night-evil   **mǣst** greatest
fram at   **hām** home   **gefrignan** hear   **þegn** thane, retainer

195   **gōd** good (man)   **mid** among   **dǣd** deed
mon-cynn mankind   **mægen** strength   **strengest** mightiest
dæg day   **līf** life
æþele noble   **ēacen** mighty   **hātan** order   **ȳð-lida** wave-crosser
gōd good   **gegyrwan** prepare   **cweþan** speak   **gūð-cyning** war-king

200   **ofer** across   **swan-rād** swan's road, sea   **sēcean** seek   **willan** wish

189b   'the son of Healfdene': Hrothgar
194b   King Hygelac's thane reveals his name at 343b

mǣrne þēoden,   þā him wæs manna þearf.
Ðone sīð-fæt him   snotere ceorlas
lӯt-hwōn lōgon,   þēah hē him lēof wǣre;
hwetton hige-rōfne,   hǣl scēawedon.

205   Hæfde se gōda   Gēata lēoda
cempan gecorone,   þāra þe hē cēnoste
findan mihte;   fīf-tӯna sum
sund-wudu sōhte;   secg wīsade,
lagu-cræftig mon,   land-gemyrcu.

210   Fyrst forð gewāt;   flota wæs on ӯðum,
bāt under beorge.   Beornas gearwe
on stefn stigon –   strēamas wundon,
sund wið sande;   secgas bǣron
on bearm nacan   beorhte frætwe,

215   gūð-searo geatolīc;   guman ūt scufon,
weras on wil-sīð   wudu bundenne.
Gewāt þā ofer wǣg-holm,   winde gefӯsed,
flota fāmī-heals,   fugle gelīcost,
oðþæt ymb ān-tīd   ōþres dōgores

220   wunden-stefna   gewaden hæfde,
þæt ðā līðende   land gesāwon,
brim-clifu blīcan,   beorgas stēape,
sīde sǣ-næssas;   þā wæs sund liden,
ēo-letes æt ende.   þanon up hraðe

225   Wedera lēode   on wang stigon,
sǣ-wudu sǣldon   – syrcan hrysedon,
gūð-gewǣdo;   Gode þancedon,
þæs þe him ӯþ-lāde   ēaðe wurdon.

        þā of wealle geseah   weard Scildinga,
230   sē þe holm-clifu   healdan scolde,
beran ofer bolcan   beorhte randas,
fyrd-searu fūslicu;   hine fyrwyt bræc

---

201   **him** Hrothgar
203   **lӯt-hwōn** 'scarcely': not at all

mǣre famous   þēoden prince   þā as   man man   þearf need

sīð-fæt expedition   snotor wise   ceorl man

lȳt-hwōn little, not at all   lēan blame   þēah although   him to them   lēof dear

hwettan urge   hige-rōf valiant   hǣl omen   scēawian inspect

205   habban have   gōda great man   lēode people

cempa champion   gecēosan choose   cēnost bravest

findan find   magan be able   fīf-tȳne fifteen   sum one

sund-wudu sea-wood, ship   sēcan go to   secg man   wīsian lead the way

lagu-cræftig skilled in the sea   land-gemyrce the edge of the land

210   fyrst time   gewītan pass away   flota ship   ȳð wave

bāt boat   beorg cliff   beorn warrior   gearo ready

stefn stem, prow   stīgan go up   strēam current   windan curl

sund sea   sand sand   secg man   beran carry

bearm bosom   naca ship   beorht bright   frætwe ornate arms

215   gūð-searo armour   geatolīc splendid   guma man   ūt out   scufan thrust

wer man   wil-sīð desired venture   wudu ship   bindan bind, join

gewītan go away   wǣg-holm wavy ocean   wind wind   gefȳsan incite

flota ship   fāmī-heals foamy-necked   fugol bird   gelīc like

oððæt until   ymb about   ān-tīd the right time   ōþer second   dōgor day

220   wunden-stefna curved prow   gewadan advance   habban have

līðend seafarer   gesēon perceive

brim-clif sea-cliff   blīcan shine   beorg hill   stēap high

sīd broad   sǣ-næss headland   sund sea   liden crossed

ēo-let ?sea-voyage   þanon thence   hraðe quickly

225   Wederas Geats   lēode men   wang plain   stīgan go up

sǣ-wudu sea-wood, boat   sǣlan moor   syrce mailshirt   hryssan rattle

gūð-gewǣde war-dress   þancian thank

þæs þe in that   ȳþ-lād voyage   ēaðe easy   weorðan turn out

þā then   weal wall, high shore   gesēon observe   weard guard

230   holm-clif sea-cliff   healdan hold   sculan be obliged to

beran carry   bolca gangway   beorht bright   rand shield

fyrd-searu battle-gear   fūslic ready   fyrwyt curiosity   brecan press

207b   'one of fifteen'

mód-gehygdum,   hwæt þā men wǽron.

Gewāt him þā tō waroðe   wicge rīdan

235 þegn Hrōðgāres,   þrymmum cwehte

mægen-wudu mundum,   meþel-wordum frægn:

      'Hwæt syndon gē   searo-hæbbendra,

'byrnum werede,   þe þus brontne cēol

'ofer lagu-stræte   lædan cwōmon,

240 'hider ofer holmas?   Ic hwīle wæs

'ende-sæta,   æg-wearde hēold,

'þē on land Dena   lāðra nænig

'mid scip-herge   sceðþan ne meahte.

'Nō hēr cūðlīcor   cuman ongunnon

245 'lind-hæbbende;   nē gē lēafnes-word

'gūð-fremmendra   gearwe ne wisson,

'māga gemēdu.   Næfre ic māran geseah

'eorla ofer eorþan,   ðonne is ēower sum,

'secg on searwum;   nis þæt seld-guma,

250 'wæpnum geweorðad;   næfre him his wlite lēoge,

'ænlīc ansȳn.   Nū ic ēower sceal

'frum-cyn witan,   ær gē fyr heonan

'lēas-scēaweras   on land Dena

'furþur fēran.   Nū gē feor-būend,

255 'mere-līðende,   mīnne gehȳrað

'ānfealdne geþōht;   ofost is sēlest

'tō gecȳðanne   hwanan ēowre cyme syndon.'

[4]   Him se yldesta   andswarode,

werodes wīsa,   word-hord onlēac:

260 'Wē synt gum-cynnes   Gēata lēode

'ond Higelāces   heorð-genēatas;

'wæs mīn fæder   folcum gecȳþed,

'æþele ord-fruma   Ecgþēow hāten –

'gebād wintra worn,   ær hē on weg hwurfe,

247   **māga** The 'kinsmen' are Hrothgar and his brother's son Hrothulf, who also has
some authority in Denmark

mōd-gehygd thought   hwæt what, who

gewītan go   waroð shore   wicg horse   rīdan ride

235   þegn servant, officer   þrym force   cweccan brandish

mægen-wudu mighty spear   mund hand   meþel-word formal word   frignan ask

hwæt who, what   wesan be   gē you   searo-hæbbend armoured one

byrne coat of mail   wered protected   bront lofty   cēol ship

lagu-strǣt sea-way   lǣdan bring   cuman come

240   hider hither   holm sea   hwīle for a time

ende-sǣta coastguard   ǣg-weard watch by the sea   healdan keep

þē so that   lāð enemy   nǣnig not any

scip-here ship-army   sceðþan harry   magan be able

hēr here   cūðlīcor more openly   cuman come   onginnan undertake

245   lind-hæbbend shield-bearer   nē nor   gē you   lēafnes-word word of leave

gūð-fremmend war-makers   gearwe for certain   witan know

mǣg kinsman   gemēde consent   nǣfre never   māra greater   gesēon behold

eorl warrior   eorþe earth   ðonne than   ēower of you   sum one

secg man   searo gear   seld-guma hall-fellow

250   wǣpen weapon   weorðian ennoble   nǣfre never   wlīte looks   lēogan belie

ǣnlīc unique   ansȳn form   nū now   ēower your   scūlan be obliged to

frum-cyn ancestry   witan know   ǣr before   fyr further   heonan hence

lēas-scēawere deceiving observer

furþur further on   fēran travel   nū now   gē you   feor-būend foreigner

255   mere-līðend sea-traverser   mīn my   gehȳran listen

ānfeald plain   geþōht thought   ofost haste   sēlest best

gecȳðan make known   hwanan whence   cyme coming   wesan to be

yldesta senior, leader   andswarian answer

werod band   wīsa leader   word-hord fund of speech   onlūcan unlock

260   gum-cyn race   lēode people

heorð-genēat hearth companion

fæder father   folc people   gecȳðan make known

æþele noble, excellent   ord-fruma leader in battle   hātan call

gebīdan live   winter year   worn multitude   ǣr before   weg way

                                            hweorfan turn

265   'gamol of geardum;   hine gearwe geman
       'witena wēl-hwylc   wīde geond eorþan.
       'Wē þurh holdne hige   hlāford þinne,
       'sunu Healfdenes,   sēcean cwōmon,
       'lēod-gebyrgean;   wes þū ūs lārena gōd!
270   'Habbað wē tō þǣm mǣran   micel ǣrende,
       'Deniga frēan;   ne sceal þǣr dyrne sum
       'wesan, þæs ic wēne.   þū wāst – gif hit is,
       'swā wē sōþlīce   secgan hȳrdon –
       'þæt mid Scyldingum   sceaðona ic nāt hwylc,
275   'dēogol dǣd-hata,   deorcum nihtum
       'ēaweð þurh egsan   uncūðne nīð,
       'hȳnðu ond hrā-fyl.   Ic þæs Hrōðgār mæg
       'þurh rūmne sefan   rǣd gelǣran,
       'hū hē frōd ond gōd   fēond oferswȳðeþ –
280   'gyf him edwenden   ǣfre scolde
       'bealuwa bisigu,   bōt eft cuman –
       'ond þā cear-wylmas   cōlran wurðaþ;
       'oððe ā syþðan   earfoð-þrāge,
       'þrēa-nȳd þolað,   þenden þǣr wunað
285   'on hēah-stede   hūsa sēlest.'
           Weard maþelode,   ðǣr on wicge sæt,
       ombeht unforht: 'Ǣghwæþres sceal
       'scearp scyld-wiga   gescād witan,
       'worda ond worca,   sē þe wēl þenceð.
290   'Ic þæt gehȳre,   þæt þis is hold weorod
       'frēan Scyldinga.   Gewītaþ forð beran
       'wǣpen ond gewǣdu;   ic ēow wīsige:
       'swylce ic magu-þegnas   mīne hāte
       'wið fēonda gehwone   flotan ēowerne,
295   'nīw-tyrwydne   nacan on sande
       'ārum healdan,   oþðæt eft byreð

268a   Beowulf makes honorific use of Hrothgar's patronymic rather than his
        personal name

265 **gamol** ancient   **geard** dwelling   **gearwe** readily   **gemunan** remember
wita wise   **wēl-hwylc** every single   **wīde** far   **geond** over   **eorþe** earth
hold loyal   **hige** intention   **hlāford** lord   **þīn** thy
sunu son   **sēcean** seek out   **cuman** come
lēod-gebyrgea protector of a people   **wesan** be   **lār** counsel   **gōd** good

270 **habban** have   **mǣre** famous   **micel** great   **ǣrende** errand
frēa lord   **sculan** shall   **dyrne** secret   **sum** the import
wesan be   **wēnan** believe   **witan** know   **gif** if   **hit** it
swā as   **sōþlīce** truly   **secgan** tell   **hȳran** hear
mid among   **sceaða** enemy   **ne** not   **witan** know   **hwylc** what

275 **dēogol** hidden   **dǣd-hata** persecutor   **deorc** dark   **niht** night
ēawan show   **egesa** terror   **uncūð** unknown   **nīð** malice
hȳnðu humiliation   **hrā-fyl** fall of corpses, slaughter
rūm large   **sefa** spirit   **rǣd** means   **gelǣran** show
hū how   **frōd** wise   **gōd** good   **fēond** enemy   **oferswȳðan** overcome

280 **gyf** if   **edwenden** reversal   **ǣfre** ever   **sculan** should
bealo evil   **bisigu** distress   **bōt** remedy   **eft** again   **cuman** come
cear-wylm surge of sorrow   **cōlra** cooler   **weorðan** become
oððe or   **ā** ever   **syþðan** after   **earfoð-þrāg** time of misery
þrēa-nȳd sad necessity   **þolian** suffer   **þenden** while   **wunian** remain

285 **hēah-sted** lofty place   **hūs** house   **sēlest** best
weard guard   **maþelian** make speech   **ðǣr** where   **wicg** horse   **sittan** sit
ombeht officer   **unforht** fearless   **ǣghwæþer** one (of two)   **sculan** must
scearp keen   **scyld-wiga** shield-warrior   **gescād** difference   **witan** tell
word word   **worc** deed   **wēl** well   **þencan** think

290 **gehȳran** learn   **hold** loyal   **werod** company
frēa lord   **gewītan** go on   **forð** forward   **beran** carry
wǣpen weapon   **gewǣde** armour   **wīsian** guide
swylce moreover   **magu-þegn** comrade   **hātan** command
fēond enemy   **gehwā** each   **flota** ship   **ēower** your

295 **nīw-tyrwyd** new-tarred   **naca** ship
ār honour   **healdan** guard   **oþðæt** until   **eft** back   **beran** carry

'ofer lagu-strēamas   lēofne mannan
'wudu wunden-hals   tō Weder-mearce.
'gōd-fremmendra   swylcum gifeþe bið,
300   'þæt þone hilde-ræs   hāl gedīgeð.'
   Gewiton him þā fēran.   Flota stille bād,
seomode on sāle   sīd-fæþmed scip,
on ancre fæst.   Eofor-līc scionon
ofer hlēor-bergan: gehroden golde,
305   fāh ond fȳr-heard,   ferh-wearde hēold.
Gūþ-mōd grummon;   guman ōnetton,
sigon ætsomne,   oþþæt hȳ sæl timbred,
geatolīc ond gold-fāh   ongyton mihton;
þæt wæs fore-mærost   fold-būendum
310   receda under roderum,   on þæm se rīca bād;
līxte se lēoma   ofer landa fela.
Him þā hilde-dēor   hof mōdigra
torht getæhte,   þæt hīe him tō mihton
gegnum gangan;   gūð-beorna sum
315   wicg gewende,   word æfter cwæð:
'Mæl is mē tō fēran.   Fæder al-walda
'mid ār-stafum   ēowic gehealde
'sīða gesunde!   Ic tō sæ wille,
'wið wrāð werod   wearde healdan.'
[5]   Stræt wæs stān-fāh,   stīg wīsode
gumum ætgædere.   Gūð-byrne scān,
heard, hond-locen,   hring-īren scīr
song in searwum.   þā hīe tō sele furðum
in hyra gryre-geatwum   gangan cwōmon,
325   setton sæ-mēþe   sīde scyldas,
rondas regn-hearde,   wið þæs recedes weal;
bugon þā tō bence,   byrnan hringdon,

299   'To such a one among champions it will be granted'
303b   The boar-image on the helmet conferred strength by association, like the hart after which Heorot is named
305b   'it [the image of the boar] guarded the life'

lagu-strēam ocean current lēof dear man man

wudu timber wunden-hals curved-neck Weder-mearc the coast of the Geat

gōd-fremmend one of noble deeds swylc such gifeðe granted bēon be

300 hilde-rǣs rush of battle hāl whole gedīgan survive

gewītan depart þā then fēran to go flota ship stille quietly bīdan wait

seomian ride sāl rope, moorings sīd-fæþmed broad-bosomed

ancor anchor fæst fast eofor-līc boar-image scīnan shine

hlēor-berg cheek-guard gehroden adorned gold gold

305 fāh gleaming fȳr-heard fire-hardened ferh-weard guard over life

healdan keep

gūþ-mōd warlike grimman exult guma man ōnettan hasten

sīgan move on ætsomne together oþþæt until sæl hall timbran build

geatolīc splendid gold-fāh gold-adorned ongytan perceive magan be able

fore-mǣrost most illustrious fold-būend earth dweller

310 reced building rodor heaven rīca ruler bīdan dwell

līxan shine lēoma light fela many

him to them hilde-dēor daring in battle hof court mōdig brave

torht bright getǣcan point out tō to magan may

gegnum directly gangan go gūð-beorn warrior sum one (outstanding)

315 wicg horse gewendan turn cweðan speak

mǣl time fēran go Fæder Father al-walda all-governing

ār-stafas mark of favour ēow you gehealdan keep

sīð expedition gesund safe sǣ sea

wrāð hostile werod troop weard guard healdan keep

320 strǣt street stān-fāh paved with stone stīg path wīsian guide

guma man ætgædere together gūð-byrne war-corselet scīnan shine

heard hard hond-locen hand-linked hring-īren ring-iron scīr bright

singan sing searo harness þā as sēle hall furðum first

gryre-geatwe terrible equipment gangan march cuman come

325 settan place sǣ-mēþe sea-weary sīd broad scyld shield

rond shield-boss regn-heard wonderfully hard reced building weal wall

bugan bend, sit benc bench byrne mail-coat hringan ring

306a 'Warlike hearts became fierce'. Many editors emend to grimmon (dative plural of grim) with a full stop, taking it as 'over the fierce men', indirect object of the warlike boar's guardianship

311 Heorot stood on a high point, its golden roof visible from all sides

gūð-searo gumena.   Gāras stōdon,
sǣ-manna searo,   samod ætgædere,
330   æsc-holt ufan grǣg;   wæs sē īren-þrēat
wǣpnum gewurþad.   Þā ðǣr wlonc hæleð
ōret-mecgas   æfter æþelum frægn:
    'Hwanon ferigeað gē   fǣtte scyldas,
'grǣge syrcan   ond grīm-helmas,
335   'here-sceafta hēap?   Ic eom Hrōðgāres
'ār ond ombiht.   Ne seah ic elþēodige
'þus manige men   mōdiglīcran.
'Wēn' ic þæt gē for wlenco,   nalles for wrǣc-sīðum,
'ac for hige-þrymmum   Hrōðgār sōhton.'
340   Him þā ellen-rōf   andswarode,
wlanc Wedera lēod,   word æfter spræc,
heard under helme: 'Wē synt Higelāces
'bēod-genēatas;   Bēowulf is mīn nama.
'Wille ic āsecgan   sunu Healfdenes,
345   'mǣrum þēodne   mīn ǣrende,
'aldre þīnum,   gif hē ūs geunnan wile,
'þæt wē hine swā gōdne   grētan mōton.'
Wulfgār maþelode: þæt wæs Wendla lēod,
wæs his mōd-sefa   manegum gecȳðed,
350   wīg ond wīsdōm: 'Ic þæs wine Deniga
'frēan Scildinga   frīnan wille,
'bēaga bryttan,   swā þū bēna eart,
'þēoden mǣrne,   ymb þīnne sīð,
'ond þē þā andsware   ǣdre gecȳðan,
355   'ðe mē se gōda   āgifan þenceð.'
        Hwearf þā hrædlīce,   þǣr Hrōðgār sæt,
eald ond unhār   mid his eorla gedriht;
ēode ellen-rōf,   þæt hē for eaxlum gestōd
Deniga frēan: cūþe hē duguðe þēaw.
360   Wulfgār maðelode   tō his wine-drihtne:
        'Hēr syndon geferede,   feorran cumene
'ofer geofenes begang   Gēata lēode;

gūð-searo war-gear   **guma** man   **gār** spear   **standan** stand

sǣ-man seaman   **searo** arms   **samod** united   **ætgædere** together

330   **æsc-holt** ash-grove   **ufan** from above   **grǣg** grey   **īren-þrēat** armoured troop

wǣpen weapon   **gewurþad** dignified   **wlonc** proud   **hæleð** hero

ōret-mecg warrior   **æþelu** ancestry   **frignan** ask

hwanon whence   **ferian** carry   **gē** you   **fǣtte** ornate   **scyld** shield

grǣg grey   **syrce** shirt of mail   **grīm-helm** masked helmet

335   **here-sceaft** battle-shaft   **hēap** mass

ār herald   **ombiht** officer   **elþēodig** foreign

þus thus   **mōdiglīcra** more brave in bearing

wēnan believe   **wlenco** daring   **nalles** not at all   **for** because of

   wrǣc-sīð banishment

ac but   **hige-þrym** boldness of spirit   **sēcan** come to see

340   **ellen-rōf** famed for courage   **andswarian** answer

wlanc proud   **lēod** prince   **sprecan** speak

heard hard   **helm** helmet   **wesan** to be

bēod-genēat table-companion

willan wish   **āsecgan** declare   **sunu** son

345   **mǣre** famous   **þēoden** prince   **ǣrend** message

aldor lord   **þīn** thy   **gif** if   **geunnan** grant

swā so   **gōd** noble   **grētan** approach   **mōtan** be allowed

maþelian make speech   **lēod** prince

mōd-sefa spirit   **monig** many   **cȳðan** make known

350   **wīg** valour   **þæs** about this   **wine** friend

frēa lord   **frīnan** ask   **willan** be about to

bēag ring   **brytta** dispenser   **swā** as   **bēna** petitioner

þēoden lord   **mǣre** famous   **ymb** about   **sīð** venture

þē thee   **andswaru** answer   **ǣdre** speedily   **gecȳðan** announce

355   **ðe** which   **gōda** excellent one   **āgifan** give back   **þencan** think

hweorfan turn   **þā** then   **hrædlīce** quickly

eald old   **unhār** very grey   **eorl** warrior   **gedriht** company

gān go   **ellen-rōf** famed for courage   **þæt** until   **for** before   **eaxl** shoulder

   gestandan stand

frēa lord   **cunnan** know   **duguð** court   **þēaw** custom

360   **maþelian** make speech   **wine-drihten** friend and lord

wesan be   **ferian** bring   **feorran** from afar   **cuman** come

geofon ocean   **begang** expanse   **lēode** people

'þone yldestan   ōret-mecgas
'Bēowulf nemnað;   hȳ bēnan synt,
365 'þæt hīe, þēoden mīn,   wið þē mōton
'wordum wrixlan.   Nō ðū him wearne getēoh
'ðīnra gegn-cwida,   glæd-man Hrōðgār:
'hȳ on wīg-getāwum   wyrðe þinceað
'eorla geæhtlan;   hūru se aldor dēah,
370 'sē þǣm heaðo-rincum   hider wīsade.'

[6]   Hrōðgār maþelode,   helm Scyldinga:
'Ic hine cūðe   cniht-wesende;
'wæs his eald-fæder   Ecgþēo hāten,
'ðǣm tō hām forgeaf   Hrēþel Gēata
375 'āngan dohtor;   is his eafora nū
'heard hēr cumen,   sōhte holdne wine.
'Ðonne sægdon þæt   sǣ-līþende,
'þā ðe gif-sceattas   Gēata fyredon
'þyder tō þance,   þæt hē þrītiges
380 'manna mægen-cræft   on his mund-gripe,
'heaþo-rōf hæbbe.   Hine hālig God
'for ār-stafum   ūs onsende
'tō West-Denum,   þæs ic wēn hæbbe,
'wið Grendles gryre.   Ic þǣm gōdan sceal
385 'for his mōd-þræce   mādmas bēodan.
'Bēo ðū on ofeste,   hāt in gān,
'sēon sibbe-gedriht   samod ætgædere;
'gesaga him ēac wordum   þæt hīe sint wil-cuman
'Deniga lēodum!'   þā tō dura healle
390 Wulfgār ēode,   word inne ābēad:
'Ēow hēt secgan   sige-drihten mīn,
'aldor Ēast-Dena,   þæt hē ēower æþelu can:
'ond gē him syndon   ofer sǣ-wylmas,

374a Hrethel gave his only daughter to Ecgtheow 'for his home' in marriage.
Beowulf is thus Hygelac's sister's son, traditionally a specially strong
relationship in Germanic society

yldesta leader   ōret-mecg warrior

nemnan call   hȳ they   bēna petitioner   wesan be

365   þēoden lord   þē thee   mōtan be allowed

word speech   wrixlan exchange   wearn refusal   getēon bestow

gegn-cwide answer   glæd-man kind

wīg-getāwa war-gear   wyrðe worthy (of)   þyncan seem

eorl warrior   geæhtle respect   hūru indeed   aldor lord   dugan is mighty

370   sē who   heaðo-rinc warrior   hider hither   wīsian lead

maþelian give speech   helm protector

cunnan know   cniht-wesend being a boy

eald-fæder late honoured father   hātan call

ðæm whom   tō for   hām home   forgifan give

375   ānga only   dohtor daughter   eafora offspring   nū now

heard bold   hēr here   cuman come   sēcan visit   hold true   wine friend

ðonne further   secgan say   sǣ-līþend sea-voyager

gif-sceat gift of treasure   ferian carry

þyder thither   tō in   þanc friendship   þrītig thirty

380   man man   mægen-cræft strength   mund-grip hand's grip

heaþo-rōf famous in battle   habban have   hālig holy

ār-stafas sign of grace   onsendan send to

þæs as   wēn expectation   habban have

wið against   gryre terror   gōda good

`385   mōd-þracu daring   māððum treasure   bēodan offer

ofest haste   hātan tell   gān to come

sēon to see   sibbe-gedriht band of kinsmen   samod all   ætgædere together

gesecgan say   ēac also   wil-cuma welcome guest

lēode people   duru door   heal hall

390   gān go   inne from inside   ābēodan announce

hātan order   secgan to say   sige-drihten victorious lord

aldor lord   ēower your   æþelu ancestry   cunnan know

gē you   wesan to be   sǣ-wylm sea-surge

'heard-hicgende,   hider wil-cuman.

395   'Nū gē mōton gangan   in ēowrum gūð-getāwum,
'under here-grīman,   Hrōðgār gesēon;
'lǣtað hilde-bord   hēr onbīdan,
'wudu, wæl-sceaftas,   worda geþinges.'

        Ārās þā se rīca,   ymb hine rinc manig,
400   þrȳðlīc þegna hēap;   sume þǣr bidon,
heaðo-rēaf hēoldon,   swā him se hearda bebēad.
Snyredon ætsomne,   þā secg wīsode,
under Heorotes hrōf;   heaþo-rinc ēode,
heard under helme,   þæt hē on heorðe gestōd.

405   Bēowulf maðelode   – on him byrne scān,
searo-net seowed   smiþes orþancum:
        'Wæs þū, Hrōðgār, hāl!   Ic eom Higelāces
'mǣg ond mago-ðegn;   hæbbe ic mǣrða fela
'ongunnen on geogoþe.   Mē wearð Grendles þing
410   'on mīnre ēþel-tyrf   undyrne cūð;
'secgað sǣ-līðend,   þæt þæs sele stande,
'reced sēlesta,   rinca gehwylcum
'īdel ond unnyt,   siððan ǣfen-lēoht
'under heofenes hādor   beholen weorþeð.

415   'þā mē þæt gelǣrdon   lēode mīne,
'þā sēlestan,   snotere ceorlas,
'þēoden Hrōðgār,   þæt ic þē sōhte,
'forþan hīe mægenes cræft   mīne cūþon:
'selfe ofersāwon,   ðā ic of searwum cwōm,
420   'fāh from fēondum,   þǣr ic fīfe geband,
'ȳðde eotena cyn   ond on ȳðum slōg
'niceras nihtes,   nearo-þearfe drēah,
'wræc Wedera nīð   – wēan āhsodon –
'forgrand gramum: ond nū wið Grendel sceal,
425   'wið þām āglǣcan   āna gehēgan
'ðing wið þyrse.   Ic þē nū ðā,

407   'Wæs þū . . . hāl!' 'May you be well!'

heard-hicgende bravely determined   **hider** hither   **wil-cuma** welcome

395   **nū** now   **gē** you   **mōtan** be allowed   **gangan** march   **gūð-getāwa** war-gear

here-grīma battle-mask   **gesēon** look on

lǣtan leave   **hilde-bord** shield   **onbīdan** await

wudu wood   **wæl-sceaft** deadly spear   **word** speech   **geþing** outcome

ārīsan rise up   **rīca** leader   **ymb** about   **rinc** man

400   **þryðlīc** mighty   **þegn** retainer   **hēap** band   **sum** some   **bīdan** stay

heaðo-rēaf war-gear   **healdan** guard   **heard** bold one   **bebēodan** order

snyrian hasten   **ætsomne** together   **þā** when   **secg** man   **wīsian** lead

hrōf roof   **heaþo-rinc** warrior   **gān** go

heard brave   **helm** helmet   **þæt** so that   **heorð** hearth   **gestandan** stand

405   **maðelian** made speech   **byrne** coat of mail   **scīnan** shine

searo-net armoured net   **sēowian** link   **smiþ** smith   **orþanc** skill

hāl hale

mǣg kinsman   **mago-ðegn** young retainer   **mǣrðo** glorious deed

onginnan undertake   **geogoþ** youth   **weorðan** become   **þing** affair

410   **ēþel-tyrf** native land   **undyrne** not hidden   **cȳþan** make known

secgan tell   **sǣ-līðend** seafarer   **sele** hall   **standan** stand

reced building   **sēlest** best   **rinc** warrior   **gehwylc** every

īdel empty   **unnyt** useless   **siððan** after   **ǣfen-lēoht** evening light

under inside   **heofon** heaven   **hādor** vault   **behelan** hide   **weorðan** become

415   **þā** when   **gelǣran** advise   **lēode** people

sēlesta noblest   **snotor** wise   **ceorl** man

þēoden lord   **þe** thee   **sēcan** come to

forþan because   **mægen** strength   **cræft** power   **cunnan** know

self self   **ofersēon** look on   **ðā** when   **searo** engagement   **cuman** come

420   **fāh** (blood-) stained   **fēond** enemy   **þǣr** where   **fīfe** five   **gebindan** bind

ȳðan destroy   **eoten** giant   **cyn** family   **ȳð** wave   **slēan** slay

nicor sea-monster   **niht** night   **nearo-þearf** great hardship   **drēogan** endure

wrecan avenge   **nīð** persecution   **wēa** trouble   **āhsian** ask

forgrindan crush   **gram** enemy   **nū** now

425   **āglǣca** terrible one   **āna** alone   **gehēgan** settle

ðing dispute   **þyrs** demon   **þē** thee   **nū** now   **ðā** therefore

'brego Beorht-Dena,   biddan wille,
'eodor Scyldinga,   ānre bēne:
'þæt ðū mē ne forwyrne,   wīgendra hlēo,
430 'frēo-wine folca,   nū ic þus feorran cōm,
'þæt ic mōte āna   ond mīnra eorla gedryht,
'þes hearda hēap,   Heorot fǣlsian.
'Hæbbe ic ēac geāhsod,   þæt se ǣglǣca
'for his won-hȳdum   wǣpna ne recceð.
435 'Ic þæt þonne forhicge,   swā mē Higelāc sīe,
'mīn mon-drihten,   mōdes blīðe,
'þæt ic sweord bere   oþðe sīdne scyld,
'geolo-rand tō gūþe;   ac ic mid grāpe sceal
'fōn wið fēonde   ond ymb feorh sacan,
440 'lāð wið lāþum;   ðǣr gelȳfan sceal
'Dryhtnes dōme   sē þe hine dēað nimeð.
'Wēn' ic þæt hē wille,   gif hē wealdan mōt,
'in þǣm gūð-sele   Gēotena lēode
'etan unforhte,   swā hē oft dyde,
445 'mægen hrēð-manna.   Nā þū mīnne þearft
'hafalan hȳdan,   ac hē mē habban wile
'drēore fāhne,   gif mec dēað nimeð;
'byreð blōdig wæl,   byrgean þenceð;
'eteð ān-genga   unmurnlīce,
450 'mearcað mōr-hopu;   nō ðū ymb mīnes ne þearft
'līces feorme   leng sorgian.
'Onsend Higelāce,   gif mec hild nime,
'beadu-scrūda betst,   þæt mīne brēost wereð,
'hrægla sēlest;   þæt is Hrǣdlan lāf,
455 'Wēlandes geweorc.   Gǣð ā wyrd swā hīo scel!'
[7]   Hrōðgār maþelode,   helm Scyldinga:
'For were-fyhtum þū,   wine mīn Bēowulf,
'ond for ār-stafum   ūsic sōhtest.

435 Grendel scorns the use of weapons. Beowulf chooses to fight on equal terms,
forswearing a human advantage

brego chief   biddan ask
eodor protection   ān one   bēn boon, request
forwyrnan refuse   wīgend warrior   hlēo shelter

430   frēo-wine noble friend   folc people   feorran from afar   cuman come
mōtan have the chance   āna alone   eorl man   gedryht band
heard brave   hēap crew   fǣlsian cleanse
habban have   ēac also   geāhsian learn   ǣglǣca monster
for out of   won-hȳd recklessness   wǣpen weapon   reccan care for

435   þonne then   forhicgan scorn   swā so that
mon-drihten liege lord   mōd heart   blīþe joyful
beran carry   oþðe or   sīd broad   scyld shield
geolo-rand yellow shield   gūð battle   ac but   mid with   grāp grip
fōn grapple   fēond foe   feorh life   sacan contend

440   lāð foe   gelȳfan trust
Dryhten Lord   dōm judgement   sē þe hine he whom   niman take
wēnan expect   gif if   wealdan have mastery   mōtan be allowed
gūð-sele war-hall   lēode people
etan feed   unforhte unafraid   dōn do

445   mægen strength   hrēð-man glorious man   nā not at all   þurfan need
hafala head   hȳdan cover   habban have
drēor dripping blood   fāh marked   gif if   dēað death   niman take
beran carry   blōdig bloody   wæl corpse   byrgean eat   þencan intend
etan eat   ān-genga one who goes alone   unmurnlīce blithely

450   mearcan stain   mōr-hop retreat in the moor   ymb about   mīn my   þurfan need
līc body   feorm care   leng longer   sorgian worry
onsend send to   gif if   mec me   hild battle   niman take
beadu-scrūd battle-garment   betst best   brēost breast   werian protect
hrægl mail   sēlest best   lāf bequest

455   geweorc work   gān go   ā ever   wyrd fate   hīo she   sculan must
maþelian make a speech   helm protector
for in return for   were-fyht fight in defence   wine friend   mīn my
for as   ār-stafas favours, a kindness   ūsic us   sēcan seek out

445   To cover the head (a burial custom) will not be an office Hrothgar will
have to perform if Beowulf is beaten: a joke expressing confidence

'Geslōh þīn fæder   fæhðe mæste,
460 'wearþ hē Heaþolāfe   tō hand-bonan
'mid Wilfingum;   ðā hine Wedera cyn
'for here-brōgan   habban ne mihte.
'þanon hē gesōhte   Sūð-Dena folc
'ofer ȳða gewealc,   Ār-Scyldinga;
465 'ðā ic furþum wēold   folce Deniga
'ond on geogoðe hēold   gimme-rīce,
'hord-burh hæleþa;   ðā wæs Heregār dēad,
'mīn yldra mæg   unlifigende,
'bearn Healfdenes;   sē wæs betera ðonne ic!
470 'Siððan þā fæhðe   fēo þingode;
'sende ic Wylfingum   ofer wæteres hrycg
'ealde mādmas;   hē mē āþas swōr.
'Sorh is mē tō secganne   on sefan mīnum
'gumena ǣngum,   hwæt mē Grendel hafað
475 'hȳnðo on Heorote   mid his hete-þancum,
'fǣr-nīða gefremed;   is mīn flet-werod,
'wīg-hēap gewanod;   hīe wyrd forswēop
'on Grendles gryre.   God ēaþe mæg
'þone dol-sceaðan   dǣda getwǣfan!
480 'Ful oft gebēotedon   bēore druncne
'ofer ealo-wǣge   ōret-mecgas,
'þæt hīe in bēor-sele   bīdan woldon
'Grendles gūþe   mid gryrum ecga.
'Ðonne wæs þēos medo-heal   on morgen-tīd,
485 'driht-sele drēor-fāh,   þonne dæg līxte,
'eal benc-þelu   blōde bestȳmed,
'heall heoru-drēore;   āhte ic holdra þȳ lǣs
'dēorre duguðe,   þē þā dēað fornam.
'Site nū tō symle,   ond on sǣlum ēow

---

472   Ecgtheow must be the **hē** who swore oaths to Hrothgar
478b 'God can easily' hinder Grendel from his deeds. But cf. 177
489–90 Much disputed. If MS **meoto**, unknown, is related to **metian**, 'consider',

geslēan start off by striking a blow   fǣhð feud   mǣst greatest

460 weorðan become   tō as   hand-bana slayer by hand

mid among   ðā then   cyn people

here-brōga fear of war   habban keep   magan be able

þanon thence   gesēcan seek out   folc people

ȳð wave   gewealc rolling   ār glory

465 ðā then   furþum first   wēaldan rule   folc people

geogoð youth   healdan held   gimme-rīce precious kingdom

hord-burh storehouse   hæleþ hero

yldra elder   mǣg kinsman   unlifigende not living

bearn son   betera better (man)

470 siððan afterwards   fǣhð feud   fēoh wealth   þingian settle

sendan send   wæter water   hrycg back

eald ancient   māðður treasure   āþ oath

sorh sorrow   secgan tell   sefa heart

guma man   ǣnig any   habban have

475 hȳnðo humiliation   hete-þanc malice

fǣr-nið sudden attack   gefremman accomplish   flet-werod hall-troop

wīg-hēap war-band   wanian wane   wyrd fate   forswāpan sweep away

gryre horror   ēaþe easily

dol-sceaða mad assailant   dǣd deed   getwǣfan hinder from

480 ful very   gebēotian vow   bēor beer   druncen drunk

ealo-wǣg ale cup   ōret-mecg warrior

bēor-sele beer-hall   bīdan await   willan be about to

gūþ attack   gryre ferocity   ecg sword

ðonne then   medo-heal mead-hall   morgen-tīd morning

485 driht-sele splendid hall   drēor-fāh stained with gore   dæg day   līxan shine

eal all   benc-þel bench-board   blōd blood   bestȳman drench

heoru-drēor blood of battle   āgan have   hold loyal   þȳ the   lǣs fewer

dēor dear   duguð veterans   þe since   þā those   forniman take away

sittan sit   symbel banquet   on in   sǣl due time   ēowan show

Beowulf is asked to listen rather than to speak. The emendation yields the
sense: 'Sit now to the banquet and in due time reveal the glory of
victory to the men as your spirit may prompt you.'

490 'sige-hrēð secgum,   swā þīn sefa hwette!'
þā wæs Gēat-mæcgum   geador ætsomne
on bēor-sele   benc gerÿmed;
þǣr swīð-ferhþe   sittan ēodon,
þrÿðum dealle;   þegn nytte behēold,
495 sē þe on handa bær   hroden ealo-wǣge,
scencte scīr wered;   scop hwīlum sang
hādor on Heorote;   þǣr wæs hæleða drēam,
duguð unlÿtel   Dena ond Wedera.
[8]   Unferð maþelode,   Ecglāfes bearn
500 þe æt fōtum sæt   frēan Scyldinga,
onband beadu-rūne: wæs him Bēowulfes sīð,
mōdges mere-faran,   micel æfþunca,
forþon þe hē ne ūþe,   þæt ǣnig ōðer man
ǣfre mǣrða þon mā   middan-geardes
505 gehēdde under heofenum   þonne hē sylfa:
'Eart þū sē Bēowulf,   sē þe wið Brecan wunne,
'on sīdne sǣ   ymb sund flite,
'ðǣr git for wlence   wada cunnedon
'ond for dol-gilpe   on dēop wæter
510 'aldrum nēþdon?   Nē inc ǣnig mon,
'nē lēof nē lāð,   belēan mihte
'sorh-fullne sīð,   þā git on sund rēon;
'þǣr git ēagor-strēam   earmum þehton,
'mǣton mere-strǣta,   mundum brugdon,
515 'glidon ofer gār-secg.   Geofon ÿþum wēol,
'wintrys wylmum;   git on wæteres ǣht
'seofon niht swuncon;   hē þē æt sunde oferflāt,
'hæfde māre mægen;   þā hine on morgen-tīd
'on Heaþo-Rǣmes   holm up ætbær.
520 'Ðonon hē gesōhte   swǣsne ēðel,

500   Unferth sits at the feet of Hrothgar as an adviser and a champion. He doubts
the chances against Grendel of a man who has lost a swimming-match. This
taunt allows Beowulf to set forth his prowess against sea-monsters

490   **sige-hrēð** the glory of victory **secg** warrior **swā** as **sefa** spirit **hwettan** urge
       þā then **Gēat-mæcgas** men of the Geats **geador** all **ætsomne** together
       bēor-sele beer-hall **benc** bench **gerȳman** clear
       swīð-ferhþ stout-hearted **gān** go
       þrȳð might **deall** proud **þegn** thane **nyt** duty **behealdan** perform
495   **beran** carry **hroden** ornate **ealo-wæg** ale cup
       scencan pour **scīr** bright **wered** sweet drink **scop** poet **hwīlum** at times
       hādor clearly **hæleð** hero **drēam** rejoicing
       duguð company of warriors **unlȳtel** great
       maþelian give speech **bearn** son
500   **fōt** foot **sittan** sit **frēa** lord
       onbindan let loose **beadu-rūn** hostile hidden thought **sīð** undertaking
       mōdig brave **mere-fara** seafarer **micel** great **æfþunca** vexation
       forþon since **unnan** grant
       æfre ever **mærðo** glory **þon mā** more **middan-geard** world
505   **gehēdan** care about **heofon** heaven **þonne** than **sylfa** self
       þū thou **sē** the **winnan** struggle
       sīd wide **sǣ** sea **ymb** in **sund** swimming **flītan** compete
       git you both **wlenco** daring **wǣd** water **cunnian** try
       dol-gilp foolish boast **dēop** deep
510   **aldor** life **nēþan** risk **inc** you both **ǣnig** any
       ne nor **lēof** friend **lāð** foe **belēan** dissuade **magan** be able
       sorh-ful sorry **sīð** venture **þā** when **git** you both **sund** sea **rōwan** swim
       git you both **ēagor-strēam** ocean stream **earm** arm **þeccean** embrace
       metan measure **mere-strǣt** sea-street **mund** hand **bregdan** weave
515   **glīdan** glide **gār-secg** ocean **geofon** the deep **ȳð** wave **weallan** surge
       winter winter **wylm** whelm **git** you two **ǣht** power
       seofon seven **swincan** toil **sund** swimming **oferflītan** beat
       habban have **māre** more **mægen** strength **morgen-tīd** morning
       holm sea **ætberan** carry to
520   **ðonon** thence **gesēcan** go to **swǣs** dear **ēþel** native land

519   The name of the people is used for their land

'lēof his lēodum,   lond Brondinga,
'freoðo-burh fægere,   þǣr hē folc āhte,
'burh ond bēagas.   Bēot eal wið þē
'sunu Bēanstānes   sōðe gelǣste.
525 'Ðonne wēne ic tō þē   wyrsan geþingea,
'ðēah þū heaðo-rǣsa   gehwǣr dohte,
'grimre gūðe,   gif þū Grendles dearst
'niht-longne fyrst   nēan bīdan.'
        Bēowulf maþelode,   bearn Ecgþēowes:
530 'Hwæt þū worn fela,   wine mīn Unferð,
'bēore druncen   ymb Brecan sprǣce,
'sægdest from his sīðe!   Sōð ic talige
'þæt ic mere-strengo   māran āhte,
'earfeþo on ȳþum,   ðonne ǣnig ōþer man.
535 'Wit þæt gecwǣdon   cniht-wesende
'ond gebēotedon   – wǣron bēgen þā gīt
'on geogoð-fēore –   þæt wit on gār-secg ūt
'aldrum nēðdon;   ond þæt geæfndon swā.
'Hæfdon swurd nacod,   þā wit on sund rēon,
540 'heard on handa;   wit unc wið hron-fixas
'werian þōhton;   nō hē wiht fram mē
'flōd-ȳþum feor   flēotan meahte,
'hraþor on holme,   nō ic fram him wolde.
'Ðā wit ætsomne   on sǣ wǣron
545 'fīf nihta fyrst,   oþþæt unc flōd tōdrāf,
'wado weallende,   wedera cealdost,
'nīpende niht,   ond norþan wind
'heaðo-grim ondhwearf.   Hrēo wǣron ȳþa,
'wæs mere-fixa   mōd onhrēred.
550 'þǣr mē wið lāðum   līc-syrce mīn,
'heard, hond-locen,   helpe gefremede,
'beado-hrægl brōden   on brēostum læg
'golde gegyrwed.   Mē tō grunde tēah

524a   **Bēanstānes sunu** Breca

lēof beloved **lēode** people **lond** land

freoðo stronghold **fæger** fair **folc** people **āgan** own, have

burh fortified town **bēag** ring **bēot** boast **eal** whole **þē** thee

sunu son **sōðe** truly **gelæstan** carry out

525 **ðonne** therefore **wēnan** expect **tō** from **wyrsa** worse **geþingea** outcome

ðēah although **heaðo-ræs** onset of battle **gehwær** everywhere

dugan be good

grim grim **gūð** war **gif** if **durran** dare

niht-long nightlong **fyrst** space of time **nēan** near **bīdan** wait for

maþelian make a speech **bēarn** son

530 **hwæt** indeed **worn** multitude **fela** much **wine** friend

bēor beer **druncen** drunk **ymb** about **sprecan** speak

secgan say **fram** about **sīð** adventure **sōð** truth **talian** claim

mere-strengo strength in the sea **māra** greater **āgan** have

earfoþe hard struggle **ȳþ** wave **ðonne** than

535 **wit** we two **gecweþan** agree **cniht-wesend** being a boy

gebēotian boast, vow **wesan** be **bēgen** both **þā** then **gīt** still

geogoð-fēorh youthfulness **wit** we two **gār-secg** ocean **ūt** out

aldor life **nēþan** risk **geæfnan** perform **swā** so

habban have **nacod** naked **þā** when **wit** we two **sund** sea **rōwan** swim

540 **heard** hard **hand** hand **unc** ourselves **wið** against **hron-fisc** whale

werian defend **þencan** intend **wiht** a whit

flōd-ȳð wave of the sea **feor** far **flēotan** swim **magan** be able

hraþor faster **holm** sea **willan** wish

ðā then **wit** we two **ætsomne** together **wesan** be

545 **fīf** five **niht** night **fyrst** space **oþþæt** until **unc** us **flōd** sea

tōdrīfan drive apart

wado sea **weallan** surge **weder** storm **ceald** cold

nīpan darken **niht** night **norþan wind** north wind

heaðo-grim hostile **ondhweorfan** turn against **hrēo** rough **ȳþ** wave

mere-fisc ocean fish **mōd** anger **onhrēran** arouse

550 **wið** against **lāð** enemy **līc-syrce** body-armour

heard hard **hond-locen** hand-linked **help** help **gefremman** provide

beado-hrægl mail-shirt **brōden** woven **brēost** chest **licgan** lie

gegyrwan adorn **grund** bottom **tēon** draw

'fāh fēond-scaða,   fæste hæfde
555 'grim on grāpe;   hwæþre mē gyfeþe wearð,
'þæt ic āglǣcan   orde gerǣhte,
'hilde-bille;   heaþo-rǣs fornam
'mihtig mere-dēor   þurh mīne hand.
[9]   'Swā mec gelōme   lāð-getēonan
560 'þrēatedon þearle;   ic him þēnode
'dēoran sweorde,   swā hit gedēfe wæs.
'Næs hīe ðǣre fylle   gefēan hæfdon,
'mān-fordǣdlan,   þæt hīe mē þēgon,
'symbel ymbsǣton   sǣ-grunde nēah;
565 'ac on mergenne   mēcum wunde
'be ȳð-lāfe   uppe lǣgon,
'sweordum āswefede,   þæt syðþan nā
'ymb brontne ford   brim-līðende
'lāde ne letton.   Lēoht ēastan cōm,
570 'beorht bēacen Godes;   brimu swaþredon
'þæt ic sǣ-næssas   gesēon mihte,
'windige weallas.   Wyrd oft nereð
'unfǣgne eorl,   þonne his ellen dēah.
'Hwæþere mē gesǣlde,   þæt ic mid sweorde ofslōh
575 'niceras nigene.   Nō ic on niht gefrægn
'under heofones hwealf   heardran feohtan,
'nē on ēg-strēamum   earmran mannon.
'Hwæþere ic fāra feng   fēore gedīgde,
'sīþes wērig.   Ðā mec sǣ oþbær,
580 'flōd æfter faroðe   on Finna land,
'wadu weallendu.   Nō ic wiht fram þē
'swylcra searo-nīða   secgan hȳrde,
'billa brōgan.   Breca nǣfre gīt
'æt heaðo-lāce,   nē gehwæþer incer,
585 'swā dēorlīce   dǣd gefremede
'fāgum sweordum   – nō ic þæs fela gylpe –
'þēah ðū þīnum brōðrum   tō banan wurde,
'hēafod-mǣgum;   þæs þū in helle scealt

fāh hostile   **fēond-scaða** attacker   **fæste** firmly   **habban** have

555 **grāp** grasp   **hwæþre** yet   **gyfeþe** granted   **weorðan** become

āglǣca terrible one   **ord** point   **gerǣcan** hit

hilde-bil sword   **heaþo-rǣs** battle's rush   **forniman** take off

mihtig mighty   **mere-dēor** sea-beast   **þurh** by means of

swā thus   **mec** me   **gelōme** frequently   **lāð-getēona** foe who drags off

560 **þrēatian** press   **þearle** severely   **þēnian** serve

dēore good   **swā** as   **gedēfe** fitting

næs not at all   **fyllo** fill, feast   **gefēa** joy   **habban** have

mān-fordǣdla wicked destroyer   **þicgan** partake of

symbel banquet   **ymbsittan** sit round   **sǣ-grund** sea floor   **nēah** near

565 **ac** but   **morgen** morning   **mēce** sword   **wund** wounded

be by   **ȳð-lāf** shore, tide-line   **uppe** above, up   **licgan** lie (dead)

āswebban put to sleep   **syþþan** afterwards   **nā** never

bront steep (-sided)   **ford** waterway   **brim-līðend** seafarer

lād passage   **lettan** hinder   **lēoht** light   **ēastan** from the east

570 **beorht** bright   **bēacen** sign   **brim** water   **swaþrian** subside

sǣ-næs headland   **gesēon** see   **magan** be able

windig windy   **weal** high shore   **wyrd** fate   **nerian** save

unfǣg undoomed   **þonne** when   **ellen** courage   **dugan** be good

hwæþere anyhow   **gesellan** befall   **ofslēan** kill

575 **nicor** water-monster   **nigen** nine   **gefrignan** hear

heofon heaven   **hwealf** vault   **heardra** harder   **feoht** fight

nē nor   **ēg-strēam** water-stream   **earmra** harder-pressed   **man** man

hwæþere yet   **fāg** foe   **feng** grasp   **feorh** life   **gedīgan** escape

sīþ undertaking   **wērig** weary   **sǣ** sea   **oþberan** bear off

580 **flōd** sea   **æfter** with   **faroð** current

wǣd water   **weallan** surge   **wiht** at all   **fram** about   **þē** thee

swylc such   **searo-nīð** close encounter   **secgan** tell   **hȳran** hear

bill sword   **brōga** terror   **nǣfre** never   **gīt** yet

heaðo-lāc battle-play   **gehwæþer** either   **incer** of you two

585 **swā** so   **dēorlīc** bold   **dǣd** deed   **gefremman** perform

fāg shining   **þaes** of it   **fela** much   **gylpan** boast

þēah although   **brōðor** brother   **tō** as   **bana** slayer   **weorðan** prove

hēafod-mǣg chief kinsman   **þæs** for that   **hell** hell

'werhðo drēogan,   þēah þīn wit duge.

590 'Secge ic þē tō sōðe,   sunu Ecglāfes,
'þæt næfre Grendel swā fela   gryra gefremede,
'atol æglæca   ealdre þīnum,
'hȳnðo on Heorote,   gif þīn hige wære,
'sefa swā searo-grim,   swā þū self talast;

595 'ac hē hafað onfunden,   þæt hē þā fæhðe ne þearf,
'atole ecg-þræce   ēower lēode
'swīðe onsittan,   Sige-Scyldinga.
'Nymeð nȳd-bāde,   nænegum ārað
'lēode Deniga,   ac hē lust wigeð,

600 'swefeð ond sendeþ,   secce ne wēneþ
'tō Gār-Denum.   Ac ic him Gēata sceal
'eafoð ond ellen   ungeāra nū,
'gūþe gebēodan.   Gæþ eft sē þe mōt
'tō medo mōdig,   siþþan morgen-lēoht

605 'ofer ylda bearn   ōþres dōgores,
'sunne swegl-wered   sūþan scīneð!'

        þā wæs on sālum   sinces brytta,
gamol-feax ond gūð-rōf;   gēoce gelȳfde
brego Beorht-Dena,   gehȳrde on Bēowulfe

610 folces hyrde   fæst-rædne geþōht.
Ðær wæs hæleþa hleahtor,   hlyn swynsode,
word wæron wynsume.   Ēode Wealhþēow forð,
cwēn Hrōðgāres,   cynna gemyndig;
grētte gold-hroden   guman on healle,

615 ond þā frēolīc wīf   ful gesealde
ærest Ēast-Dena   ēþel-wearde;
bæd hine blīðne   æt þære bēor-þege,
lēodum lēofne;   hē on lust geþeah

595   **hē** Grendel
597b 'the Victory-Scyldings': one of the titles of the Danish dynasty. It is hard to
be sure of verbal irony in formulaic verse. Beowulf's sarcasm is aimed at
Unferth, rather than at the Danes in general.

....

werhðo damnation **drēogan** endure **þēah** though **wit** intelligence
dugan be good

590 **secgan** say **þē** thee **tō** in **sōð** truth **sunu** son
næfre never **fela** many **gryre** horror **gefremman** perform
atol terrible **æglæca** monster **ealdor** lord **þīn** thy
hȳnðo harm **gif** if **hige** resolve **wesan** be
sefa spirit **searo-grim** fierce in conflict **swā** as **þū** thou **talian** tell

595 **ac** but **habban** have **onfindan** find **fæhð** enmity **þurfan** need
atol terrible **ecg-þracu** sword-attack **ēower** your **lēode** people
swīðe very much **onsittan** dread
nyman seize **nȳd-bād** exaction **nænig** none **ārian** spare
lēode people **ac** but **lust** pleasure **wigan** take

600 **swebban** put to sleep **sendan** dispatch **sæc** struggle **wēnan** expect
tō from **ac** but **sculan** intend
eafoð strength **ellen** courage **ungeāra** not remotely **nū** now
gūð war **gebēodan** offer **gān** go **eft** once more **mōtan** be allowed
medo mead **mōdig** high-spirited **siþþan** when **morgen-lēoht** morning light

605 **ylde** men **bearn** child **ōþer** another **dōgor** day
sunne sun **swegl-wered** clad in radiance **sūþan** from south **scīnan** shine
sæl happiness **sinc** treasure **brytta** dispenser
gamol-feax grey-haired **gūð-rōf** war-famed **gēoc** help **gelȳfan** believe in
brego chief **gehȳran** hear, learn **on** from

610 **folc** people **hyrde** keeper **fæst-ræd** firmly resolved **geþōht** intent
hæleþ hero **hleahtor** laughter **hlyn** din **swynsian** ring out
wesan to be **wynsum** joyful **gān** go
cwēn wife (of a king) **cyn** family **gemyndig** mindful
grētan greet **gold-hroden** gold-adorned **guma** man

615 **frēolic** noble **wīf** woman **ful** cup **gesellan** give
ærest first **ēþel-weard** guardian of the homeland
biddan bid **blīþ** joyful **bēor-þegu** beer-taking
lēode people **lēof** dear **on** with **lust** pleasure **geþicgan** partake of

612 Compare *Gnomic Verses* 85–93 on a queen's duties; she should offer the first
drink to her husband. (See *The Earliest English Poems*, pp. 65–66.)
617a **hine blīðne** 'him to be gracious'

symbel ond sele-ful,   sige-rōf kyning.

620   Ymb-ēode þā   ides Helminga
duguþe ond geogoþe   dǣl ǣghwylcne,
sinc-fato sealde,   oþþæt sǣl ālamp,
þæt hīo Bēowulfe,   bēag-hroden cwēn
mōde geþungen,   medo-ful ætbær.

625   Grētte Gēata lēod,   Gode þancode
wīs-fæst wordum,   þæs ðe hire se willa gelamp,
þæt hēo on ænigne   eorl gelȳfde
fyrena frōfre.   Hē þæt ful geþeah,
wæl-rēow wiga,   æt Wealhþēon,

630   ond þā gyddode   gūþe gefȳsed;
Bēowulf maþelode,   bearn Ecgþēowes:
'Ic þæt hogode,   þā ic on holm gestāh,
'sǣ-bāt gesæt   mid mīnra secga gedriht,
'þæt ic ānunga   ēowra lēoda

635   'willan geworhte,   oþðe on wæl crunge,
'fēond-grāpum fæst.   Ic gefremman sceal
'eorlīc ellen,   oþðe ende-dæg
'on þisse meodu-healle   mīnne gebīdan.'
Ðām wīfe þā word   wēl līcodon,

640   gilp-cwide Gēates;   ēode gold-hroden
frēolicu folc-cwēn   tō hire frēan sittan.
      þā wæs eft swā ǣr   inne on healle
þrȳð-word sprecen,   ðēod on sǣlum,
sige-folca swēg,   oþþæt semninga

645   sunu Healfdenes   sēcean wolde
æfen-ræste.   Wiste þǣm āhlǣcan
tō þǣm hēah-sele   hilde geþinged,
siððan hīe sunnan lēoht   gesēon meahton,
oþ ðe nīpende   niht ofer ealle,

626b   Literally: 'in that for her the desired thing had come to pass'

symbel banquet   sele-ful hall-cup   sige-rōf victorious   cyning king

620 ymb-gān go round   þā then   ides lady

duguð veterans   geoguð the youth   dǣl part   ǣghwylc each

sinc-fæt precious vessel   sellan give   oþþæt until   sǣl time   ālimpan befall

hīo she   bēag-hroden ring-adorned   cwēn queen

mōd spirit   geþungen excellent   medo-ful meadcup   ætberan carry to

625 grētan salute   lēod man   þancian thank

wīs-fæst firm in wisdom   willa delight   gelimpan happen

hēo she   ǣnig any   eorl warrior   gelȳfan trust

fyren outrage   frōfor help   ful cup   geþicgan partake of

wæl-rēow fierce in slaughter   wiga soldier   æt from

630 gyddian speak   gūþ war   gefȳsed prepared

maþelian give speech   bearn son

hycgan resolve   þā when   holm sea   gestīgan go upon

sǣ-bāt ship   gesittan sit down in   mīn my   secg man   gedriht band

ānunga by all means   ēower your   lēode people

635 willa will   gewyrcan bring about   oþðe or   wæl slain   crincgan fall

fēond-grāp enemy grip   fæst fast   gefremman perform

eorlīc manly   ellen deed of courage   oþðe or   ende-dæg last day

meodu-heal mead hall   mīn my   gebīdan experience

wīf woman   līcian please

640 gilp-cwide vaunting speech   gān go   gold-hroden gold-adorned

frēolic noble   folc-cwēn queen of the people   tō by   frēa lord   sittan sit

eft again   swā as   ǣr before   inne within

þrȳð-word vigorous word   sprecan utter   ðēod nation   sǣl happiness

sige-folc victorious people   swēg sound   oþþæt until   semninga presently

645 sunu son   sēcean go to   willan wish

ǣfen-ræst night's rest   witan know   þǣm by the   āhlǣca monster

hēah-sele lofty hall   hild battle   geþinged determined

siþþan since   hīe they   sunne sun   lēoht light   gesēon see   magan be able

oþ ðe until   nīpan grow dark

628   Hē Beowulf

650 scadu-helma gesceapu   scrīðan cwōman
wan under wolcnum.   Werod eall ārās.
Gegrētte þā   guma ōþerne,
Hrōðgār Bēowulf,   ond him hǣl ābēad,
wīn-ærnes geweald,   ond þæt word ācwæð:
655 'Nǣfre ic ǣnegum men   ǣr ālȳfde,
'siþðan ic hond ond rond   hebban mihte,
'ðrȳþ-ærn Dena   būton þē nū ðā.
'Hafa nū ond geheald   hūsa sēlest:
'gemyne mǣrþo,   mægen-ellen cȳð,
660 'waca wið wrāþum!   Ne bið þē wilna gād
'gif þū þæt ellen-weorc   aldre gedīgest.'
[10]   Ðā him Hrōþgār gewāt   mid his hæleþa gedryht,
eodur Scyldinga   ūt of healle;
wolde wīg-fruma   Wealhþēo sēcan,
665 cwēn tō gebeddan.   Hæfde Kyning-wuldor
Grendle tōgēanes,   swā guman gefrungon,
sele-weard āseted;   sundor-nytte behēold
ymb aldor Dena   eoton-weard' ābēad.
Hūru Gēata lēod   georne truwode
670 mōdgan mægnes,   Metodes hyldo.
Ðā hē him of dyde   īsern-byrnan,
helm of hafelan,   sealde his hyrsted sweord,
īrena cyst   ombiht-þegne,
ond gehealdan hēt   hilde-geatwe.
675 Gespræc þā se gōda   gylp-worda sum,
Bēowulf Gēata,   ǣr hē on bed stige:
'Nō ic mē an here-wæsmun   hnāgran talige
'gūþ-geweorca   þonne Grendel hine;
'forþan ic hine sweorde   swebban nelle,
680 'aldre benēotan,   þēah ic eal mæge.
'Nāt hē þāra gōda,   þæt hē mē ongēan slēa,

662   **Ðā him . . . gewāt** 'Then he departed'

650   **scadu-helm** cover of night   **gesceap** creature   **scrīðan** glide   **cuman** come
wan dark   **wolcen** cloud   **werod** company of men   **ārīsan** arise
gegrētan salute   **þā** then   **guma** man   **ōþer** other
hǣl luck   **ābēodan** wish
wīn-ærn wine hall   **geweald** mastery   **ācweþan** utter

655   **nǣfre** never   **ǣnig** any   **man** man   **ǣr** before   **ālȳfan** entrust to
siþþan since   **hond** hand   **rond** shield   **hebban** lift
ðrȳð-ærn mighty house   **būton** except   **þē** thee   **nū ðā** now
habban have   **gehealdan** hold   **hūs** house   **sēlest** best
gemunan think of   **mǣrðo** glory   **mægen-ellen** mighty valour
                                                    cȳðan make known

660   **wācian** watch   **wið** for   **wrāþ** enemy   **bēon** be   **willa** good thing   **gād** lack
gif if   **ellen-weorc** task of courage   **aldor** life   **gedīgan** survive
gewītan depart   **mid** with   **hæleð** man   **gedryht** company
eodur protector   **ūt** out
willan wish   **wīg-fruma** war-leader   **sēcan** go to

665   **cwēn** queen   **tō** as   **gebedda** bedfellow   **habban** have   **Kyning-**
                                                    wuldor King of Glory
tōgēanes against   **swā** as   **guma** man   **gefrignan** hear
sele-weard hall-guard   **āsettan** appoint   **sunðor-nytt** special task
                                                    behealdan undertake
ymb for   **aldor** lord   **eoton-weard** watch against a giant   **ābeodan** offer
hūru indeed   **lēod** man   **georne** earnestly   **truwian** trust in

670   **mōdig** brave   **mægen** strength   **Metod** God   **hyldo** favour
ðā then   **of** off   **dōn** take   **īsern-byrne** iron shirt
helm helmet   **hafela** head   **sellan** give   **hyrsted** ornate
īren iron   **cyst** choice   **ombiht-þegn** attendant
gehealdan look after   **hātan** order   **hilde-geatwe** war-gear

675   **gesprecan** utter   **gōda** good man   **gylp-word** vaunt   **sum** a
ǣr before   **stīgan** climb
nō not   **an** in   **here-wæsm** warlike stature   **hnāgra** lesser   **talian** account
gūð-geweorc deed of war   **þonne** than   **hine** him (self)
forþan therefore   **swebban** put to sleep   **willan** wish

680   **aldor** life   **benēotan** deprive   **þēah** although   **eal** entirely
witan know (of)   **gōd** noble (skill)   **þæt** by which   **ongean** against
                                                    slēan strike

'rand gehēawe,   þēah ðe hē rōf sīe
'nīþ-geweorca: ac wit on niht sculon
'secge ofersittan,   gif hē gesēcean dear
685   'wīg ofer wǣpen: ond siþðan wītig God
'on swā hwæþere hond,   hālig Dryhten,
'mǣrðo dēme,   swā him gemet þince.'
Hylde hine þā heaþo-dēor,   hlēor-bolster onfēng
eorles andwlitan,   ond hine ymb monig
690   snellīc sǣ-rinc   sele-reste gebēah.
Nǣnig heora þōhte,   þæt hē þanon scolde
eft eard-lufan   ǣfre gesēcean,
folc oþðe frēo-burh,   þǣr hē āfēded wæs;
ac hīe hæfdon gefrūnen,   þæt hīe ǣr tō fela micles
695   in þǣm wīn-sele   wæl-dēað fornam,
Denigea lēode.   Ac him Dryhten forgeaf
wīg-spēda gewiofu,   Wedera lēodum,
frōfor ond fultum,   þæt hīe fēond heora
ðurh ānes cræft   ealle ofercōmon,
700   selfes mihtum.   Sōð is gecȳþed,
þæt mihtig God   manna cynnes
weold wīde-ferhð.   Cōm on wanre niht
scrīðan sceadu-genga;   scēotend swǣfon,
þā þæt horn-reced   healdan scoldon,
705   ealle būton ānum.   þæt wæs yldum cūþ,
þæt hīe ne mōste,   þā Metod nolde,
se scyn-scaþa   under sceadu bregdan,
ac hē wæccende   wrāþum on andan
bād bolgen-mōd   beadwa geþinges.

[11]   Ðā cōm of mōre   under mist-hleoþum
Grendel gongan,   Godes yrre bær;
mynte se mān-scaða   manna cynnes

694b 'that previously far too many of them'

rand shield **gehēawan** hew **þēah** though **rōf** renowned **wesan** be
nīþ-geweorc attack **ac** but **wit** we two **sculan** be obliged to
secg sword **ofersittan** abstain **gif** if **gesēcean** seek **durran** dare

685 **wīg** battle **ofer** without **wǣpen** weapon **siþðan** after **wītig** wise
swā hwæþere whichsoever **hond** hand **hālig** holy **Dryhten** Lord
mǣrðo glory **dēman** assign **gemēt** meet, fit **þincan** seem
hyldan lie down **heaþo-dēor** daring in fight **hlēor-bolster** pillow

        onfōn receive

eorl warrior **andwlita** face **ymb** around **monig** many

690 **snellīc** brave **sǣ-rinc** sea-warrior **sele-rest** hall-rest **gebūgan** lie down on
nǣnig none **heora** of them **þencan** think **þanon** thence **sculan** should
eft again **eard-lufu** dear home **ǣfre** ever **gesēcean** seek out
folc people **oþðe** or **frēo-burh** noble town **āfēdan** bring up
ac but **gefrignan** learn **ǣr** previously **tō** too **fela** many **micles** far

695 **wīn-sele** wine-hall **wæl-dēað** sudden death **forniman** take away
lēode people **ac** but **him** them **Dryhten** Lord **forgifan** grant
wīg-spēd war-success **gewif** what is woven, fate **lēode** people
frōfor comfort **fultum** help **fēond** enemy **heora** their
ān one **cræft** strength **ealle** all **ofercuman** overcome

700 **selfes** his own **miht** might **sōð** truth **gecȳþan** make known
man man **cyn** kind, race
wealdan rule **wīde-ferhð** for ever **cuman** come **wan** dark
scrīðan glide **sceadu-genga** walker in shadow **scēotend** shooter

        swefan sleep

þā who **horn-reced** horned building **healdan** guard **sculan** be obliged to

705 **eal** all **būton** except **ān** one **ylde** men **cūþ** known
hīe them **mōtan** be able **þā** when **Metod** God **willan** wish
scyn-scaþa demon foe **sceadu** shadow **bregdan** drag
ac but **wæccan** be awake **wrāð** hostile (one) **on** in **anda** anger
bīdan await **bolgen-mōd** swollen-hearted **beadu** battle **geþing** outcome

710 **ðā** then **cuman** come **mōr** moor **mist-hlīþ** misty slope
gongan go, walk **yrre** anger **beran** bear
myntan intend **mān-scaða** evil ravager **man** man **cyn** kind, race

708 'but he [Beowulf] watching in anger against his foe'

sumne besyrwan   in sele þām hēan.
Wōd under wolcnum,   tō þæs þe hē wīn-reced,
715 gold-sele gumena   gearwost wisse,
fǣttum fāhne.   Ne wæs þæt forma sīð
þæt hē Hrōþgāres   hām gesōhte.
Nǣfre hē on aldor-dagum   ǣr nē siþðan
heardran hǣle   heal-ðegnas fand.
720 Cōm þā tō recede   rinc sīðian
drēamum bedǣled.   Duru sōna onarn
fȳr-bendum fæst,   syþðan hē hire folmum gehrān:
onbrǣd þā bealo-hȳdig,   ðā hē gebolgen wæs,
recedes mūþan.   Raþe æfter þon
725 on fāgne flōr   fēond treddode,
ēode yrre-mōd;   him of ēagum stōd
ligge gelīcost   lēoht unfǣger.
Geseah hē in recede   rinca manige,
swefan sibbe-gedriht   samod ætgædere,
730 mago-rinca hēap.   þā his mōd āhlōg;
mynte þæt hē gedǣlde,   ǣr þon dæg cwōme,
atol āglǣca,   ānra gehwylces
līf wið līce,   þā him ālumpen wæs
wist-fylle wēn.   Ne wæs þæt wyrd þā gēn,
735 þæt hē mā mōste   manna cynnes
ðicgean ofer þā niht.   Þrȳð-swȳð behēold,
mǣg Higelāces,   hū se mān-scaða
under fǣr-gripum   gefaran wolde.
Nē þæt se āglǣca   yldan þōhte,
740 ac hē gefēng hraðe   forman sīðe
slǣpendne rinc,   slāt unwearnum,
bāt bān-locan,   blōd ēdrum dranc,
syn-snǣdum swealh;   sōna hæfde

719a 'with worse luck'
726b 'there shone out of his eyes'

sum some, one   besyrwan entrap   sele hall   hēah high
wadan advance   wolcen cloud   tō þæs þe to the point where
                                                    wīn-reced wine-hall
715   gold-sele gold-hall   guma man   gearwost most clearly   witan recognize
fæt (gold) plate   fāh shining   forma first   sīð time
hām home   gesēcan visit
næfre never   aldor-dagas days of life   ær before   nē nor   siþðan after
heardra worse   hæl luck   heal-ðegn hall-thane   findan find
720   cuman come   reced building   rinc warrior   sīðian travel
drēam joy   bedælan deprive   duru door   sōna soon   onirnan run back
fȳr-bend fire-forged bar   fæst fast   hire her, it   folm hand   gehrīnan touch
onbregdan throw open   bealo-hȳdig evil-meaning   gebolgen swollen
reced building   mūð mouth   raþe quickly   þon that
725   fāg paved   flōr floor   fēond fiend   treddian step
gān go   yrre-mōd angry at heart   ēage eye   standan issue
līg flame   gelīc like   lēoht light   unfæger unlovely
gesēon behold   reced building   rinc warrior   manig many
swefan to sleep   sibbe-gedriht kindred-band   samod all   ætgædere together
730   mago-rinc young warrior   hēap quantity   mōd spirit   āhliehhan laugh
myntan intend   gedælan take away   ær before   dæg day   cuman come
atol terrible   āglæca monster   ān one   gehwylc each
līf life   wið from   līc body   þā as   ālimþan happen
wist-fyllo fill of feasting   wēn hope   wyrd dispensation   þā gēn still
735   mā more   mōtan be allowed
þicgean partake of   ofer beyond   þrȳð-swȳð very mighty   behealdan behold
mǣg kinsman   hū how   mān-scaða murderous attacker
under with   fǣr-grip sudden snatch   gefaran go about
nē nor   āglæca monster   yldan be idle   þencan think
740   ac but   gefōn seize   hraðe rapidly   forma first   sīð exploit
slǣpend sleeping   rinc soldier   slītan tear   unwearn without restraint
bītan bite   bān-loc bone-link, muscle   blōd blood   edr vein
syn-snǣd sinful morsel   swelgan swallow   sōna soon   habban have

734b   'It was fated no longer'

unlyfigendes   eal gefeormod,
745   fēt ond folma.   Forð nēar ætstōp,
nam þā mid handa   hige-þīhtigne
rinc on ræste   – ræhte ongēan
fēond mid folme;   hē onfēng hraþe
inwit-þancum   ond wið earm gesæt.
750   Sōna þæt onfunde   fyrena hyrde,
þæt hē ne mētte   middan-geardes,
eorþan scēatta   on elran men
mund-gripe māran;   hē on mōde wearð
forht on ferhðe;   nō þȳ ǣr fram meahte.
755   Hyge wæs him hin-fūs,   wolde on heolster flēon,
sēcan dēofla gedræg;   ne wæs his drohtoð þǣr,
swylce hē on ealder-dagum   ǣr gemētte.
Gemunde þā se gōda   mæg Higelāces
ǣfen-sprǣce,   up-lang āstōd
760   ond him fæste wiðfēng;   fingras burston:
eoten wæs ūtweard,   eorl furþur stōp.
Mynte se mǣra,   þǣr hē meahte swā,
wīdre gewindan   ond on weg þanon
flēon on fen-hopu;   wiste his fingra geweald
765   on grames grāpum;   þæt wæs gēocor sīð
þæt se hearm-scaþa   tō Heorute ātēah.
Dryht-sele dynede,   Denum eallum wearð,
ceaster-būendum,   cēnra gehwylcum,
eorlum ealu-scerwen.   Yrre wǣron bēgen,
770   rēþe ren-weardas.   Reced hlynsode;
þā wæs wundor micel,   þæt se wīn-sele
wiðhæfde heaþo-dēorum,   þæt hē on hrūsan ne fēol,

746–47   **nam, rǣhte** Imperfect tenses. Grendel 'was reaching out'
748   **fēond** Probably nominative, and probably referring to Grendel
754b   'he was not able to get away any the sooner for that'
762b   'as far as he might'

unlyfigend not living   eal all   gefeormian consume
745 fēt feet   folm hand   forð forward   ætsteppan step to
niman take   þā then   mid with   hige-þihtig stout-hearted
rinc warrior   ræst bed   rǣcan reach out   ongēan towards
fēond enemy   folm open palm   onfōn grasp   hraþe quickly
inwit-þanc hostile intention   wið against   earm arm   gesittan sit up
750 sōna soon   onfindan find out   fyren outrage   hyrde keeper
mētan meet   middan-geard central enclosure, earth
eorþe earth   scēat region   elra another   mann man
mund-grip hand-grip   māra greater   mōd heart   weorðan become
forht frightened   ferhð spirit   þȳ thereby   ǣr sooner   fram away
                                                                    magan be able
755 hȳge intent   hin-fūs eager to be off   heolster lair   flēon flee
sēcan get to   dēofol devil   gedræg throng   drohtoð experience
swylce such as   ealder-dagas days of life   ǣr previously   gemētan find
gemunan remember   gōda champion   mǣg kinsman
ǣfen-sprǣc evening speech   up-lang upright   āstandan stand up
760 fæste firmly   wiðfōn lay hold on   finger finger   berstan break
eoten giant   ūtweard turning away   eorl man   furþur closer   steppan step
myntan intend   mǣra strange (one)   magan be able   swā so
wīdre further off   gewindan make an escape   wēg way   þanon thence
flēon escape   fen-hop marsh retreat   witan know   geweald strength
765 gram fierce   grāp grip   gēocor sad   sīð expedition
hearm-scaþa injurious foe   āteon pursue
dryht-sele noble hall   dynnan resound   eal all   weorðan befall
ceaster-būend dwellers in the castle   cēn brave (one)   gehwylc each
eorl warrior   ealu-scerwen ale-sharing   yrre angry   bēgen both
770 rēþe fierce   ren-weard keeper of building   reced hall   hlynsian resound
þā then   wundor wonder   micel great   wīn-sele wine-hall
wiðhabban withstand   heaþo-dēor daring in battle   hē it   hrūse earth
                                                                    feallan fall

769   ealu-scerwen A puzzling word. The Danish fear is probably 'a dispensation of
(deadly) ale' rather than 'a shearing away of good fortune'
772   hē Heorot

fǣger fold-bold;   ac hē þæs fæste wæs
innan ond ūtan   īren-bendum
775   searo-þoncum besmiþod.   þǣr fram sylle ābēag
medu-benc monig,   mīne gefrǣge,
golde geregnad,   þǣr þā graman wunnon.
þæs ne wēndon ǣr   witan Scyldinga,
þæt hit ā mid gemete   manna ǣnig,
780   betlīc ond bān-fāg   tōbrecan meahte,
listum tōlūcan,   nymþe līges fæþm
swulge on swaþule.   Swēg up āstāg
nīwe geneahhe,   Norð-Denum stōd
atelīc egesa,   ānra gehwylcum
785   þāra þe of wealle   wōp gehȳrdon,
gryre-lēoð galan   Godes andsacan,
sige-lēasne sang,   sār wānigean
helle hæfton.   Hēold hine fæste,
sē þe manna wæs   mægene strengest
790   on þǣm dæge   þysses līfes.
[12]   Nolde eorla hlēo   ǣnige þinga
þone cwealm-cuman   cwicne forlǣtan,
nē his līf-dagas   lēoda ǣnigum
nytte tealde.   þǣr genehost brægd
795   eorl Bēowulfes   ealde lāfe,
wolde frēa-drihtnes   feorh ealgian,
mǣres þēodnes,   ðǣr hīe meahton swā.
Hīe þæt ne wiston,   þā hīe gewin drugon,
heard-hicgende   hilde-mecgas,
800   ond on healfa gehwone   hēawan þōhton,
sāwle sēcan: þone syn-scaðan
ǣnig ofer eorþan   īrenna cyst,
gūð-billa nān   grētan nolde,

776b 'by what I have learned; as I have heard'
779· **hit** Heorot

fæger beautiful **fold-bold** earth-building **þæs** to that extent **fæste** firmly
innan inside **ūtan** outside **īren-bend** iron bond

775 **searo-þonc** intricate thought **besmiþod** crafted **syl** floor **ābūgan** start away
    medu-benc mead-bench **monig** many **mīne** my **gefrǣge** enquiry
    gold gold **geregnian** adorn **þær** where **gram** fierce (one) **winnan** fight
    þæs of this **wēnan** think **ǣr** earlier **wita** counsellor
    hit it **ā** ever **mid** by **gemet** means **ǣnig** any

780 **betlīc** splendid **bān-fāg** adorned with antlers **tōbrecan** break in pieces
                                            magan be able
    list skill **tōlūcan** undo **nymþe** unless **līg** flame **fæþm** embrace
    swelgan swallow **swaþul** fire **swēg** noise **āstīgan** rise up
    nīwe new **geneahhe** plentifully **standan** be
    atelīc horrible **egesa** terror **ān** one **gehwylc** each

785 **þāra** of those **of** from **weal** wall **wōp** weeping, outcry **gehȳran** hear
    gryre-lēoð grisly song **galan** to sing **andsaca** adversary
    sige-lēas unvictorious **sang** song **sār** pain **wānigean** bewail
    hell hell **hæft** captive **healdan** hold **fæste** firmly
    sē the one **mægen** might **strang** strong

790 **dæg** day **þes** this **līf** life
    willan to will **eorl** warrior **hlēo** protector **ǣnig** any **þing** means
    cwealm-cuma murder-visitor **cwic** alive **forlǣtan** let go
    nē nor **līf-dagas** days of life **lēod** member of a people **ǣnig** any
    nyt use **tellan** account **þǣr** then **genehost** repeatedly **bregdan** swing

795 **eorl** warrior **eald** ancestral **lāf** heirloom, sword
    willan wish **frēa-drihten** noble lord **feorh** life **ealgian** defend
    mǣre famous **þēoden** prince **ðǣr** where **magan** be able
    witan know **þā** when **gewin** fight **drēogan** undertake
    heard-hicgend resolutely determined **hilde-mecg** warrior

800 **healf** side **gehwā** every **hēawan** hew **þencan** intend
    sāwol soul, life **sēcan** reach **syn-scaða** huge assailant
    ǣnig any **ofer** on **eorþe** earth **īren** iron **cyst** excellence, pick
    gūð-bill war-sword **nān** no **grētan** touch **willan** will

795 **eorl** Collective singular: retainers
797b 'in whatever way they could'

ac hē sige-wǣpnum   forsworen hæfde,
805 ecga gehwylcre.   Scolde his aldor-gedāl
on ðǣm dæge   þysses līfes
earmlīc wurðan,   ond se ellor-gāst
on fēonda geweald   feor sīðian.
Ðā þæt onfunde   sē þe fela ǣror
810 mōdes myrðe   manna cynne,
fyrene gefremede   – hē wæs fāg wið God –
þæt him se līc-homa   lǣstan nolde,
ac hine se mōdega   mǣg Hygelāces
hæfde be honda;   wæs gehwæþer ōðrum
815 lifigende lāð.   Līc-sār gebād
atol ǣglǣca;   him on eaxle wearð
syn-dolh sweotol;   seonowe onsprungon,
burston bān-locan.   Bēowulfe wearð
gūð-hrēð gyfeþe;   scolde Grendel þonan
820 feorh-sēoc flēon   under fen-hleoðu,
sēcean wyn-lēas wīc;   wiste þē geornor,
þæt his aldres wæs   ende gegongen,
dōgera dæg-rīm.   Denum eallum wearð
æfter þām wæl-rǣse   willa gelumpen.
825   Hæfde þā gefǣlsod,   sē þe ǣr feorran cōm,
snotor ond swȳð-ferhð,   sele Hrōðgāres,
genered wið nīðe.   Niht-weorce gefeh,
ellen-mǣrþum.   Hæfde Ēast-Denum
Gēat-mecga lēod   gilp gelǣsted,
830 swylce oncȳþðe   ealle gebētte,
inwid-sorge,   þē hīe ǣr drugon
ond for þrēa-nȳdum   þolian scoldon,
torn unlȳtel.   Þæt wæs tācen sweotol,
syþðan hilde-dēor   hond ālegde,
835 earm ond eaxle   – þǣr wæs eal geador

804a **hē** probably Grendel rather than Beowulf
821b 'he knew the more clearly'

....

ac but   **sige-wǣpen** victorious weapon   **forswerian** rob of power by a spell

805 **ecg** sword   **gehwylc** each   **sculan** be obliged to   **aldor-gedāl** parting from life

dæg day   **þes** this   **līf** life

earmlīc wretched   **wurðan** prove   **ellor-gāst** spirit from elsewhere

fēond fiend   **geweald** power   **feor** far   **sīðian** to journey

ðā then   **onfindan** discover   **sē** he   **þe** who   **fela** many   **ǣror** formerly

810 **mōd** heart   **myrðu** affliction   **man** man   **cyn** kind, race

fyren crime   **gefremian** perform   **fāg** at feud with

līc-homa bodily home   **lǣstan** serve   **willan** will

ac but   **mōdega** high-spirited   **mǣg** kinsman

habban hold   **hond** hand   **gehwæþer** each of them   **ōðer** the other

815 **lifian** live   **lāð** hateful   **līc-sār** body-wound   **gebīdan** experience

atol terrible   **ǣglǣca** monster   **eaxl** shoulder   **weorðan** become

syn-dolh huge wound   **sweotol** manifest   **seonu** sinew   **onspringan** snap

burstan break   **bān-loca** bone-link, muscle   **weorðan** be

gūð-hrēð glory in war   **gyfeðe** granted   **sculan** be obliged to   **þonan** thence

820 **feorh-sēoc** mortally sick   **flēon** flee   **fen-hlið** fenland slope

sēcean seek   **wyn-lēas** joyless   **wīc** dwelling   **witan** know   **georne** surely

aldor life   **end** end   **gegangan** reach

dōgor day   **dæg-rīm** number of days   **eal** all   **weorðan** be

wæl-rǣs murderous onset   **willa** desire   **gelimpan** come to pass

825 **habban** have   **gefǣlsian** cleanse   **sē** he   **ǣr** first   **feorran** from afar

                                                              cuman come

snotor wise   **swȳð-ferhð** strong-minded   **sele** hall

genered saved   **nīð** persecution   **niht-weorc** night's task   **gefēon** rejoice

ellen-mǣrþu fame-winning deed   **habban** have

lēod man, hero   **gilp** vow   **gelǣstan** perform

830 **swylce** also   **oncȳð** grief   **eal** all   **gebētan** remedy

inwid-sorh grief caused by malice   **ǣr** formerly   **drēogan** endure

for by   **þrēa-nȳd** dire necessity   **þolian** endure   **sculan** be obliged to

torn trouble   **unlȳtel** no little   **tācen** token   **sweotol** clear

syþðan when   **hilde-dēor** (the) daring-in-battle   **ālecgan** place

835 **earm** arm   **eaxl** shoulder   **geador** together

830 'likewise he had remedied all the grief'

Grendles grāpe –   under gēapne hrōf.

[13]   Đā wæs on morgen,   mīne gefrǣge,
ymb þā gif-healle   gūð-rinc monig;
fērdon folc-togan   feorran ond nēan

840 geond wīd-wegas   wundor scēawian,
lāþes lāstas.   Nō his līf-gedāl
sārlīc þūhte   secga ǣnegum,
þāra þe tīr-lēases   trode scēawode,
hū hē wērig-mōd   on weg þanon,

845 nīða ofercumen,   on nicera mere,
fǣge ond geflȳmed   feorh-lāstas bær.
Đǣr wæs on blōde   brim weallende,
atol ȳða geswing,   eal gemenged,
hāton heolfre,   heoro-drēore wēol;

850 dēað-fǣge dēog,   siððan drēama lēas
in fen-freoðo   feorh ālegde,
hǣþene sāwle;   þær him hel onfēng.

þanon eft gewīton   eald-gesīðas,
swylce geong manig   of gomen-wāþe,

855 fram mere mōdge   mēarum rīdan,
beornas on blancum.   Đǣr wæs Bēowulfes
mǣrðo mǣned;   monig oft gecwæð,
þætte sūð nē norð   be sǣm twēonum
ofer eormen-grund   ōþer nǣnig

860 under swegles begong   sēlra nǣre
rond-hæbbendra,   rīces wyrðra.
Nē hīe hūru wine-drihten   wiht ne lōgon,
glædne Hrōðgār,   ac þæt wæs gōd cyning.

Hwīlum heaþo-rōfe   hlēapan lēton,

865 on geflit faran   fealwe mēaras,
ðǣr him fold-wegas   fægere þūhton,
cystum cūðe;   hwīlum cyninges þegn,
guma gilp-hlæden,   gidda gemyndig,
sē ðe eal-fela   eald-gesegena

870 worn gemunde,   word ōþer fand

grāp grip   gēap vaulted, gabled   hrōf roof

ðā then   morgen morning   mīne my   gefrǣge enquiry

ymb around   gif-heal gift-hall   gūð-rinc war man   monig many

faran travel   folc-toga leader of people   feorran from afar   nēan from near

840   geond through   wīd-wegas distant regions   wundor marvel   scēawian look at

lāþ foe   lāst track   nō not   līf-gedāl parting from life

sārlīc sad   þincan seem   secg man   ǣnig any

þāra of those   tir-lēas inglorious (one)   trodu footstep   scēawian inspect

hū how   wērig-mōd weary at heart   on weg away   þanon from there

845   nīð violence   ofercumen overcome   nicor water-monster   mere mere

fǣge doomed   geflȳman put to flight   feorh-lāst life-trace   beran carry

blōd blood   brim water   weallan well, surge

atol terrible   ȳð wave   geswing swirl   eal all   mengan mingle

hāt hot   heolfor gore   heoro-drēor wound-blood   weallan boil

850   dēað-fǣge doomed to death   dēogan hide   siððan when   drēam joy

lēas deprived of

fen-freoðo fen refuge   feorh life   ālecgan lay aside

hǣþen pagan   sāwol soul   hel hell   onfōn receive

þanon thence   eft back   gewītan depart   eald-gesīð old companion

swylce likewise   geong young   manig many   gomen-wāþ joyful journey

855   mere mere   mōdig brave   meārh steed   rīdan ride

beorn warrior   blanca (white) horse

mǣrðo feat   mǣnan speak of   monig many   gecweðan say

sūð south   nē nor   be . . . twēone between   sǣ sea

eormen-grund whole vast earth   nǣnig not any

860   swegl radiance, sky   begong circuit   sēlra better   wesan to be

rond-hǣbbend shield-bearer   rīce rule   wyrðra more worthy

nē not   hūru indeed   wine-drihten friend and lord   wiht a whit   lēan blame

glæd gracious   ac but   cyning king

hwīlum at times   heaþo-rōf battle-famed   hlēapan gallop   lǣtan allow

865   geflit competition   faran go   fealu pale   meārh steed

ðǣr where   fold-weg country road   fǣger right   þyncan appear

cyst excellence   cūð known   hwīlum at time   cyning king   þegn follower

guma man   gilp-hlæden filled with high words   gid tale   gemyndig mindful of

sē ðe he who   eal-fela a multitude   eald-gesegen old tradition

870   worn a host   gemunan remember   word lay   ōþer new   findan compose

sōðe gebunden.   Secg eft ongan
sīð Bēowulfes   snyttrum styrian
ond on spēd wrecan   spel gerāde,
wordum wrixlan.   Wēl-hwylc gecwæð,
875   þæt hē fram Sigemunde   secgan hȳrde,
ellen-dǣdum,   uncūþes fela,
Wælsinges gewin,   wīde sīðas,
þāra þe gumena bearn   gearwe ne wiston,
fǣhðe ond fyrena,   būton Fitela mid hine,
880   þonne hē swulces hwæt   secgan wolde,
ēam his nefan,   swā hīe ā wǣron
æt nīða gehwām   nȳd-gesteallan;
hæfdon eal-fela   eotena cynnes
sweordum gesǣged.   Sigemunde gesprong
885   æfter dēað-dæge   dōm unlȳtel,
syþðan wīges heard   wyrm ācwealde,
hordes hyrde.   Hē under hārne stān,
æþelinges bearn,   āna genēðde
frēcne dǣde;   ne wæs him Fitela mid;
890   hwæþre him gesǣlde,   ðæt þæt swurd þurhwōd
wrǣtlīcne wyrm,   þæt hit on wealle ætstōd,
dryhtlīc īren;   draca morðre swealt.
Hæfde āglǣca   elne gegongen,
þæt hē bēah-hordes   brūcan mōste
895   selfes dōme;   sǣ-bāt gehlēod,
bær on bearm scipes   beorhte frætwa,
Wælses eafera;   wyrm hāt gemealt.
        Sē wæs wreccena   wīde mǣrost
ofer wer-þēode,   wīgendra hlēo,
900   ellen-dǣdum   – hē þæs ǣr onðāh –

871a   A reference to metre and alliteration
875   See Glossary of Proper Names. After praising Beowulf's feat, the poet tells of
a dragon-slaying, something that awaits Beowulf. Sigemund killed his dragon
with a sword, single-handed, and escaped with its gold, unlike Beowulf

sōðe truly   gebindan link   secg man   eft again   onginnan begin
sīð exploit   snyttru wisdom   styrian treat of
on with   spēd success   wrecan drive forth   spel recital   gerād fit
word word   wrixlan vary   wēl-hwylc almost all   gecweðan speak

875   fram about   secgan say   gehȳran hear
ellen-dǣd deed of valour   uncūþ strange (thing)   fela many
gewin strife   wīd distant   sīð expedition
guma man   bearn son   gearwe clearly   ne not   witan know
fǣhð feud   fyren violent deed   būton except   mid with

880   þonne when   swylc such   hwæt something   secgan say
ēam uncle   nefa nephew   swā as   ā always   wesan be
nīð conflict   gehwā every   nȳd-gestealla comrade in need
habban have   eal-fela whole heap   eoten giant   cyn family
sweord sword   gesǣgan make to sink   gespringan arise

885   dēað-dæg day of death   dōm reputation   unlȳtel no small
syþðan when   wīg war   heard hardy   wyrm serpent   ācwellan slay
hord hoard   hyrde keeper   hār hoar, grey   stān stone, rock
æþeling prince   bearn son   āna alone   genēðan venture
frēcne dangerous   dǣd act   ne not   mid with

890   hwæþre nevertheless   gesǣlan befall   þurhwadan pass through
wrǣtlīc wondrous   wyrm serpent   ætstandan remain fixed
dryhtlīc noble   īren iron   draca dragon   morðor killing   sweltan die
habban have   āglǣca adventurer   ellen courage   gegangan get far
bēah-hord ring-hoard   brūcan enjoy   motan be allowed

895   selfes his own   dōm pick   sǣ-bāt ship   gehladan load
beran carry   bearm bosom   scip ship   beorht bright   frætwe arms
eafera offspring   wyrm serpent   hāt hot   gemeltan melt away
wrecca adventurer   wīde far and wide   mǣre famous
wer-þēod nations of men   wīgend warrior   hlēo protector

900   ellen-dǣd deed of valour   þæs in this respect   ǣr of old   onþēon prosper

879b   'except for Fitela, who was with him'
880   swulces hwæt 'something of such things'
900b   'he had of old been famous for this'

siððan Heremōdes   hild sweðrode,
eafoð ond ellen;   hē mid eotenum wearð
on fēonda geweald   forð forlācen
snūde forsended.   Hine sorh-wylmas
905 lemede tō lange;   hē his lēodum wearð,
eallum æþellingum   tō aldor-ceare.
Swylce oft bemearn   ǣrran mǣlum
swīð-ferhþes sīð   snotor ceorl monig,
sē þe him bealwa tō   bōte gelȳfde,
910 þæt þæt ðēodnes bearn   geþēon scolde,
fæder-æþelum onfōn,   folc gehealdan,
hord ond hlēo-burh,   hæleþa rīce,
ēðel Scyldinga.   Hē þǣr eallum wearð,
mǣg Higelāces,   manna cynne,
915 frēondum gefægra;   hine fyren onwōd.
    Hwīlum flītende   fealwe strǣte
mēarum mǣton.   Ðā wæs morgen-lēoht
scofen ond scynded.   Ēode scealc monig
swīð-hicgende   tō sele þām hēan,
920 searo-wundor sēon;   swylce self cyning
of brȳd-būre,   bēah-horda weard,
tryddode tīr-fæst   getrume micle,
cystum gecȳþed,   ond his cwēn mid him
medo-stigge mæt   mægþa hōse.
[14]   Hrōðgār maþelode   – hē tō healle gēong,
stōd on stapole,   geseah stēapne hrōf
golde fāhne   ond Grendles hond:
    'Ðisse ansȳne   Al-wealdan þanc
'lungre gelimpe!   Fela ic lāþes gebād,
930 'grynna æt Grendle;   ā mæg God wyrcan
'wunder æfter wundre,   wuldres Hyrde.

---

902   **hē** Heremod, a great warrior like Beowulf and Sigemund, but a tyrant. His
death left the Danes without a protector, until Scyld came to rule them. Some
editors take **eotenum** as 'the Jutes'

siððan since   hild battle-prowess   sweðrian abate

eafoð might   ellen courage   eoten giant   weorðan become

fēond enemy   geweald power   forlācan betray

snūde speedily   forsendan put to death   sorh-wylm surge of sorrow

905   lemman oppress   tō too   lange long   lēode people   weorðan become

eal all   æþeling noble   tō as   aldor-cear mortal sorrow

swylce for   bemurnan grieve over   ǣrra earlier   mǣl time

swīð-ferhþ brave spirit   sīð career   snotor wise   ceorl man   monig many

bealu affliction   him . . . tō to him   bōt remedy   gelȳfan believe

910   ðēoden prince   bearn son   geþēon prosper

fæder-æþelu father's excellence   onfōn inherit   folc people   gehealdan defend

hord treasure   hlēo-burh citadel   hæleþ hero   rīce kingdom

ēðel homeland   eal all   weorðan become

mǣg kinsman   man man   cyn kindred

915   frēond friend   gefægra more dear   fyren wickedness   onwadan enter

hwīlum at times   flītend racing   fealu pale   strǣt road

mēarh horse   mētan measure   ðā then   morgen-lēoht morning light

scofen risen   scyndan hasten   gān go   scealc retainer   monig many

swīð-hicgend strong-minded   sele hall   hēah lofty

920   searo-wundor strange wonder   sēon see   swylce also   cyning king

brȳd-būr woman's chamber   bēah-hord ring-hoard   weard keeper

treddian step   tīr-fæst glorious   getrum troop   micel great

cyst excellence   gecȳðan make known   cwēn queen   mid with

medo-stīg mead (-hall) path .   mētan measure   mǣgþ maiden   hōs band

925   maþelian make speech   heal hall   gangan walk

standan stand   stapol steps   gesēon look at   stēap high   hrōf roof

fāh adorned

ðisse for this   ansȳn sight   Al-wealda Ruler of all   þanc thank

lungre straightaway   gelimpan come forth   fela much   lāþ hateful

gebīdan experience

930   gryn grief   æt from   ā ever   wyrcan work

wunder wonder   wuldor glory   Hyrde Shepherd

914   mǣg nephew: Beowulf
915   hine Heremod. Emphatic contrast

'Ðæt wæs ungeāra,   þæt ic ænigra mē
'wēana ne wēnde   tō wīdan feore
'bōte gebīdan,   þonne blōde fāh
935   'hūsa sēlest   heoro-drēorig stōd,
'wēa wīd-scofen   witena gehwylcum
'ðāra þe ne wēndon,   þæt hīe wīde-ferhð
'lēoda land-geweorc   lāþum beweredon
'scuccum ond scinnum.   Nū scealc hafað
940   'þurh Drihtnes miht   dæd gefremede,
'ðe wē ealle   ǣr ne meahton
'snyttrum besyrwan.   Hwæt, þæt secgan mæg
'efne swā hwylc mægþa,   swā ðone magan cende
'æfter gum-cynnum,   gyf hēo gȳt lyfað,
945   'þæt hyre Eald-metod   ēste wǣre
'bearn-gebyrdo.   Nū ic, Bēowulf, þec,
'secg betsta,   mē for sunu wylle
'frēogan on ferhþe;   heald forð tela
'nīwe sibbe.   Ne bið þē nǣnigre gād
950   'worolde wilna,   þe ic geweald hæbbe.
'Ful oft ic for lǣssan   lēan teohhode,
'hord-weorþunge   hnāhran rince,
'sǣmran æt sæcce.   Þū þē self hafast
'dǣdum gefremed,   þæt þīn dōm lyfað
955   'āwa tō aldre.   Al-walda þec
'gōde forgylde,   swā hē nū gȳt dyde!'
        Bēowulf maþelode,   bearn Ecgþēowes:
'Wē þæt ellen-weorc   ēstum miclum,
'feohtan fremedon,   frēcne genēðdon
960   'eafoð uncūþes.   Ūþe ic swīþor,
'þæt ðū hine selfne   gesēon mōste,
'fēond on frætewum   fyl-wērigne!

933b   'in my lifetime'

ungeāra not long ago   ǣnig any

wēa woe   ne not   wēnan expect   tō in   wīd long   feorh life

bōt remedy   gebīdan experience   þonne when   fāh stained

935   hūs house   sēlest best   heoro-drēorig battle-gory   standan stand

wēa woe   wīd-scofen widespread   wita councillor   gehwylc each

wēnan expect   wīde-ferhð for the length of life

lēode people   land-geweorc stronghold   lāþ foe   bewerian protect against

scucca demon   scinna evil spirit   nū now   scealc warrior   habban have

940   Drihten Lord   dǣd deed   gefremman perform

ðe which   ǣr previously   magan be able

snyttru wisdom   besyrwan contrive   hwæt indeed   þæt this   secgan say

efne even   swā hwylc whichever   mægþ woman   swā who

                                    maga young man   cennan bear

æfter among   gum-cyn race of men   gyf if   hēo she   gȳt still   libban live

945   hyre to her   Eald-metod God of old   ēste kind

bearn-gebyrdo childbearing   nū now   þec thee

secg man   betsta best   sunu son   willan will

frēogan love   on in   ferhþ heart   healdan keep   forð henceforth   tela well

nīwe new   sibb relation   ne not   nǣnig not any   gād lack

950   worold world   willa wish   þe which   geweald power   habban have

ful very   lǣssa less   lēan reward   teohhian bestow

hord-weorþung honouring with treasure   hnāhra meaner   rinc warrior

sǣmra weaker   sacu battle   þē self thyself   habban have

dǣd deed   gefremman perform   dōm fame   libban live

955   āwa ever   tō for   aldor life   Al-walda Almighty

gōd goodness   forgyldan reward   swā as   nū now   gȳt just   dōn do

maþelian make speech   bearn son

ellen-weorc deed of valour   ēste pleasure   micel great

feoht fight   fremian undertake   frēcne daringly   genēðan risk

960   eafoð might   uncūð unknown (one)   unnan wish   swīþor very strongly

hine selfne himself   gesēon see   motan be allowed

fēond fiend   frætwe trappings   fyl-wērig weary to death

936–38 'afflictions which reached each of the councillors, who did not expect that
they might ever defend the people's stronghold against enemies. . . .'

'Ic hine hrædlīce   heardan clammum
'on wæl-bedde   wrīþan þōhte,
965 'þæt hē for mund-gripe   mīnum scolde
'licgean līf-bysig,   būtan his līc swice.
'Ic hine ne mihte,   þā Metod nolde,
'ganges getwǣman,   nō ic him þæs georne ætfealh,
'feorh-genīðlan;   wæs tō fore-mihtig
970 'fēond on fēþe.   Hwæþere hē his folme forlēt
'tō līf-wraþe   lāst weardian,
'earm ond eaxle;   nō þǣr ænige swā þēah
'fēasceaft guma   frōfre gebohte;
'nō þȳ leng leofað   lāð-getēona
975 'synnum geswenced,   ac hyne sār hafað
'in nīd-gripe   nearwe befongen,
'balwon bendum;   ðǣr ābīdan sceal
'maga māne fāh   miclan dōmes,
'hū him scīr Metod   scrīfan wille.'
980   Ðā wæs swīgra secg,   sunu Ecglāfes,
on gylp-sprǣce   gūð-geweorca,
siþðan æþelingas   eorles cræfte
ofer hēanne hrōf   hand scēawedon,
fēondes fingras.   Foran æghwylc wæs,
985 steda nægla gehwylc   stȳle gelīcost,
hǣþenes hand-sporu,   hilde-rinces
egl unhēoru.   Æghwylc gecwæð
þæt him heardra nān   hrīnan wolde
īren ǣr-gōd,   þæt ðæs āhlǣcan
990 blōdge beadu-folme   onberan wolde.
[15]   Ðā wæs hāten hreþe   Heort innanweard
folmum gefrætwod;   fela þēra wæs,
wera ond wīfa,   þe þæt wīn-reced,

971b 'to guard the track': to stay behind
978b A reference to the General or Last Judgement

hrædlīce quickly   heard forceful   clam grip

wæl-bed death-bed   wrīþan pin down   þencan intend

965   for because of   mund-grip hand-grip   sculan be obliged to

licgean lie   līf-bysig struggling for life   būtan unless   līc body   swīcan trick

þā when   Metod God, Providence   willan will

gang going   getwǣman stop from   þæs georne firmly enough

                              ætfēolan hold on to

feorh-genīðla deadly foe   tō too   fore-mihtig over-strong

970   fēond fiend   fēþe going   hwæþere yet   folm hand   forlǣtan leave

tō as   līf-wraðu life-saver   lāst track   weardian guard

earm arm   eaxl shoulder   ænig any   swā þēah all the same

fēasceaft wretched   guma warrior   frōfor comfort   gebicgan gain

þȳ leng the longer   lifgan live   lāð-getēona evil-doer

975   syn sin   geswenced afflicted   ac but   sār pain   habban have

nīd-grip forceful grip   nearwe closely   befōn seize

bealo baleful   bend fetter   ābīdan wait for

maga young man   mān crime   fāh stained   micel great   dōm Judgement

hū how   scīr pure   Metod God   scrīfan sentence

980   swīgra more silent   secg warrior   sunu son

gylp-sprǣc boasting speech   gūð-geweorc deed of war

siþðan when   æþeling noble   eorl warrior   cræft strength

ofer up on   hēah high   hrōf roof   scēawian look at

fēond fiend   finger finger   foran from in front   æghwylc each

985   sted place   nægl nail   gehwylc every   stȳle steel   gelīcost most like to

hǣþen heathen   hand-sporu talon   hilde-rinc warlike fellow

egl spike   unhēoru hideous   æghwylc everyone   gecweþan say

heard hard   nān none   hrīnan touch

īren iron   ǣr-gōd excellent   āhlǣca monster

990   blōdig bloody   beadu-folm fighting hand   onberan injure

hātan command   hreþe quickly   innanweard interior

folm hand   gefrætwian decorate   fela many

wer man   wīf woman   wīn-reced wine hall

980b   Unferth

988–89a 'that no excellent sword of the warriors would touch him'

gest-sele gyredon.   Gold-fāg scinon
995   web æfter wāgum,   wundor-sīona fela
secga gehwylcum   þāra þe on swylc staraŏ.
Wæs þæt beorhte bold   tōbrocen swīŏe,
eal inneweard   īren-bendum fæst,
heorras tōhlidene;   hrōf āna genæs
1000   ealles ansund,   þe se āglǣca
fyren-dǣdum fāg   on flēam gewand,
aldres orwēna.   Nō þæt ȳŏe byŏ
tō beflēonne   – fremme sē þe wille –
ac gesēcan sceal   sāwl-berendra
1005   nȳde genȳdde,   niþŏa bearna,
grund-būendra   gearwe stōwe,
þǣr his līc-homa,   leger-bedde fæst,
swefeþ æfter symle.
                                 þā wæs sǣl ond mǣl
þæt tō healle gang   Healfdenes sunu;
1010   wolde self cyning   symbel þicgan.
Ne gefrægen ic þā mǣgþe   māran weorode
ymb hyra sinc-gyfan   sēl gebǣran.
Bugon þā tō bence   blǣd-āgande,
fylle gefǣgon;   fǣgere geþǣgon
1015   medo-ful manig   māgas þāra,
swīŏ-hicgende,   on sele þām hēan,
Hrōŏgār ond Hrōþulf.   Heorot innan wæs
frēondum āfylled;   nalles fācen-stafas
þēod-Scyldingas   þenden fremedon.
1020   Forgeaf þā Bēowulfe   brand Healfdenes
segen gyldenne   sigores tō lēane,
hroden hilde-cumbor,   helm ond byrnan;
mǣre māŏþum-sweord   manige gesāwon

1009b Hrothgar
1015b þāra 'of them'. The cup-accepting 'kinsmen' of the **blǣd-āgande** are Hrothgar
and Hrothulf. After his uncle's death, Hrothulf took the throne. In later
tradition, Hrothulf behaved treacherously to Hrethric, Hrothgar's son: hence
fācen-stafas and **þenden**

....

gest-sele guest-hall   **gyrwan** prepare   **gold-fāg** ornate with gold

scīnan shine

995   **web** tapestry   **æfter** on   **wāg** wall   **wundor-sīon** wondrous sight   **fela** many

secg man   **gehwylc** each   **swylc** such a thing   **starian** gaze

beorht bright   **bold** building   **tōbrecan** break up   **swīðe** greatly

eal all   **inneweard** inside   **īren-bend** iron band   **fæst** secure

heor hinge   **tōhlidan** spring asunder   **hrōf** roof   **āna** alone   **genesan** survive

1000   **ealles** wholly   **ansund** sound   **þe** when   **āglǣca** monster

fyren-dǣd terrible deed   **fāg** stained   **flēam** flight   **gewindan** turn

aldor life   **orwēna** without hope   **ȳðe** easy   **bēon** to be

beflēon escape from   **fremman** try

ac but   **gesēcan** seek out   **sculan** be obliged to   **sāwl-berend** soul-bearer

1005   **nȳd** necessity   **genȳdan** compel   **niþðas** men   **bearn** son

grund-būend earth-dweller   **gearwe** prepared   **stōw** place

þǣr where   **līc-homa** body   **leger-bed** death-bed   **fæst** fast

swefan sleep   **symbel** feast   **sǣl** season   **mǣl** time

heal hall   **gangan** go   **sunu** son

1010   **þicgan** partake of

gefrignan learn   **mǣgþ** nation   **māra** greater   **weorod** company

ymb about   **sinc-gyfa** treasure-giver   **sēl** better   **gebǣran** bear

bugan bend   **benc** bench   **blǣd-āgand** enjoying glory

fyllo feast   **gefēon** rejoice   **fǣgere** graciously   **geþicgan** accept

1015   **medo-ful** mead-cup   **manig** many   **mǣg** kinsman   **þāra** their

swīð-hicgend strong-minded   **sele** hall   **hēah** lofty

innan within

frēond friend   **āfyllan** fill   **nalles** not at all   **fācen-stafas** treacherous arts

þēod- nation   **þenden** then   **fremian** contrive

1020   **forgifan** give   **brand** sword

segen standard   **gylden** golden   **sigor** victory   **tō** as   **lēan** reward

hroden embroidered   **hilde-cumbor** war-banner   **helm** helmet   **byrne** corslet

mǣre famous   **māðþum-sweord** treasured sword   **manige** many   **gesēon** see

1020b 'the flaming brand [hence sword, hence champion] of Healfdene'; i.e.
Hrothgar. Most editors prefer to read more simply: 'Then he [Hrothgar] gave
Beowulf Healfdene's sword'

beforan beorn beran.   Bēowulf geþah
1025 ful on flette;   nō hē þǣre feoh-gyfte
      for scēotendum   scamigan ðorfte.
      Ne gefrægn ic frēondlīcor   fēower mādmas
      golde gegyrede   gum-manna fela
      in ealo-bence   ōðrum gesellan.

1030 Ymb þæs helmes hrōf   hēafod-beorge
      wīrum bewunden   walu ūtan hēold,
      þæt him fēla lāf   frēcne ne meahte
      scūr-heard sceþðan,   þonne scyld-freca
      ongēan gramum   gangan scolde.

1035 Heht ðā eorla hlēo   eahta mēaras
      fǣted-hlēore   on flet tēon,
      in under eoderas;   þāra ānum stōd
      sadol searwum fāh,   since gewurþad.
      þæt wæs hilde-setl   hēah-cyninges,

1040 ðonne sweorda gelāc   sunu Healfdenes
      efnan wolde;   nǣfre on ōre læg
      wīd-cūþes wīg,   ðonne walu fēollon.
      Ond ðā Bēowulfe   bēga gehwæþres
      eodor Ingwina   onweald getēah,

1045 wicga ond wǣpna;   hēt hine wēl brūcan.
      Swā manlīce   mǣre þēoden,
      hord-weard hæleþa   heaþo-rǣsas geald
      mēarum ond mādmum,   swā hȳ nǣfre man lyhð,
      sē þe secgan wile   sōð æfter rihte.

[16]   Ða gȳt ǣghwylcum   eorla drihten
      þāra þe mid Bēowulfe   brim-lāde tēah,
      on þǣre medu-bence   māþðum gesealde,
      yrfe-lāfe,   ond þone ǣnne heht
      golde forgyldan,   þone ðe Grendel ǣr

1026b 'need [not] be ashamed': understatement
1030-31 Around the crown of the helmet, as a protection for the head, a crest wound
      round with wires defended it outwardly

beforan before   beorn warrior   beran bear   geþicgan partake of

1025   ful cup   flet hall-floor   feoh-gyft gift of value

for before   scēotend spearman   scamigan be ashamed   þurfan need

gefrignan hear   frēondlīcor in friendlier way   fēower four   māþðum treasure

gegyred adorned   gum-man man   fela many

in on   ealo-benc ale-bench   ōðrum to another   gesellan give

1030   ymb around   helm helmet   hrōf crown   hēafod-beorg head-guard

wīr wire   bewunden wound round with   walu crest   ūtan outwards

healdan maintain

þæt so that   fēl file   lāf legacy   frēcne severely   magan be able

scūr-heard hardened by blows(?)   sceþðan harm   scyld-freca shield-warrior

ongēan against   gram foe   gangan advance   sculan be obliged to

1035   hātan command   eorl warrior   hlēo defence   eahta eight   mearh horse

fǣted-hlēor with plated bridle   flet floor   tēon be led

under through   eodor courtyard   ānum on one   standan be

sadol saddle   searo device   fāh decorated with   sinc treasure   weorðian enrich

hilde-setl battle-seat   hēah-cyning high king

1040   ðonne when   gelāc contest   sunu son

efnan perform   willan will   nǣfre never   on ōre at the front   licgan fail

wīd-cūþ widely known (one)   wīg valour   wæl slain   feallan fall

bēgen both   gehwæþer the two

eodor protector   onweald possession   getēon confer

1045   wicg horse   wǣpen weapon   hātan tell   brūcan enjoy

swā thus   manlīce in manly fashion   mǣre famous   þēoden prince

hord-weard guardian of the hoard   hæleþ hero   heaþo-rǣs battle-shock

gyldan repay

mearh horse   māððum treasure   swā so   hȳ them   nǣfre never   lēan blame

secgan say   willan wish   sōð truth   æfter according to   riht right

1050   gȳt further   ǣghwylc each   eorl men   drihten leader

þāra þe of those who   brim-lād sea-voyage   tēon undertake

medu-benc mead-bench   māþðum treasure   gesellan give

yrfe-lāf inherited heirloom   þone ænne that one man   hātan order

forgyldan compensate for   ǣr earlier

1032   him the helmet; fēla lāf 'the legacy of files': a sword
1045   hine Beowulf

1055   māne ācwealde,   swā hē hyra mā wolde,
       nefne him wītig God   wyrd forstōde
       ond ðæs mannes mōd.   Metod eallum wēold
       gumena cynnes,   swā hē nū gīt dēð.
       Forþan bið andgit   æghwær sēlest,
1060   ferhðes fore-þanc.   Fela sceal gebīdan
       lēofes ond lāþes,   sē þe longe hēr
       on ðyssum win-dagum   worolde brūceð.
            þær wæs sang ond swēg   samod ætgædere
       fore Healfdenes   hilde-wīsan,
1065   gomen-wudu grēted,   gid oft wrecen,
       ðonne heal-gamen   Hrōþgāres scop
       æfter medo-bence   mænan scolde: –
       Finnes eaferum,   ðā hīe se fær begeat,
       hæleð Healf-Dena,   Hnæf Scyldinga,
1070   in Frēs-wæle   feallan scolde.
       Nē hūru Hildeburh   herian þorfte
       Ēotena trēowe;   unsynnum wearð
       beloren lēofum   æt þām lind-plegan
       bearnum ond brōðrum;   hīe on gebyrd hruron
1075   gāre wunde;   þæt wæs geōmuru ides.
       Nalles hōlinga   Hōces dohtor
       meotodsceaft bemearn,   syþðan morgen cōm,
       ðā hēo under swegle   gesēon meahte
       morþor-bealo māga,   þær hēo ær mæste hēold
1080   worolde wynne.   Wīg ealle fornam
       Finnes þegnas,   nemne fēaum ānum,
       þæt hē ne mehte   on þæm meðel-stede
       wīg Hengeste   wiht gefeohtan,
       nē þā wēa-lāfe   wīge forþringan,

1064   Hrothgar
1068–70 'along with the sons of Finn, when the disaster came on them . . . Hnaef . . .
       had to fall.' The abrupt beginning of the scop's story of treachery and
       vengeance at Finnsburh. For a reconstruction of the story, see the Note on
       the Tale of Finnsburh (p. 213)

1055   **mān** wickedness   **ācwellan** kill   **hyra** of them   **mā** more
nefne if not   **him** for them   **wītig** wise   **wyrd** outcome   **forstandan** prevent
mōd courage   **Metod** God   **eal** all   **wealdan** direct
guma man   **cyn** kindred   **nū** now   **gīt** still   **dōn** do
forþan therefore   **bēon** be   **andgit** understanding   **ǣghwǣr** everywhere
                                                            sēlest best

1060   **ferhð** mind   **fore-þanc** forethought   **fela** much   **gebīdan** experience
lēof good   **lāþ** ill   **longe** for long   **hēr** here
win-dæg troublesome day   **worold** world   **brūcan** enjoy
sang song   **swēg** music   **samod** unitedly   **ætgædere** together
fore before   **hilde-wīsa** battle-leader

1065   **gomen-wudu** joyful wood   **grētan** touch   **gid** tale   **wrecan** recite
ðonne when   **heal-gamen** entertainment in hall   **scop** poet
æfter along   **medu-benc** mead-bench   **mǣnan** recite
eafera offspring   **fǣr** sudden attack   **begitan** get, seize
hæleð hero

1070   **Frēs-wæl** Frisian battlefield   **feallan** fall   **sculan** be obliged to
hūru indeed   **herian** praise   **þurfan** need
trēow truth, good faith   **unsynnum** guiltlessly   **weorðan** become
belēosan deprive   **lēof** beloved   **lind-plega** shield-play
bearn son   **brōðor** brother   **gebyrd** what was fated at birth   **hrēosan** fall

1075   **gār** spear   **wund** wounded   **geōmor** grieving   **ides** lady
nalles not at all   **hōlinga** without cause   **dohtor** daughter
meotodsceaft decree of fate   **bemurnan** bewail   **morgen** morning   **cuman** come
swegl heaven   **gesēon** see   **magan** be able
morþor-bealo slaughter   **mǣg** kinsman   **þǣr** in whom   **ǣr** previously
                                                            mǣst greatest   **healdan** have

1080   **worold** world   **wyn** joy   **wīg** war   **eal** all   **forniman** take away
þegn retainer   **nemne** except   **fēa** few   **ānum** only
þæt so that   **magan** be able   **meðel-stede** meeting-place
wīg battle   **wiht** at all   **gefeohtan** fight to a finish
wēa-lāfe those left from the disaster   **wīg** fighting   **forþringan** force out

---

1072a–74a   'The loyalty of the Jutes' cost Hildeburh the lives of her brother and her
son (plural with singular sense). So Jutes loyal to Finn took part in the attack on
Hnæf

1076b   Hildeburgh

1082   **hē** Finn

1085   þēodnes ðegne;   ac hig him geþingo budon,
        þæt hīe him ōðer flet   eal gerȳmdon,
        healle ond hēah-setl,   þæt hīe healfre geweald
        wið Ēotena bearn   āgan mōston,
        ond æt feoh-gyftum   Folcwaldan sunu
1090   dōgra gehwylce   Dene weorþode,
        Hengestes hēap   hringum wenede
        efne swā swīðe,   sinc-gestrēonum
        fættan goldes,   swā hē Frēsena cyn
        on bēor-sele   byldan wolde.
1095   Ðā hīe getruwedon   on twā healfa
        fæste frioðu-wǣre.   Fin Hengeste
        elne unflitme   āðum benemde
        þæt hē þā wēa-lāfe   weotena dōme
        ārum hēolde,   þæt ðǣr ænig mon
1100   wordum nē worcum   wǣre ne brǣce,
        nē þurh inwit-searo   ǣfre gemǣnden,
        ðēah hīe hira bēag-gyfan   banan folgedon
        ðēoden-lēase,   þā him swā geþearfod wæs;
        gyf þonne Frȳsna hwylc   frēcnen sprǣce
1105   ðæs morþor-hetes   myndgiend wǣre,
        þonne hit sweordes ecg   syððan scolde.
             Āð wæs geæfned,   ond icge gold
        āhæfen of horde: Here-Scyldinga
        betst beado-rinca   wæs on bǣl gearu.
1110   Æt þǣm āde wæs   ēþ-gesȳne
        swāt-fāh syrce,   swȳn eal-gylden,
        eofer īren-heard,   æþeling manig
        wundum āwyrded;   sume on wæle crungon.

1085   'the prince's thane; but they offered them terms': Hengest is Hnæf's thane;
        Hengest and his men offer terms to Finn's men. The use of pronouns,
        characteristic of oral narrative, is combined with poetic periphrasis. In such
        narratives, the terms of the agreement are carefully specified
1087b   hīe Hengest's men

....

1085 **þēoden** prince   **ðegn** retainer   **ac** but   **geþingo** truce   **bēodan** offer

ōðer another   **flet** building   **eall** entirely   **gerȳman** clear out

heal hall   **hēah-setl** throne   **healf** half   **geweald** authority

bearn son   **āgan** possess   **mōtan** be allowed to

feoh-gyft treasure-giving   **sunu** son

1090 **dōgor** day   **gehwylc** each   **weorþian** honour

hēap troop   **hring** ring   **wenian** treat

efne just   **swā** so   **swīðe** much   **sinc-gestrēon** treasure

fǣted plated   **swā** as   **cyn** tribe

bēor-sele beer-hall   **byldan** encourage   **willan** will

1095 **getruwian** trust   **twā** two   **healf** side

fæste firmly   **frioðu-wǣr** peace-treaty

elne earnestly   **unflitme** without argument   **āð** oath   **benemnan** declare

wēa-lāfe survivors of the disaster   **wita** councillor   **dōm** judgement

ār honour   **healdan** hold   **ǣnig** any

1100 **word** word   **nē** nor   **worc** deed   **wǣr** treaty   **brēcan** break

nē nor   **inwit-searo** spiteful cunning   **ǣfre** ever   **gemǣnan** complain

ðēah although   **bēag-gyfa** ring-giver   **bana** slayer   **folgian** follow

ðēoden-lēas lordless   **þā** since   **geþearfian** require

gyf if   **þonne** then   **hwylc** a certain one   **frēcne** reckless

1105 **morþor-hete** murderous hate   **myndgian** remind   **wǣre** should be

þonne then   **hit** it   **ecg** edge   **syððan** thereafter   **sculan** be obliged to

āð oath   **æfnan** perform, swear   **icge** mighty

āhebban draw   **hord** treasury   **Here-** Army-

betst best   **beado-rinc** warrior   **bǣl** fire   **gearu** ready

1110 **æt** on   **ād** pyre   **ēþ-gesȳne** easy to see

swāt-fāh blood-stained   **syrce** mailshirt   **swȳn** swine   **eal-gylden** all golden

eofer boar   **īren-heard** iron-hard   **æþeling** noble man   **manig** many

wund wound   **āwyrdan** do away with   **sume** great ones   **wæl** slain

cringan fall

1088 The Danes have to ask to share their hall 'with the sons of Jutes'. There seem to have been Jutes on both sides

1089b Finn

1106b In translation 'settle' would complete the sense of **scolde**

Hēt ðā Hildeburh   æt Hnæfes āde
1115 hire selfre sunu   sweoloðe befæstan,
bān-fatu bærnan   ond on bǣl dōn
ēame on eaxle.   Ides gnornode,
geōmrode giddum.   Gūð-rinc āstāh;
wand tō wolcnum   wæl-fȳra mǣst,
1120 hlynode for hlāwe;   hafelan multon,
ben-geato burston,   ðonne blōd ætspranc,
lāð-bite līces.   Līg ealle forswealg,
gǣsta gīfrost,   þāra ðe þǣr gūð fornam
bēga folces;   wæs hira blǣd scacen.

[17]   Gewiton him ðā wīgend   wīca nēosian
frēondum befeallen,   Frȳs-land gesēon,
hāmas ond hēa-burh.   Hengest ðā gȳt
wæl-fāgne winter   wunode mid Finne
eal unhlitme;   eard gemunde,
1130 þēah þe ne meahte   on mere drīfan
hringed-stefnan;   holm storme wēol,
won wið winde;   winter ȳþe belēac
īs-gebinde,   oþðæt ōþer cōm
gēar in geardas,   swā nū gȳt dēð,
1135 þā ðe syngāles   sēle bewitiað,
wuldor-torhtan weder.   Ðā wæs winter scacen,
fæger foldan bearm;   fundode wrecca,
gist of geardum;   hē tō gyrn-wræce
swīðor þōhte   þonne tō sǣ-lāde,
1140 gif hē torn-gemōt   þurhtēon mihte,
þæt hē Ēotena bearn   inne gemunde.
Swā hē ne forwyrnde   worold-rǣdenne,
þonne him Hūnlāfing   hilde-lēoman,

1118b Hnæf's body is placed on the pyre
1124a 'of the people of both [sides]'
1135 þā 'those' (anticipating the plural weder)

hatan order   æt on   ād pyre

1115   selfre own   sunu son   sweoloð heat   befæstan entrust
bān-fæt body   bærnan burn   bæl fire   dōn put
ēam uncle   on by   eaxl shoulder   ides lady   gnornian mourn
geōmrian lament   gid dirge   gūð-rinc warrior   āstīgan ascend
windan curl   wolcen cloud   wæl-fȳr funeral fire   mæst greatest

1120   hlynian roar   for in front of   hlǣw mound   hafela head   meltan melt
ben-geat wound   burstan break out   ætspringan spring forth
lāð-bite hateful bite   līc body   līg fire   forswelgan consume
gǣst spirit   gīfrost most eager   gūð war   forniman take away
bēga both   folc people   blǣd prosperity, glory   scacan depart

1125   gewītan go   wigend warrior   wīc dwelling   nēosian find
frēond friend   befeallan deprive   gesēon see
hām home   hēa-burh high fortress   gȳt still
wæl-fāg slaughter-stained   wunian dwell
eal wholly   unhlitme with misfortune   eard homeland   gemunan remember

1130   þēah although   magan be able   mere sea   drīfan drive
hringed-stefna curved prow   holm ocean   weallan surge
winnan struggle   ȳþ wave   belūcan lock
īs-gebind icy binding   oþðæt until   ōþer a new   cuman come
gēar year   geard court of men   swā as   nū now   gȳt still   dōn do

1135   syngāles continually   sǣl season   bewitian observe
wuldor-torht gloriously bright   weder weather   scacan depart
fæger fair   fold earth   bearm bosom   fundian strive to go   wrecca exile
gist guest   of from   geard dwelling   tō of   gyrn-wracu vengeance for injury
swīðor more keenly   þencan think   þonne than   sǣ-lād sea-voyage

1140   gif if   torn-gemōt violent meeting   þurhtēon bring about   magan be able
þæt which   bearn children   inne inwardly   gemunan had in mind
swā so   forwyrnan refuse   worold-rǣden world's remedy
þonne when   hilde-lēoma battle flame

1137b In the reconstruction adopted, 'the exile' must be Hengest
1142b I.e. the law of vengeance

billa sēlest,   on bearm dyde,

1145   þæs wǣron mid Ēotenum   ecge cūðe.

Swylce ferhð-frecan   Fin eft begeat
sweord-bealo slīðen   æt his selfes hām,
siþðan grimne gripe   Gūðlāf ond Ōslāf
æfter sǣ-sīðe   sorge mǣndon,

1150   ætwiton wēana dǣl;   ne meahte wǣfre mōd
forhabban in hreþre.   Ðā wæs heal roden
fēonda fēorum,   swilce Fin slægen,
cyning on corþre,   ond sēo cwēn numen.

Scēotend Scyldinga   tō scypon feredon

1155   eal in-gesteald   eorð-cyninges,
swylce hīe æt Finnes hām   findan meahton
sigla, searo-gimma.   Hīe on sǣ-lāde
drihtlīce wīf   tō Denum feredon,
lǣddon tō lēodum.

Lēoð wæs āsungen,

1160   glēo-mannes gyd.   Gamen eft āstāh,
beorhtode benc-swēg,   byrelas sealdon
wīn of wunder-fatum.   þā cwōm Wealhþēo forð
gān under gyldnum bēage,   þǣr þā gōdan twēgen
sǣton suhterge-fæderan;   þā gȳt wæs hiera sib ætgædere,

1165   ǣghwylc ōðrum trȳwe.   Swylce þǣr Unferþ þyle
æt fōtum sæt frēan Scyldinga;   gehwylc hiora his ferhþe
trēowde,
þæt hē hæfde mōd micel,   þēah þe hē his māgum nǣre
ār-fæst æt ecga gelācum.   Spræc ðā ides Scyldinga:

1144b Hunlafing's act of homage to Hengest may also remind Hengest of his duty
to avenge his lord

1146 **ferhð-frecan** taken as accusative, qualifying **Fin**

1148ff **grimne gripe** and **sorge** are objects of **mǣndon. ætwiton** requires an object:
Finn, or Hengest. **forhabban** may be reflexive, 'contain itself', or have an
understood subject in Hengest. Oslaf and Guthlaf have returned from a sea-
journey, possibly with reinforcements from Denmark

bill sword   sēlest best   bearm lap   dōn place

1145   þæs its   wesan to be   ecg edge   cūð known

swylce accordingly   ferhð-freca bold-minded   eft in turn   begitan befall

sword-bealo death by sword   slīðen cruel   hām home

siþðan after   grim cruel   gripe attack

sǣ-sīð sea-journey   sorh affliction   mǣnan speak of

1150   ætwītan blame   wēa woe   dǣl share   magan be able   wǣfre restless

mōd spirit

forhabban restrain   hreþer breast   heal hall   roden made red

fēond enemy   fēorh life   swilce likewise   slægen slain

cyning king   corþer troop   cwēn queen   niman take

Scēotend spearman   scip ship   ferian carry

1155   eal all   in-gesteald household goods   eorð-cyning king of the land

swylce such as   findan find

sigle jewel   searo-gim curious gem   sǣ-lād sea-voyage

drihtlīc noble   wīf woman   ferian carry

lǣdan bring   lēode people   lēoð lay   āsungen sung to the end

1160   glēo-man minstrel   gyd story   gomen game, mirth   eft again   āstīgan arise

beorhtian brighten   benc-swēg bench-noise   byrele cup-bearer   sellan give

wīn wine   wunder-fæt wondrous vessel   cuman come

gān to walk   gylden golden   bēag circlet   gōd champion   twēgen twain, two

sittan sit   suhterge-fæderan nephew and uncle   gȳt still   sib peace

ætgædere together

1165   ǣghwylc each   ōðer other   trȳwe true   swylce also   þyle spokesman

fōt foot   sittan sit   frēa lord   gehwylc each   ferhð spirit   trēowan trust

habban have   mōd courage   micel much   þēah though   mǣg kinsman

wesan be

ār-fæst honourable   ecg sword   gelāc play   sprecan speak   ides lady

1163–68 A group of six-stress lines, used at solemn moments; others occur at 1705–07 and 2995–96. Wealhtheow hopes that Hrothulf will protect her sons after Hrothgar's death. She had reason for anxiety (see 1015n). Hrothgar, Hrothulf and Unferth contrast with the young trio of Beowulf and the queen's sons (1189ff)

'Onfōh þissum fulle,   frēo-drihten mīn,
1170   'sinces brytta;   þū on sǣlum wes,
'gold-wine gumena,   ond tō Gēatum sprǣc
'mildum wordum,   swā sceal man dōn;
'bēo wið Gēatas glæd,   geofena gemyndig,
'nēan ond feorran   þe þū nū hafast.

1175   'Mē man sægde,   þæt þū ðē for sunu wolde
'here-rinc habban.   Heorot is gefǣlsod,
'bēah-sele beorhta;   brūc, þenden þū mōte,
'manigra mēdo,   ond þīnum māgum lǣf
'folc ond rīce,   þonne ðū forð scyle,
1180   'metodsceaft sēon.   Ic mīnne can
'glædne Hrōþulf,   þæt hē þā geogoðe wile
'ārum healdan,   gyf þū ǣr þonne hē,
'wine Scildinga,   worold oflǣtest;
'wēne ic þæt hē mid gōde   gyldan wille
1185   'uncran eaferan,   gif hē þæt eal gemon,
'hwæt wit tō willan   ond tō worð-myndum
'umbor-wesendum ǣr   ārna gefremedon.'
Hwearf þā bī bence,   þǣr hyre byre wǣron,
Hrēðrīc ond Hrōðmund,   ond hæleþa bearn,
1190   giogoð ætgædere;   þǣr se gōda sæt,
Bēowulf Gēata   be þǣm gebrōðrum twǣm.

[18]   Him wæs ful boren   ond frēond-laþu
wordum bewægned,   ond wunden gold
ēstum geēawed,   earm-rēade twā,
1195   hrægl ond hringas,   heals-bēaga mǣst
þāra þe ic on foldan   gefrægen hæbbe.
Nǣnigne ic under swegle   sēlran hȳrde
hord-māðum hæleþa,   syþðan Hāma ætwæg

1175   Not a formal adoption affecting the succession

onfōn receive   ful cup   frēo-drihten noble lord

1170   sinc treasure   brytta dispenser   sǣl joy   wesan be

gold-wine gold-friend   guma man   sprecan speak

mild kind   swā as   sceal should   dōn do

bēon be   glæd gracious   gifu gift   gemyndig mindful

nēan from near   feorran from far   þe which   þū you   nū now   habban have

1175   man one   secgan say   ðē to yourself   for as   sunu son   willan wish

here-rinc warrior   habban take   gefǣlsian cleanse

bēah-sele ring-hall   beorht bright   brūcan make use   þenden while

mōtan be permitted

manig many   mēd reward   mǣg kinsman   lǣfan leave

folc people   rīce realm   sculan be obliged

1180   metodsceaft destiny   sēon see   mīnne my   cunnan know

glæd gracious   þā these   geogoð youth

ārum honourably   healdan treat   gyf if   ǣr earlier   þonne than

wine friend   worold world   oflǣtan leave

wēnan think   mid with   gōd goodness   gyldan repay

1185   uncer our   eafera offspring   gif if   gemunan remember

hwæt which   wit we two   tō for   willa pleasure   worð-mynd honour

umbor-wesende being a child   ǣr formerly   ār favour   gefremman perform

hweorfan turn   bī to   benc bench   byre son

hæleþ hero   bearn son

1190   giogoð young   ætgædere together   gōda good man

be . . . twǣm between   gebrōðor pair of brothers

ful cup   beran bear   frēond-laþu friendly invitation

word word   bewǣgnan offer   wunden twisted

ēst good will   geȳwan present   earm-rēad arm-ornament   twā two

1195   hrægl clothing   hring ring   heals-bēag neck-ring, collar   mǣst greatest

fold earth   gefrignan hear   habban have

nǣnig none   swegl heaven   sēlra better   hȳran hear

hord-māðum treasure   hæleþ hero   syþðan since   ætwegan carry away

1179b A verb of motion is needed to complete the sense of **scyle**

tō þēre byrhtan byrig   Brōsinga mene,
1200 sigle ond sinc-fæt;   searo-nīðas flēah
Eormenrīces;   gecēas ēcne ræd.
þone hring hæfde   Higelāc Gēata,
nefa Swertinges,   nȳhstan sīðe,
sīðþan hē under segne   sinc ealgode,
1205 wæl-rēaf werede;   hyne wyrd fornam,
syþðan hē for wlenco   wēan āhsode,
fæhðe tō Frȳsum.   Hē þā frætwe wæg,
eorclan-stānas   ofer ȳða ful,
rīce þēoden;   hē under rande gecranc.
1210 Gehwearf þā in Francna fæþm   feorh cyninges,
brēost-gewǣdu   ond se bēah somod;
wyrsan wīg-frecan   wæl rēafeden
æfter gūð-sceare;   Gēata lēode
hrēa-wīc hēoldon.   Heal swēge onfēng.
1215   Wealhðēo maþelode,   hēo fore þǣm werede spræc:
'Brūc ðisses bēages,   Bēowulf lēofa,
'hyse, mid hǣle,   ond þisses hrægles nēot,
'þēod-gestrēona,   ond geþēoh tela;
'cen þec mid cræfte,   ond þyssum cnyhtum wes
1220 'lāra līðe;   ic þē þæs lēan geman.
'Hafast þū gefēred,   þæt ðē feor ond nēah
'ealne wīde-ferhþ   weras ehtigað,
'efne swā sīde   swā sǣ bebūgeð
'wind-geard, weallas.   Wes, þenden þū lifige,
1225 'æþeling, ēadig!   Ic þē an tela

1199 The Brosing or Brising fire-dwarfs made a famous necklace for the goddess
Freya. It came into the possession of Eormanric the Ostrogoth, a legendary
tyrant, from whom, the poem says, Hama stole it. Hrothgar's gift is compared
with an ancient treasure which caused trouble
1201b **ræd** 'fame' or (if Hama became a monk) 'reward'
1203b The 'last expedition' of Hygelac: a raid on the Frisians and other tribes on the
northern border of the Franks, in which, as recorded in Gregory of Tours'
History of the Franks, he met his death. Thus the collar or necklace Beowulf

byrhta fair   byrig stronghold   mene necklace

1200 sigle jewel   sinc-fæt fine setting   searo-nīð treacherous hate   flēon flee

gecēosan choose   ēce long-lasting, eternal   rǣd counsel, benefit

þone this   hring collar   habban have

nefa grandson   nýhsta last   sīð expedition

siðþan when   segen standard   sinc treasure   ealgian defend

1205 wæl-rēaf spoil from slain   werian guard   wyrd fate   forniman take off

syþðan when   wlenco daring   wēa woe, trouble   āhsian look for, ask for

fǣhð assault   tō on   þā those   frætwe adornments   wegan wear

eorclan-stān precious stone   ýð wave   ful cup

rīce powerful   þēoden prince   rand shield   gecringan fall, die

1210 gehweorfan turn, pass   fæþm embrace   feorh life   cyning king

brēost-gewǣdu breast-garment, mailshirt   bēah collar   somod together

wyrsa worse, lesser   wīg-freca warrior   wæl slain   rēafian strip, rob

gūð-scear slaughter in war   lēode people

hrēa-wīc corpse-place   healdan hold   heal hall   swēg applause   onfōn receive

1215 maþelian speak   hēo she   fore before   werod band of men   sprecan speak

brūcan enjoy   beag ring, collar   lēof dear

hyse young man   hǣl luck   hrægl garment   nēotan make use of

þēod-gastrēon people's endowment   geþēon prosper   tela well

cennan declare   þec thyself   cræft strength   þyssum to these   cnyht boy

wesan be

1220 lār counsel   līðe kind   lēan reward   gemunan remember

habban have   gefēran go so far   ðē thee   feor far   nēah near

eal all   wīde-ferhþ life long   wer man   eahtian esteem

efne even   swā as   sīde widely   swā as   sǣ sea   bebūgan surround

wind-geard wind's home   weal cliff   wesan be   þenden as long as   lifgan live

1225 æþeling prince   ēadig blessed   unnan wish   tela well

receives from Hrothgar as a reward for killing Grendel is to be lost by
Hygelac in a disastrous raid
1206b Confirms the implications of **for wlenco**
1208b 'over the sea'
1214 A tragic irony. In the present the hall resounded with applause for Beowulf
and for Hrothgar's munificence. In the future Beowulf's people 'occupied the
corpse-settlement' (lay dead on the field)
1220b 'I shall remember thee with a gift for this'

'sinc-gestrēona.   Bēo þū suna mīnum
'dǣdum gedēfe,   drēam-healdende!
'Hēr is ǣghwylc eorl   ōþrum getrȳwe,
'mōdes milde,   man-drihtne hold;
1230 'þegnas syndon geþwǣre,   þēod eal-gearo,
'druncne dryht-guman   dōð swā ic bidde.'
       Ēode þā tō setle.   þǣr wæs symbla cyst,
druncon wīn weras;   wyrd ne cūþon,
geōsceaft grimme,   swā hit āgangen wearð
1235 eorla manegum,   syþðan ǣfen cwōm,
ond him Hrōþgār gewāt   tō hofe sīnum,
rīce tō ræste.   Reced weardode
unrīm eorla,   swā hīe oft ǣr dydon;
benc-þelu beredon;   hit geondbrǣded wearð
1240 beddum ond bolstrum.   Bēor-scealca sum
fūs ond fǣge   flet-ræste gebēag.
Setton him tō hēafdon   hilde-randas,
bord-wudu beorhtan.   þǣr on bence wæs
ofer æþelinge   ȳþ-gesēne
1245 heaþo-stēapa helm,   hringed byrne,
þrec-wudu þrymlīc.   Wæs þēaw hyra,
þæt hīe oft wǣron   an wīg gearwe,
gē æt hām gē on herge,   gē gehwæþer þāra
efne swylce mǣla,   swylce hira man-dryhtne
1250 þearf gesǣlde;   wæs sēo þēod tilu.
[19]   Sigon þā tō slǣpe.   Sum sāre angeald
ǣfen-ræste,   swā him ful oft gelamp
siþðan gold-sele   Grendel warode,
unriht æfnde,   oþþæt ende becwōm,
1255 swylt æfter synnum.   þæt gesȳne wearþ,
wīd-cūþ werum,   þætte wrecend þā gȳt
lifde æfter lāþum,   lange þrāge,

1240b 'one among the beer-warriors'

sinc-gestrēona wealth of treasure **bēon** be **sunu** son **mīn** my

dǣd action **gedēfe** gentle **drēam-healdend** possessing joy

Hēr here **ǣghwylc** each **eorl** warrior **ōþer** the other **getrȳwe** true

mōd mind **milde** quiet **man-drihten** liege lord **hold** loyal

1230 **þegn** retainer **wesan** be **geþwǣre** united **þēod** troop **eal-gearo** prepared

drunc having drunk **dryht-guma** noble warrior **dōn** to do **biddan** ask

gān go **setl** seat **symbel** banquet **cyst** excellence

drincan drink **wīn** wine **wer** man **wyrd** fate **cunnan** know

geōsceaft ancient decree **grim** harsh **swā** as **āgangan** come to pass

weorðan be

1235 **eorl** man **manig** many **syþðan** when **ǣfen** evening **cuman** come

gewītan go away **hof** dwelling **sīn** his

rīce ruler **rǣst** rest **reced** building **weardian** occupy

unrīm countless number **eorl** warrior **ǣr** formerly **dōn** do

benc-þel bench-board **berian** clear **geondbrǣdan** overspread **weorðan** be

1240 **bed** bed **bolster** pillow **bēor-scealc** beer-retainer **sum** a notable

fūs ready to go **fǣge** doomed to die **flet-rǣst** bed in hall **gebugan** bend

settan set **tō** at **hēafod** head **hilde-rand** battle-round, shield

bord-wudu board of wood **beorht** bright **benc** bench **wesan** be

æþeling nobleman **ȳþ-gesēne** easily seen

1245 **heaþo-stēap** battle-towering **helm** helmet **hringed** ringed **byrne** mailcoat

þrec-wudu mighty wood, spear **þrymlīc** powerful **þēaw** custom **hyra** their

oft constantly **an** on, for **wīg** war **gearwe** ready

gē...gē both...and **hām** home **here** campaign **gehwæþer** whichever

efne even **swylc** such **mǣl** occasion **swylce** as **man-drihten** liege lord

1250 **þearf** need **gesǣlan** befall **þēod** nation **til** fine

sīgan sink **slǣp** sleep **sum** one **sār** dearly **angyldan** pay

ǣfen-rǣst evening rest **swā** as **him** to them **gelimpan** happen

siþðan when **gold-sele** gold-hall **warian** occupy

unriht crime **æfnan** commit **oþþæt** until **becuman** come

1255 **swylt** death **æfter** following **syn** sin **þæt** it **gesȳne** seen **weorðan** become

wīd-cūþ widely-known **wer** man **wrecend** avenger **þā gȳt** still

libban survive **lāþ** loathed creature **lang** long **þrāg** time

æfter gūð-ceare.   Grendles mōdor,
ides, āglǣc-wīf   yrmþe gemunde,
1260   sē þe wæter-egesan   wunian scolde,
cealde strēamas,   siþðan Cāin wearð
tō ecg-banan   āngan brēþer,
fæderen-mǣge;   hē þā fāg gewāt,
morþre gemearcod,   man-drēam flēon,
1265   wēsten warode.   þanon wōc fela
geōsceaft-gāsta;   wæs þǣra Grendel sum
heoro-wearh hetelīc,   sē æt Heorote fand
wæccendne wer   wīges bīdan.
þǣr him āglǣca   ætgrǣpe wearð;
1270   hwæþre hē gemunde   mægenes strenge,
gim-fæste gife,   ðe him God sealde,
ond him tō An-waldan   āre gelȳfde,
frōfre ond fultum;   ðȳ hē þone fēond ofercwōm,
gehnǣgde helle-gāst.   þā hē hēan gewāt,
1275   drēame bedǣled   dēaþ-wīc sēon,
man-cynnes fēond.   Ond his mōdor þā gȳt
gīfre ond galg-mōd   gegān wolde
sorh-fulne sīð,   sunu dēoð wrecan.

       Cōm þā tō Heorote,   ðǣr Hring-Dene
1280   geond þæt sæld swǣfun.   þā ðǣr sōna wearð
edhwyrft eorlum   siþðan inne fealh
Grendles mōdor.   Wæs se gryre lǣssa
efne swā micle,   swā bið mægþa cræft,
wīg-gryre wīfes,   be wǣpned-men
1285   þonne heoru bunden,   hamere geþuren,
sweord swāte fāh   swīn ofer helme,
ecgum dyhttig,   andweard scireð.

1260   sē though masculine refers to Grendel's mother. Cf. 1392, 1394, 1497
1285–88 'when the patterned blade, forged by the hammer, the sword stained with
blood, mighty of edge, shears through the boar [-image] above the opposing

....

gūð-cearu war-grief   mōdor mother

ides woman   āglǣc-wīf she-monster   yrmþu misery   gemunan brood on

1260 wæter-egesa dread water   wunian dwell in   sculan be obliged to

ceald cold   strēam current   siþðan since   weorðan prove

ecg-bana slayer by sword   ānga only   brōþor brother

fæderen-mǣg kinsman by the father   fāg stained   gewītan depart

morþor murder   mearcian mark   man-drēam human joys   flēon flee

1265 wēsten waste   warian dwell in   þanon from him   wǣcnan spring   fela many

geōsceaft-gāst doomed spirit   sum one

heoro-wearh accursed outcast   hetelīc hateful   findan discover

wæccan wake, watch   wer man   wīg battle   bīdan wait for

āglǣca monster   ætgrǣpe grasping at   weorðan be

1270 hwæþre nevertheless   gemunan remember   mægen strength   strengo power

gim-fæst abundant   gife gift   sellan give

him himself   An-walda one ruler   ār favour   gelȳfan entrust

frōfor comfort   fultum help   ðȳ by which   fēond enemy

ofercuman overcome

gehnǣgan lay low   helle-gāst demon   hēan abject   gewītan depart

1275 drēam joy   bedǣlan deprive   dēaþ-wīc house of death   sēon seek out

man-cyn mankind   fēond enemy   mōdor mother   þā gȳt even then

gīfre greedy   galg-mōd in deadly mood   gegān enter upon   willan intend

sorh-ful grievous   sīð expedition   sunu son   dēoð death   wrecan avenge

cuman come   ðǣr where

1280 geond about   sæld hall   swefan sleep   sōna soon   weorðan come about

edhwyrft reversal   eorl warrior   siþðan when   inne within   fēolan penetrate

gryre terror   lǣssa lesser

efne swā just as   micle by much   bēon be   mægþ maiden   cræft strength

wīg-gryre fearfulness in war   wīf woman   be compared with   wǣpned-

mon male

1285 heoru blade   bunden patterned   hamer hammer   geþuren forged

sweord sword   swāt blood   fāh stained   swīn boar   helm helmet

ecg edge   dyhttig mighty   andweard opposing   sceran cut through

helmet': a riddling periphrasis for 'in a sword-fight'. This female is stronger
than the 'weaponed' men of the Danes

Đā wæs on healle   heard-ecg togen,
sweord ofer setlum,   sīd-rand manig
1290 hafen handa fæst;   helm ne gemunde,
byrnan sīde,   þā hine se brōga angeat.
    Hēo wæs on ofste,   wolde ūt þanon,
fēore beorgan,   þā hēo onfunden wæs.
Hraðe hēo æþelinga   ānne hæfde
1295 fæste befangen,   þā hēo tō fenne gang.
Sē wæs Hrōþgāre   hæleþa lēofost
on gesīðes hād   be sǣm twēonum,
rīce rand-wiga,   þone ðe hēo on ræste ābrēat,
blǣd-fæstne beorn.   Næs Bēowulf ðǣr,
1300 ac wæs ōþer in   ǣr geteohhod
æfter māþðum-gife   mǣrum Gēate.
Hrēam wearð in Heorote;   hēo under heolfre genam
cūþe folme;   cearu wæs genīwod,
geworden in wīcun.   Ne wæs þæt gewrixle til,
1305 þæt hīe on bā healfa   bicgan scoldon
frēonda fēorum.   þā wæs frōd cyning,
hār hilde-rinc,   on hrēon mōde,
syðþan hē aldor-þegn   unlyfigendne,
þone dēorestan   dēadne wisse.
1310   Hraþe wæs tō būre   Bēowulf fetod,
sigor-ēadig secg.   Samod ǣr-dæge
ēode eorla sum,   æþele cempa,
self mid gesīðum,   þǣr se snotera bād,
hwæþre him Al-walda   ǣfre wille
1315 æfter wēa-spelle   wyrpe gefremman.
Gang ðā æfter flōre   fyrd-wyrðe man
mid his hand-scale   – heal-wudu dynede –
þæt hē þone wīsan   wordum nǣgde,
frēan Ingwina;   frægn gif him wǣre,

1312   **eorla sum** 'one of the warriors': i.e. together with his men

heal hall   heard-ecg hard-edge   tēon draw

setl bench   sīd-rand broad shield   manig many

1290   hafen raised   hand hand   helm helmet   gemunan remember

byrne mailcoat   sīd great   brōga terror   angitan seize

hēo she   ofost haste   ūt out   þanon away from there

fēorh life   beorgan protect   onfindan discover

hraðe quickly   æþeling noble   ān one

1295   fæste firmly   befōn grasp   þā then   fen fen   gangan go

sē he   hæleþ hero   lēof dear

gesīð companion   hād rank   be ... twēonum between   sǣ sea

rīce powerful   rand-wiga shield-warrior   þone whom   ræst bed

ābrēotan destroy

blǣd-fæst of great renown   beorn warrior   wesan be

1300   ac but   ōþer another   in dwelling   ǣr earlier   teohhian assign

māþðum-gife presentation of treasure   mǣre famous

hrēam uproar   weorðan come about   hēo she   heolfor blood   geniman take

cūþ well-known   folm hand   cearu sorrow   genīwan renew

geweorðan come about   wīc dwelling-place   gewrixle exchange   til good

1305   bā both   healf side   bicgan pay   sculan be obliged to

frēond friend   fēorh life   frōd wise old   cyning king

hār grey   hilde-rinc warrior   hrēoh troubled   mōd heart

syðþan when   aldor-þegn chief thane   unlifigend not living

dēorest dearest   dēad dead   witan know

1310   hraþe speedily   būr chamber   fetian fetch

sigor-ēadig victory-blest   secg man   samod together with   ǣr-dæg daybreak

gān go   eorl warrior   sum one   æþel noble   cempa champion

gesīð companion   þǣr to where   snotera wise man   bīdan wait

hwæþre whether   him for him   Al-walda Almighty   ǣfre ever

1315   wēa-spell tidings of woe   wyrp change   gefremman contrive

gangan go   æfter along   flōr floor   fyrd-wyrðe honoured among soldiers

mid with   hand-scolu troop   heal-wudu hall-timber   dynnan resound

wīsa wise   word word   nǣgan accost

frēa lord   frignan ask   gif if

1313b 'to where the wise one [Hrothgar] was waiting to see'

1320   æfter nēod-laðum,   niht getǣse.

[20]   Hrōðgār maþelode,   helm Scyldinga:
'Ne frīn þū æfter sǣlum;   sorh is genīwod
'Denigea lēodum.   Dēad is Æschere,
'Yrmenlāfes   yldra brōþor,

1325   'mīn rūn-wita   ond mīn rǣd-bora,
'eaxl-gestealla,   ðonne wē on orlege
'hafelan weredon,   þonne hniton fēþan,
'eoferas cnysedan.   Swylc scolde eorl wesan,
'æðeling ǣr-gōd,   swylc Æschere wæs!

1330   'Wearð him on Heorote   tō hand-banan
'wæl-gǣst wǣfre;   ic ne wāt hwæder
'atol ǣse wlanc   eft-sīðas tēah,
'fylle gefægnod.   Hēo þā fǣhðe wræc,
'þē þū gystran niht   Grendel cwealdest

1335   'þurh hǣstne hād   heardum clammum,
'forþan hē tō lange   lēode mīne
'wanode ond wyrde.   Hē æt wīge gecrang
'ealdres scyldig;   ond nū ōþer cwōm
'mihtig mān-scaða,   wolde hyre mǣg wrecan,

1340   'gē feor hafað   fǣhðe gestǣled,
'þæs þe þincean mæg   þegne monegum,
'sē þe æfter sinc-gyfan   on sefan grēoteþ,
'hreþer-bealo hearde;   nū sēo hand ligeð,
'sē þe ēow wēl-hwylcra   wilna dohte.

1345   'Ic þæt lond-būend,   lēode mīne,
'sele-rǣdende   secgan hȳrde,
'þæt hīe gesāwon   swylce twēgen
'micle mearc-stapan   mōras healdan,
'ellor-gǣstas;   ðǣra ōðer wæs,

1350   'þæs þe hīe gewislīcost   gewitan meahton,
'idese onlīcnes;   ōðer earm-sceapen
'on weres wæstmum   wrǣc-lāstas trǣd,
'næfne hē wæs māra   þonne ǣnig man ōðer;
'þone on geār-dagum   "Grendel" nemdon

1320   **æfter** after   **nēod-lāð** urgent summons   **niht** night   **getǣse** pleasant
maþelian make speech   **helm** protector
frignan ask   **sǣl** joy   **sorh** sorrow   **genīwan** renew
lēode people
yldra elder

1325   **rūn-wita** knower of secrets, confidant   **rǣd-bora** counsellor
eaxl-gestealla shoulder-companion   **ðonne** when   **orlege** war
hafela head   **werian** protect   **hnītan** clash   **fēþa** foot-troop
eofor boar-crest   **cnyssan** strike   **swylc** so   **eorl** warrior   **wesan** be
æðeling noble man   **ǣr-gōd** pre-eminent   **swylc** as

1330   **weorðan** prove   **tō** as   **hand-bana** slayer by hand
wæl-gǣst deadly spirit   **wǣfre** restless   **witan** know   **hwæder** whither
atol dread   **ǣs** carrion   **wlanc** glorying in   **eft-sīð** return journey   **tēon** draw
fyll feast   **fægnian** make glad   **fǣhð** hostile deed   **wrecan** avenge
þē in which   **gystran** yesterday   **cwellan** kill

1335   **þurh** in   **hǣste** violent   **hād** manner   **heard** hard   **clamm** grip
forþan because   **tō** too   **lange** for a long time   **lēode** people
wanian lessen   **wyrdan** destroy   **wīg** war   **gecringan** fall
ealdor life   **scyldig** forfeit   **ōþer** a second   **cuman** come
mihtig powerful   **mān-scaða** evil foe   **mǣg** kinsman   **wrecan** avenge

1340   **gē** and   **feor** far   **fǣhð** feud   **gestǣlan** avenge
þæs þe as   **þincean** seem   **þegn** thane   **monig** many
sē þe who   **sinc-gyfa** treasure-giver   **sefa** breast   **grēotan** weep
hreþer-bealo grief of mind   **heard** bitter   **nū** now   **licgan** lie low
sē þe which   **ēow** for you   **wēl-hwylc** almost every   **willa** desire
                                                        dugan serve well

1345   **þæt** this   **lond-būend** country-dweller   **lēode** people
sele-rǣdend hall-counsellor   **secgan** say   **hȳran** hear
gesēon see   **swylc** such   **twēgen** two
micel great   **mearc-stapa** border-walker   **mōr** moor   **healdan** keep
ellor-gǣst spirit from elsewhere   **ōðer** one of the two

1350   **þæs þe** as   **gewislīc** certainly   **gewitan** make out   **magan** be able
ides woman   **onlīcnes** likeness   **ōðer** the other   **earm-sceapen** miserable
                                                        creature
wer man   **wæstm** form   **wrǣc-last** track of exile   **tredan** tread
næfne except   **māra** greater   **ōðer** beside
þone whom   **gēar-dagas** former days   **nāman** name

1355 'fold-būende;   nō hīe fæder cunnon,
      'hwæþer him ǣnig wæs   ǣr ācenned
      'dyrnra gāsta.   Hīe dȳgel lond
      'warigeað, wulf-hleoþu,   windige næssas,
      'frēcne fen-gelād,   ðǣr fyrgen-strēam
1360 'under næssa genipu   niþer gewīteð,
      'flōd under foldan.   Nis þæt feor heonon
      'mīl-gemearces,   þæt se mere standeð
      'ofer þǣm hongiað   hrinde bearwas;
      'wudu wyrtum fæst   wæter oferhelmað.
1365 'þǣr mæg nihta gehwǣm   nīð-wundor sēon,
      'fȳr on flōde;   nō þæs frōd leofað
      'gumena bearna   þæt þone grund wite.
      'Ðēah þe hǣð-stapa   hundum geswenced,
      'heorot hornum trum   holt-wudu sēce,
1370 'feorran geflȳmed,   ǣr hē feorh seleð,
      'aldor on ōfre,   ǣr hē in wille,
      'hafelan hȳdan.   Nis þæt hēoru stōw;
      'þonon ȳð-geblond   up āstīgeð
      'won tō wolcnum,   þonne wind styreþ
1375 'lāð gewidru,   oðþæt lyft drysmaþ,
      'roderas rēotað.   Nū is se ræd gelang
      'eft æt þē ānum.   Eard gīt ne const,
      'frēcne stōwe,   ðǣr þū findan miht
      'fela-sinnigne secg;   sēc gif þū dyrre.
1380 'Ic þē þā fǣhðe   fēo lēanige,
      'eald-gestrēonum,   swā ic ǣr dyde,
      'wundnum golde,   gyf þū on weg cymest.'

[21]   Bēowulf maþelode,   bearn Ecgþēowes:
      'Ne sorga, snotor guma!   Sēlre bið ǣghwǣm
1385 'þæt hē his frēond wrece,   þonne hē fela murne.

1357ff Details of the landscape of the Mere recur in the account of a vision of hell in
      one of the tenth-century *Blickling Homilies*. These 'northern' details – trees
      covered in frost, and dark mists – do not appear in the apocryphal *Visio*

1355 **fold-būend** country dwellers **fæder** father **cunnan** know
hwæþer whether **him** for him **ǣr** formerly **ācennan** be born
dyrne mysterious **gāst** spirit **dȳgel** secret **lond** land
warian occupy **wulf-hliþ** wolf-ridden slope **windig** windy **næss** headland
frēcne dread **fen-gelād** path through the fen **fyrgen-strēam** mountain-stream
1360 **næss** cliff **genip** darkness **niþer** downwards **gewītan** go away
flōd torrent **fold** earth **nis** is not **heonon** hence
mīl-gemearc mile-measurement **mere** mere, lake
hongian hang **hrinde** rimed, frosted **bearu** grove
wudu a wood **wyrt** root **fæst** fixed **oferhelmian** overshadow
1365 **niht** night **gehwā** each **nīð-wundor** horrible wonder **sēon** see
fȳr fire **flōd** water **þæs** so **frōd** wise **libban** live
guma man **bearn** child **grund** bottom **witan** know
ðēah though **hǣð-stapa** heath-stalker, stag **hund** hound **swencan** press
heorot hart **horn** antler **trum** strong **holt-wudu** forest **sēcan** seek
1370 **feorran** from afar **flȳman** pursue **ǣr** first **feorh** life **sellan** give up
aldor life **ōfer** bank **ǣr** before
hafela head **hȳdan** hide **wesan** to be **hēore** pleasant **stōw** place
þonon from there **ȳð-geblond** surging water **āstīgan** rise up
won dark **wolcen** cloud **styrian** stir up
1375 **lāð** hostile **gewidre** storm **oðþæt** until **lyft** air **drysmian** become misty
rodor sky **rēotan** weep **nū** now **rǣd** remedy **gelang** dependent
eft back **æt** with **þē** thee **ān** alone **eard** region **gīt** yet **cunnan** know
frēcne dread **stōw** place **ðǣr** where
fela-sinnig deeply sinful **secg** creature **sēcan** seek **gif** if **durran** dare
1380 **fǣhð** feud **fēoh** wealth **lēanigan** reward
eald-gestrēon ancient terror **swā** as **ǣr** before **dōn** do
wunden twisted **gyf** if **on weg** away, back **cuman** come
maþelian speak **bearn** son
sorgian grieve **snotor** wise **guma** man **sēlra** better **ǣghwā** every one
1385 **frēond** friend **wrecan** avenge **þonne** than **fela** much **murnan** mourn

Pauli, the early Latin source of the homily. The author of the homily may
have known *Beowulf*

'Ūre æghwylc sceal   ende gebīdan
'worolde līfes;   wyrce sē þe mōte
'dōmes ǣr dēaþe;   þæt bið driht-guman
'unlifgendum   æfter sēlest.

1390 'Ārīs rīces weard,   uton hraþe fēran,
'Grendles māgan   gang scēawigan!
'Ic hit þē gehāte: nō hē on helm losaþ,
'nē on foldan fæþm,   nē on fyrgen-holt,
'nē on gyfenes grund,   gā þǣr hē wille.

1395 'Ðȳs dōgor þū   geþyld hafa
'wēana gehwylces,   swā ic þē wēne tō.'
        Āhlēop ðā se gomela,   Gode þancode,
mihtigan Drihtne,   þæs se man gespræc.
þā wæs Hrōðgāre   hors gebǣted,

1400 wicg wunden-feax;   wīsa fengel
geatolīc gende;   gum-fēþa stōp
lind-hæbbendra.   Lāstas wǣron
æfter wald-swaþum   wīde gesȳne,
gang ofer grundas,   gegnum fōr

1405 ofer myrcan mor,   mago-þegna bær
þone sēlestan   sāwol-lēasne,
þāra þe mid Hrōðgāre   hām eahtode.
Oferēode þā   æþelinga bearn
stēap stān-hliðo,   stīge nearwe,

1410 enge ān-paðas,   uncūð gelād,
neowle næssas,   nicor-hūsa fela.
Hē fēara sum   beforan gengde
wīsra monna,   wong scēawian;
oþþæt hē fǣringa   fyrgen-bēamas

1415 ofer hārne stān   hleonian funde,
wyn-lēasne wudu;   wæter under stōd
drēorig ond gedrēfed.   Denum eallum wæs,

1392b **hē** 'he', though referring to Grendel's mother
1408   **bearn** Sing. (Hrothgar or Beowulf); or pl. with sing. verb

ūre of us   ǣghwylc each   end end   gebīdan experience
worold world   līf life   wyrcan achieve   mōtan may
dōm renown   ǣr before   driht-guma warrior
unlifgend lifeless   sēlest best

1390   ārīsan arise   rīce kingdom   weard guardian   utan let us   hraþe quickly
                                                                    fēran go

māga kinswoman   gang track   scēawian look at
gehātan promise   helm cover   losian escape
fold earth   fæþm bosom   fyrgen-holt mountain wood
gyfen ocean   grund bottom   gān go

1395   ðȳs this   dōgor day   geþyld patience   habban have
wēa woe   gehwylc every   swā as   þē thee   wēnan expect   tō of
āhlēapan leap up   gomel old   þancian thank
mihtig mighty   Drihten Lord   þæs for what   gesprecan speak
bǣtan bridle

1400   wicg horse   wunden-feax with braided mane   wīsa wise   fengel prince
geatolīc spendidly   gengan go, ride   gum-fēþa foot-troop   steppan march
lind-hæbbend shield-bearer   lāst track   wesan to be
æfter along   wald-swaþu forest path   wīde widely   gesȳne visible
gang trail   grund low ground   gegnum straight   faran go

1405   myrce dark   mōr moor   mago-þegn young thane   beran carry
sēlest best   sawol-lēas lifeless
hām home   eahtian watch over
ofer-gān traverse   æþeling noble man   bearn son
stēap steep   stān-hlið rocky slope   stīg path   nearwe narrow

1410   enge narrow   ān-pað path for one   uncūð unknown   gelād region
neowol steep   næss crag   nicor-hūs home of water-monster   fela many
fēa few   sum one   beforan ahead   gengan go
wīs experienced   monn man   wong place   scēawian examine
oþþæt until   fǣringa suddenly   fyrgen-bēam mountain tree

1415   hār grey   stān rock   hleonian lean   findan find
wyn-lēas joyless   wudu wood
drēorig bloody   drēfan stir up   eal all

1412a 'Beowulf with a few companions' (fēara sum 'one of a few')

winum Scyldinga,   weorce on mōde
tō geþolianne,   ðegne monegum,
1420 oncȳð eorla gehwǣm,   syðþan Æscheres
on þām holm-clife   hafelan mētton.
        Flōd blōde wēol   – folc tō sǣgon –
hātan heolfre.   Horn stundum song
fūslīc fyrd-lēoð.   Fēþa eal gesæt;
1425 gesāwon ðā æfter wætere   wyrm-cynnes fela,
sellīce sǣ-dracan   sund cunnian,
swylce on næs-hleoðum   nicras licgean,
ðā on undern-mǣl   oft bewitigað
sorh-fulne sīð   on segl-rāde,
1430 wyrmas ond wil-dēor.   Hīe on weg hruron
bitere ond gebolgne: bearhtm ongēaton,
gūð-horn galan.   Sumne Gēata lēod
of flān-bogan   fēores getwǣfde,
ȳð-gewinnes,   þæt him on aldre stōd
1435 here-strǣl hearda;   hē on holme wæs
sundes þē sǣnra,   ðē hyne swylt fornam.
Hræþe wearð on ȳðum   mid eofer-sprēotum
heoro-hōcyhtum   hearde genearwod,
nīða genǣged   ond on næs togen
1440 wundorlīc wǣg-bora;   weras scēawedon
gryrelīcne gist.
        Gyrede hine Bēowulf
eorl-gewǣdum,   nalles for ealdre mearn;
scolde here-byrne   hondum gebrōden,
sīd ond searo-fāh,   sund cunnian,
1445 sēo ðe bān-cofan   beorgan cūþe,
þæt him hilde-grāp   hreþre ne mihte,
eorres inwit-feng   aldre gesceþðan;
ac se hwīta helm   hafelan werede,

1447 **aldre** is like **hreþre** (1446) a dative object of **gesceþðan**

wine friend   **weorce** painful   **mōd** heart
geþolian suffer   **ðegn** thane   **monig** many

1420   **oncȳð** grief   **eorl** warrior   **gehwā** each   **syðþan** when
holm-clif cliff by water   **hafela** head   **mētan** come upon
flōd water   **weallan** well up   **folc** troop   **tō** at   **sēon** gaze
hāt hot   **heolfor** gore   **stundum** again and again   **singan** sing out
fūslīc eager   **fyrd-lēoð** battle-cry   **fēþa** foot-troop   **gesittan** sit down

1425   **gesēon** behold   **æfter** through   **wyrm-cynn** serpent race   **fela** many
sellīc strange   **sǣ-draca** sea dragon   **sund** water   **cunnian** explore
swylce also   **næs-hlið** crag-slope   **nicor** water-monster   **licgean** lie out
undern-mǣl morning time   **bewitigan** attend to
sorh-ful sorrow-bringing   **sīð** journey   **segl-rād** sail-riding, sea

1430   **wyrm** serpent   **wil-dēor** wild beast   **on weg** away   **hrēosan** rush down
biter furious   **gebolgen** puffed up   **bearhtm** sound   **ongītan** hear
gūð-horn war-horn   **galan** sing   **sum** one   **lēod** prince
flān-boga arrow-bow   **fēorh** life   **getwǣfan** parted from
ȳð-gewinnes in the struggle with the waves   **aldor** vitals   **standan** stand

1435   **here-strǣl** war-arrow   **heard** hard   **hē** it   **holm** water
sund swimming   **þē sǣnra** the slower   **ðē** as   **swylt** death   **forniman** take
hræþe quickly   **weorðan** come about   **ȳð** wave   **eofer-sprēot** boar-spear
heoro-hōcyht spear-hooked, barbed   **hearde** hardly   **nearwian** press
nīð force   **genǣgan** assail   **næs** crag   **tēon** drag

1440   **wundorlīc** wondrous   **wǣg-bora** wave-piercer   **wer** man   **scēawian** gaze
gryrelīc horrible   **gist** stranger

gyrwan dress, arm

eorl-gewǣd warrior garb   **nalles** not at all   **ealdor** life   **murnan** grieve
sculan must   **here-byrne** war-corslet   **gebrōden** woven
sīd broad   **searo-fāh** intricately decorated   **sund** water   **cunnian** explore

1445   **sēo** which   **bān-cofa** (bone-)chest   **beorgan** protect   **cunnan** know
hilde-grāp warlike grasp   **hreþer** breast
eorre angry one   **inwit-feng** malicious grip   **aldor** life   **gesceþðan** hurt
ac but   **hwīta** shining   **hafela** head   **werian** defend

sē þe mere-grundas   mengan scolde,
1450 sēcan sund-gebland   since geweorðad,
befongen frēa-wrāsnum,   swā hine fyrn-dagum
worhte wǣpna smið,   wundrum tēode,
besette swīn-līcum,   þæt hine syðþan nō
brond nē beado-mēcas   bītan ne meahton.
1455 Næs þæt þonne mǣtost   mægen-fultuma,
þæt him on ðearfe lāh   ðyle Hrōðgāres;
wæs þǣm hæft-mēce   Hrunting nama;
þæt wæs ān foran   eald-gestrēona;
ecg wæs īren,   āter-tānum fāh,
1460 āhyrded heaþo-swāte;   nǣfre hit æt hilde ne swāc
manna ǣngum,   þāra þe hit mid mundum bewand,
sē ðe gryre-sīðas   gegān dorste,
folc-stede fāra.   Næs þæt forma sīð
þæt hit ellen-weorc   æfnan scolde.
1465   Hūru ne gemunde   mago Ecglāfes
eafoþes cræftig,   þæt hē ǣr gespræc
wīne druncen,   þā hē þæs wǣpnes onlāh
sēlran sweord-frecan;   selfa ne dorste
under ȳða gewin   aldre genēþan,
1470 drihtscype drēogan;   þǣr hē dōme forlēas,
ellen-mǣrðum.   Ne wæs þǣm ōðrum swā,
syðþan hē hine tō gūðe   gegyred hæfde.
[22]   Bēowulf maþelode,   bearn Ecgþēowes:
'Geþenc nū, se mǣra   maga Healfdenes,
1475 'snottra fengel,   nū ic eom sīðes fūs,
'gold-wine gumena,   hwæt wit geō sprǣcon,
'gif ic æt þearfe   þīnre scolde
'aldre linnan,   þæt ðū mē ā wǣre
'forð-gewitenum   on fæder stǣle.

1459b 'shining in lethal patterns'. The artificer's decorations on the surface of the
metal, perhaps resembling twigs or serpents
1465b Unferth

....

mere-grund bottom of mere   **mengan** mingle with

1450   **sēcan** seek out   **sund-gebland** swirling water   **sinc** treasure

                                            geweorðad embellished

befongen encircled   **frēa-wrāsn** lordly band   **swā** as   **fyrn-dagas** days of old

wyrcan make   **wǣpen** weapon   **wundrum** wonderfully   **tēon** draw out

besettan set about   **swīn-līc** boar-figure   **hine** it   **syðþan** afterwards

brond sword   **beado-mēce** battle-blade   **bītan** bite   **magan** be able

1455   **wesan** to be   **þonne** then   **mǣtost** least   **mægen-fultum** mighty aid

ðearf need   **lēon** lend   **ðyle** spokesman

hæft-mēce hilted sword   **nama** name

ān one   **foran** in the front rank   **eald-gestrēon** ancient treasure

ecg edge   **īren** iron   **āter-tān** twig of venom   **fāh** decorated

1460   **āhyrded** hardened   **heaþo-swāt** battle-blood   **nǣfre** never   **hild** battle

                                            swīcan fail

ǣnig any   **mund** hand   **bewindan** grasp

gryre-sīð fearsome expedition   **gegān** set out on   **durran** dare

folc-sted gathering place   **fāh** hostile one, foe   **forma** first   **sīð** time

ellen-weorc heroic task   **æfnan** perform   **sculan** be obliged to

1465   **hūru** indeed   **ne** not   **gemunan** remember   **mago** son

eafoþ strength   **cræftig** powerful   **ǣr** formerly   **gesprecan** speak

wīn wine   **druncen** having drunk   **þā** when   **wǣpen** weapon   **onlēan** lend

sēlra superior   **sweord-freca** swordsman   **selfa** he himself   **durran** dare

ȳð wave   **gewin** tumult   **aldor** life   **genēþan** risk

1470   **drihtscype** valour   **drēogan** exercise   **dōm** reputation   **forlēosan** lose

ellen-mǣrðu fame for courage   **ōðer** other   **swā** so

syðþan when   **hine** himself   **gūð** battle   **gegyrwan** make ready

maþelian make a speech   **bearn** son

geþencan remember   **nū** now   **se mǣre** thou glorious   **maga** son

1475   **snottor** wise   **fengel** master   **eom** am   **sīð** expedition   **fūs** eager

gold-wine gold-friend   **guma** man   **wit** we two   **geō** beforehand

                                            sprecan speak

gif if   **þearf** need   **þīn** thy

aldor life   **linnan** part from   **ðu** thou   **ā** always   **wǣre** should be

forð-gewiten departed, dead   **fæder** father   **stǣl** place

1471b   'It was not so for the other' (Beowulf)

1478b–79   'that you would always be for me, when I have departed, in the place of my father'

1480 'Wes þū mund-bora   mīnum mago-þegnum,
     'hond-gesellum,   gif mec hild nime;
     'swylce þū ðā mādmas,   þe þū mē sealdest,
     'Hrōðgār lēofa,   Higelāce onsend.
     'Mæg þonne on þǣm golde ongitan   Gēata dryhten,
1485 'gesēon sunu Hrǣdles,   þonne hē on þæt sinc starað,
     'þæt ic gum-cystum   gōdne funde
     'bēaga bryttan,   brēac þonne mōste.
     'Ond þū Unferð lǣt   ealde lāfe,
     'wrǣtlīc wǣg-sweord,   wīd-cūðne man
1490 'heard-ecg habban;   ic mē mid Hruntinge
     'dōm gewyrce,   oþðe mec dēað nimeð.'

         Æfter þǣm wordum   Weder-Gēata lēod
     efste mid elne,   nalas andsware
     bīdan wolde;   brim-wylm onfēng
1495 hilde-rince.   Ðā wæs hwīl dæges,
     ǣr hē þone grund-wong   ongytan mehte.
         Sōna þæt onfunde,   sē ðe flōda begong
     heoro-gīfre behēold   hund missēra,
     grim ond grǣdig,   þæt þǣr gumena sum
1500 æl-wihta eard   ufan cunnode.
     Grāp þā tōgēanes;   gūð-rinc gefēng
     atolan clommum;   nō þȳ ǣr in gescōd
     hālan līce;   hring ūtan ymb-bearh,
     þæt hēo þone fyrd-hom   ðurhfōn ne mihte,
1505 locene leoðo-syrcan   lāþan fingrum.
     Bǣr þā sēo brim-wylf,   þā hēo tō botme cōm,
     hringa þengel   tō hofe sīnum,
     swā hē ne mihte,   nō hē þæs mōdig wæs,
     wǣpna gewealdan;   ac hine wundra þæs fela
1510 swencte on sunde,   sǣ-dēor monig

1495b 'It was part of a day' (i.e. an hour or more) or 'It was daytime'; the former
     reading is supported by ǣr

1480   **wesan** to be   **mund-bora** guardian   **mago-þegn** young thane
hond-gesella comrade   **mec** me   **hild** battle   **niman** take
swylce likewise   **mādma** treasures   **sellan** give
lēof dear   **onsendan** send
magan be able   **þonne** then   **ongitan** perceive   **dryhten** lord

1485   **gesēon** realise   **sunu** son   **sinc** treasure   **starian** gaze
gum-cyst generosity   **gōd** good   **findan** find
bēag ring   **brytta** bestower   **brūcan** enjoy   **mōste** was able to
lǣtan let   **eald** ancient   **lāf** heirloom
wrǣtlīc marvellous   **wǣg-sweord** wave-patterned sword   **wīd-cūð** renowned

1490   **heard-ecg** hard of edge   **habban** have   **mē** for myself
dōm repute   **gewyrcan** achieve   **oþðe** or   **niman** take
lēod chief
efstan hasten   **ellen** courage   **nalas** not at all   **andswaru** answer
bīdan wait   **brim-wylm** surge   **onfōn** receive

1495   **hilde-rinc** warrior   **hwīl** space   **dæg** day
ǣr before   **grund-wong** bottom   **ongytan** perceive   **magan** be able
sōna at once   **onfindan** discover   **sē ðe** who   **flōd** water   **begong** expanse
heoro-gīfre ravenous   **behealdan** occupy   **hund** hundred   **missēre** half-year
grǣdig greedy   **guma** man   **sum** someone

1500   **æl-wiht** alien creature   **ufan** from above   **cunnian** penetrate
grīpan clutch   **tōgēanes** towards   **gūð-rinc** warrior   **gefōn** seize
atol terrible   **clomm** catch   **þȳ ǣr** the sooner   **in** within   **gesceðþan** hurt
hāl whole, healthy   **līc** body   **hring** ring-mail   **ūtan** outside
                                                    ymb-beorgan protect around
hēo she   **fyrð-hom** war-shell   **ðurhfōn** get through

1505   **locen** linked   **leoðo-syrce** body-shirt of mail   **lāð** hostile
beran carry   **brim-wylf** she-wolf of the lake   **botm** bottom
hringa of rings, ring-clad   **þengel** prince   **hōf** dwelling   **sīn** her
swā so   **þæs** however   **mōdig** brave
wǣpen weapon   **gewealdan** use   **ac** but   **wundor** weird creature
                                                    þæs fela so many

1510   **swencan** press hard   **sund** water   **sǣ-dēor** sea-beast   **monig** many

1497b   **sē ðe** Masculine, though referring to Grendel's mother. Perhaps translate
'That which . . .'

hilde-tūxum   here-syrcan bræc,
ēhton āglǣcan.   Ðā se eorl ongeat,
þæt hē in nīð-sele   nāt-hwylcum wæs,
þǣr him nǣnig wæter   wihte ne sceþede,
1515 nē him for hrōf-sele   hrīnan ne mehte
fǣr-gripe flōdes: fȳr-lēoht geseah,
blācne lēoman   beorhte scīnan.

   Ongeat þā se gōda   grund-wyrgenne,
mere-wīf mihtig;   mægen-rǣs forgeaf
1520 hilde-bille,   hond sweng ne oftēah,
þæt hire on hafelan   hring-mǣl āgōl
grǣdig gūð-lēoð.   Ðā se gist onfand,
þæt se beado-lēoma   bītan nolde,
aldre sceþðan,   ac sēo ecg geswāc
1525 ðēodne æt þearfe;   ðolode ǣr fela
hond-gemōta,   helm oft gescær,
fǣges fyrd-hrægl;   ðā wæs forma sīð
dēorum mādme,   þæt his dōm ālæg.

   Eft wæs ān-rǣd,   nalas elnes læt,
1530 mǣrða gemyndig   mǣg Hȳlāces.
Wearp ðā wunden-mǣl   wrǣttum gebunden
yrre ōretta,   þæt hit on eorðan læg,
stīð ond stȳl-ecg;   strenge getruwode,
mund-gripe mægenes.   Swā sceal man dōn,
1535 þonne hē æt gūðe   gegān þenceð
longsumne lof;   nā ymb his līf cearað.
Gefēng þā be feaxe   – nalas for fǣhðe mearn –
Gūð-Gēata lēod   Grendles mōdor;
brægd þā beadwe heard,   þā hē gebolgen wæs,
1540 feorh-genīðlan,   þæt hēo on flet gebēah.
Hēo him eft hraþe   andlēan forgeald
grimman grāpum,   ond him tōgēanes fēng.

1537a Hair-pulling, **feaxfeng**, was a recognised insult

hilde-tūx war-tusk   here-syrce war-shirt   brecan pierce
ēhtan pursue   āglǣca monster   eorl nobleman   ongytan perceive
nīð-sele enemy hall   nāt-hwylc some
nǣnig no   wihte at all   sceþþan harm

1515 hrōf-sele roofed hall   hrīnan touch   magan be able
fǣr-gripe snatch   flōd current   fȳr-lēoht fire-light   gesēon see
blāc shining   lēoma gleam   beorhte brightly   scīnan shine
ongytan see   gōda hero   grund-wyrgen accursed creature of the depths
mere-wīf female of the mere   mægen-rǣs violent blow   forgyfan deal out

1520 hilde-bill battle-sword   hond hand   sweng swing   oftēon hold back
hafela head   hring-mǣl ring-adorned sword   āgālan sing out
grǣdig greedy   gūð-lēoð war-song   gist stranger   onfindan find
beado-lēoma battle-flame, sword   bītan bite   willan be willing
aldor life   sceþðan harm   ac but   ecg edge   geswīcan fail

1525 ðēoden prince   þearf need   ðolian endure   ǣr previously   fela many
hond-gemōt hand-to-hand meeting   helm helmet   gesceran cut through
fǣge doomed (man)   fyrd-hrægl battle-gear   forma first   sīð time
dēore precious   māððum treasure   his its   dōm fame   ālicgan lie low
eft again   ān-rǣd determined   nalas not at all   ellen courage   læt slow

1530 mǣrðo glorious deed   gemyndig mindful of   mǣg kinsman
weorpan throw   wunden-mǣl coiling-patterned sword   wrǣt ornament
                                                    gebunden inlaid
yrre angry   ōretta warrior   licgan lie
stīð strong   stȳl-ecg steel-edged   strengo strength   getruwian trust
mund-gripe hand-grip   mægen might   dōn do

1535 þonne when   gūð war   gegān get   þencan think
longsum lasting   lof fame   nā not at all   ymb about   cearian worry
gefōn seize   feax hair   nalas not at all   fǣhð violent act   murnan regret
lēod chief   mōdor mother
bregdan fling   beado battle   gebolgen swollen

1540 feorh-genīðla mortal foe   flet floor   gebūgan fall
hēo she   eft again   hraþe quickly   andlēan return   forgyldan repay
grāp grasp   him tōgēanes towards him   fōn grab

Oferwearp þā wērig-mōd   wigena strengest,
fēþe-cempa,   þæt hē on fylle wearð.

1545 Ofsæt þā þone sele-gyst   ond hyre seax getēah,
brād ond brūn-ecg;   wolde hire bearn wrecan,
āngan eaferan.   Him on eaxle læg
brēost-net brōden;   þæt gebearh fēore,
wið ord ond wið ecge   ingang forstōd.

1550 Hæfde ðā forsīðod   sunu Ecgþēowes
under gynne grund,   Gēata cempa,
nemne him heaðo-byrne   helpe gefremede,
here-net hearde,   ond hālig God
gewēold wīg-sigor,   wītig Drihten,

1555 rodera Rǣdend,   hit on ryht gescēd
ȳðelīce,   syþðan hē eft āstōd.

[23]   Geseah ðā on searwum   sige-ēadig bil,
eald-sweord eotenisc   ecgum þȳhtig,
wigena weorð-mynd;   þæt wæs wǣpna cyst,

1560 būton hit wæs māre   ðonne ǣnig mon ōðer
tō beadu-lāce   ætberan meahte,
gōd ond geatolīc,   gīganta geweorc.
Hē gefēng þā fetel-hilt,   freca Scyldinga,
hrēoh ond heoro-grim,   hring-mǣl gebrægd

1565 aldres orwēna,   yrringa slōh,
þæt hire wið halse   heard grāpode,
bān-hringas bræc;   bil eal ðurhwōd
fǣgne flǣsc-homan;   hēo on flet gecrong,
sweord wæs swātig,   secg weorce gefeh.

1570   Līxte se lēoma,   lēoht inne stōd,
efne swā of hefene   hādre scīneð
rodores candel.   Hē æfter recede wlāt;
hwearf þā be wealle,   wǣpen hafenade
heard be hiltum   Higelāces ðegn,

1545a An action both inhospitable and humiliating

oferweorpan stumble   wērig-mōd weary   wiga warrior
fēþe-cemp foot-soldier   fyl fall   weorðan become, be
1545   ofsittan sit on   sele-gyst hall-guest   seax dagger   getēon draw
brād broad   brūn-ecg with bright edge   bearn son   wrecan avenge
ānga only   eafera offspring   eaxl shoulder   licgan lie
brēost-net corslet   brōden woven   gebēorgan protect   fēorh life
wið against   ord point   ingang entry   forstandan bar
1550   forsīðian come to the end   sunu son
gynn wide   grund earth   cempa champion
nemne unless   heaðo-byrne war-corslet   gefremman furnish
here-net war-mesh   heard hard   hālig holy
gewealdan control   wīg-sigor victory in war   wītig wise   Drihten Lord
1555   rodor heaven   Rǣdend Ruler   on ryht rightly   gescādan decide
ȳðelīce with ease   eft again   āstandan stand up
gesēon see   searo armour   sige-ēadig victory-blessed   bil sword
eald-sweord ancient sword   eotenisc giant   ecg edge   þȳhtig strong
wiga warrior   weorð-mynd admiration   wǣpen weapon   cyst best
1560   būton except that   māra greater
beadu-lāc battle-play   ætberan carry
gōd strong   geatolīc ornate   gīgant giant   geweorc work
gefōn grasp   fetel-hilt ornamented hilt   freca warrior
hrēoh fierce   heoro-grim deadly earnest   hring-mǣl ring-patterned sword
                                                gebregdan swing
1565   aldor life   orwēna without hope of   yrringa angrily   slēan strike
hals neck   heard hard   grāpian catch
bān-hring ring of bone   brēcan break   bil sword   eal entirely
                                                ðurhwadan pass through
fǣge doomed   flǣsc-homa house of flesh   flet floor   gecringan fall
swātig bloody   secg man   weorc deed   gefēon rejoice in
1570   līxan shine   lēoma gleam   lēoht light   inne within   standan appear
efne swā just as   of from   hefen heaven   hādre brightly   scīnan shine
rodor sky   candel candle   æfter around   reced room   wlītan look
hweorfan turn   be along   weal wall   wǣpen weapon   hafenian raise
heard fierce   be by   hilt hilt   þegn thane

1566   heard is a noun: 'so that the hard weapon caught her on the neck'

1575   yrre ond ān-rǣd.   Næs sēo ecg fracod
        hilde-rince,   ac hē hraþe wolde
        Grendle forgyldan   gūð-rǣsa fela,
        ðāra þe hē geworhte   tō West-Denum
        oftor micle   ðonne on ǣnne sīð
1580   þonne hē Hrōðgāres   heorð-genēatas
        slōh on sweofote,   slǣpende frǣt
        folces Denigea   fȳf-tȳne men,
        ond ōðer swylc   ūt offerede,
        lāðlicu lāc.   Hē him þæs lēan forgeald,
1585   rēþe cempa,   tō ðæs þe hē on ræste geseah
        gūð-wērigne   Grendel licgan,
        aldor-lēasne,   swā him ǣr gescōd
        hild æt Heorote.   Hrā wīde sprong,
        syþðan hē æfter dēaðe   drepe þrōwade,
1590   heoro-sweng heardne,   ond hine þā hēafde becearf.
            Sōna þæt gesāwon   snottre ceorlas,
        þā ðe mid Hrōðgāre   on holm wliton,
        þæt wæs ȳð-geblond   eal gemenged,
        brim blōde fāh.   Blonden-feaxe
1595   gomele ymb gōdne   ongeador sprǣcon
        þæt hig þæs æðelinges   eft ne wēndon,
        þæt hē sige-hrēðig   sēcean cōme
        mǣrne þēoden;   þā ðæs monige gewearð
        þæt hine sēo brim-wylf   ābroten hæfde.
1600   Ðā cōm nōn dæges.   Næs ofgēafon
        hwate Scyldingas;   gewāt him hām þonon
        gold-wine gumena;   gistas sētan
        mōdes sēoce,   ond on mere staredon;
        wīston ond ne wēndon,   þæt hīe heora wine-drihten

1584b–86 'He had rewarded him for that, the fierce warrior, so that he saw Grendel
lie in his resting-place, worn out from the fight'

....

1575   **yrre** angry   **ān-rǣd** single-minded   **fracod** useless
       hilde-rinc warrior   **ac** but   **hraþe** quickly
       forgyldan pay back   **gūð-rǣs** attack   **fela** many
       gewyrcan carry out
       oftor more often   **micle** much   **ān** one   **sīð** visit
1580   **heorð-genēatas** hearth-companions
       slēan kill   **sweofot** sleep   **slǣpan** sleep   **fretan** devour
       folc people   **fȳf-tȳne** fifteen
       ōðer swylc as many more   **ūt** out   **offerian** carry off
       lāðlīc hateful   **lāc** plunder   **þæs** for that   **lēan** reward   **forgyldan** pay
1585   **rēþe** fierce   **cempa** warrior   **tō þæs þe** so that   **ræst** resting-place   **gesēon** see
       gūð-wērig worn out from the fight   **licgan** lie
       aldor-lēas lifeless   **ǣr** previously   **gesceþðan** injure
       hild fight   **hrā** corpse   **wīde** widely   **springan** gape
       syþðan when   **hē** it   **drepe** blow   **þrōwian** suffer
1590   **heoro-sweng** sword-stroke   **hēafod** head   **beceorfan** cut off
       sōna soon   **gesēon** see   **snottor** wise   **ceorl** man
       mid with   **holm** water   **wlītan** look
       ȳð-geblond wave-tumult   **mengan** stir up
       brim water   **blōd** blood   **fāh** stained   **blonden-feax** grey-haired
1595   **gomol** old   **ymb** about   **gōd** good man   **ongeador** together   **sprecan** speak
       hig they   **æþeling** prince   **eft** again   **wēnan** expect
       sige-hrēðig triumphant   **sēcean** to seek
       mǣre renowned   **þēoden** king   **þā** then   **ðæs** about this   **monig** many
                                            gewearð it came over
       hine him   **brim-wylf** she-wolf of the water   **ābrēotan** destroy
1600   **nōn** ninth hour (mid-afternoon)   **dæg** day   **næs** crag   **ofgyfan** leave
       hwæt valiant   **gewītan him** depart   **hām** home   **þonon** from there
       gold-wine gold-friend   **guma** man   **gist** stranger   **sittan** sit
       mōd heart   **sēoc** sick   **mere** lake   **starian** stare
       wȳscan wish   **wēnan** expect   **heora** their   **wine-drihten** friend and lord

1590b 'and he [Beowulf] had cut off its head'

1605　selfne gesāwon.
　　　　　　　　þā þæt sweord ongan
　　　æfter heaþo-swāte   hilde-gicelum,
　　　wīg-bil wanian.   þæt wæs wundra sum,
　　　þæt hit eal gemealt   īse gelīcost,
　　　ðonne forstes bend   Fæder onlǣteð,
1610　onwindeð wæl-rāpas,   sē geweald hafað
　　　sǣla ond mǣla;   þæt is sōð Metod.
　　　Ne nōm hē in þǣm wīcum,   Weder-Gēata lēod,
　　　māðm-ǣhta mā,   þēh hē þǣr monige geseah,
　　　būton þone hafelan   ond þā hilt somod,
1615　since fāge;   sweord ǣr gemealt,
　　　forbarn brōden-mǣl;   wæs þæt blōd tō þæs hāt,
　　　ǣttren ellor-gǣst,   sē þǣr inne swealt.
　　　Sōna wæs on sunde,   sē þe ǣr æt sæcce gebād
　　　wīg-hryre wrāðra,   wæter up þurhdēaf;
1620　wǣron ȳð-gebland   eal gefǣlsod,
　　　ēacne eardas,   þā se ellor-gāst
　　　oflēt līf-dagas   ond þās lǣnan gesceaft.
　　　　　　Cōm þā tō lande   lid-manna helm
　　　swīð-mōd swymman,   sǣ-lāce gefeah,
1625　mægen-byrþenne   þāra þe hē him mid hæfde.
　　　Ēodon him þā tōgēanes,   Gode þancodon,
　　　ðrȳðlīc þegna hēap,   þēodnes gefēgon,
　　　þæs þe hī hyne gesundne   gesēon mōston.
　　　Ðā wæs of þǣm hrōran   helm ond byrne
1630　lungre ālȳsed.   Lagu drūsade,
　　　wæter under wolcnum,   wæl-drēore fāg.
　　　Fērdon forð þonon   fēþe-lāstum,
　　　ferhþum fægne,   fold-weg mǣton,
　　　cūþe strǣte;   cyning-balde men
1635　from þǣm holm-clife   hafelan bǣron
　　　earfoðlīce   heora ǣghwæþrum
　　　fela-mōdigra.   Fēower scoldon
　　　on þǣm wæl-stenge   weorcum geferian

1605   **self** himself **gesēon** see **onginnan** begin
        æfter because of **heaþo-swāt** blood shed in battle **hilde-gicel** battle-icicle
        wīg-bil war-sword **wanian** dwindle **wundor** marvel **sum** a considerable
        gemeltan melt away **īs** ice **gelīcost** most like
        ðonne when **forst** frost **bend** bond **onlǣtan** release

1610   **onwindan** unwind **wǣl-rāp** water-rope **sē** who **geweald** control
        sǣl season **mǣl** time **sōð** true **Metod** God
        ne not **niman** take **wīc** dwelling-place **lēod** prince
        māðm-ǣht treasured possession **mā** more **þēh** though **gesēon** see
        būton except **hafela** head **somod** also

1615   **sinc** treasure **fāg** decorated with **ǣr** already **gemeltan** melt away
        forbyrnan burn up **brōden-mǣl** wavy-marked sword **tō þæs** so **hāt** hot
        ǣttren venomous **ellor-gǣst** alien spirit **þǣr inne** in that place **sweltan** die
        sōna soon **sund** swimming **sæc** fight **gebīdan** live through
        wīg-hryre fall in battle **wrāð** enemy **þurhdūfan** dive through

1620   **ȳð-gebland** surging waves **fǣlsian** cleanse
        ēacen huge **eard** expanse **ellor-gǣst** alien spirit
        oflǣtan leave **līfdagas** days of life **lǣne** transitory **gesceaft** world
        lid-man seaman **helm** protection
        swīð-mōd stout-hearted **sǣ-lāc** sea-spoil **gefēon** rejoice in

1625   **mægen-byrþen** mighty burden **þāra þe** of the things which
        gān go **tōgēanes** towards **þancian** thank
        ðrȳðlic splendid **þegn** thane **hēap** body **þēoden** prince **gefēon** rejoice in
        þæs þe that **hī** they **gesund** sound, unharmed **gesēon** see **mōtan** be able
        hrōr vigorous one **byrne** mail-coat

1630   **lungre** quickly **ālȳsan** loosen **lagu** lake **drūsian** drowse
        wolcen cloud **wæl-drēor** blood of the slain **fāg** stained
        fēran go **þonon** from there **fēþe-lāst** foot-track
        ferhþ spirit **fægen** glad **fold-weg** way through country **metan** measure
        cūþ known **strǣt** road **cyning-bald** bold as a king

1635   **holm-clif** cliff by water **hafela** head **beran** carry
        earfoðlīce with difficulty **heora** of them **ǣghwæþer** each
        fela-mōdig of ample courage **fēower** four
        wæl-steng spit for the slain **weorcum** with effort **geferian** transport

tō þǣm gold-sele   Grendles hēafod,
1640 oþðæt semninga   tō sele cōmon
frome, fyrd-hwate   fēower-tȳne
Gēata gongan;   gum-dryhten mid
mōdig on gemonge   meodo-wongas træd.
Ðā cōm in gān   ealdor ðegna,
1645 dæd-cēne mon   dōme gewurþad,
hæle hilde-dēor,   Hrōðgār grētan.
þā wæs be feaxe   on flet boren
Grendles hēafod,   þǣr guman druncon,
egeslīc for eorlum   ond þǣre idese mid;
1650 wlite-sēon wrǣtlīc   weras on sāwon.
[24]   Bēowulf maþelode,   bearn Ecgþēowes:
'Hwæt, wē þē þās sǣ-lāc,   sunu Healfdenes,
'lēod Scyldinga,   lustum brōhton,
'tīres tō tācne,   þe þū hēr tō lōcast.
1655 'Ic þæt unsōfte   ealdre gedīgde,
'wigge under wætere,   weorc genēþde
'earfoðlīce;   ætrihte wæs
'gūð getwǣfed,   nymðe mec God scylde.
'Ne meahte ic æt hilde   mid Hruntinge
1660 'wiht gewyrcan,   þēah þæt wǣpen duge;
'ac mē geūðe   ylda Waldend
'þæt ic on wāge geseah   wlitig hangian
'eald-sweord ēacen   – oftost wīsode
'winigea lēasum –   þæt ic ðȳ wǣpne gebrǣd.
1665 'Ofslōh ðā æt þǣre sæcce,   þā mē sǣl āgeald,
'hūses hyrdas.   þā þæt hilde-bil
'forbarn, brogden-mǣl,   swā þæt blōd gesprang,
'hātost heaþo-swāta.   Ic þæt hilt þanan
'fēondum ætferede,   fyren-dǣda wræc,
1670 'dēað-cwealm Denigea,   swā hit gedēfe wæs.

1640–42 **cōmon . . . gongan** 'came striding'

gold-sele gold-hall   hēafod head

1640   oþðæt until   semninga presently   sele hall   cuman come
from bold   fyrd-hwæt brave in war   fēower-tȳne fourteen
gangan march   gum-dryhten commander   mid with (them)
mōdig proud   gemonge throng   meodo-wong plain by mead-hall
                                                           trēdan walk on

in gān walking in   ealdor lord   ðegn thane
1645   dæd-cēne valiant in deeds   dōm glory   wurþian dignify
hæle warrior   hilde-dēor daring in battle   grētan greet
feax hair   flet floor   beran carry
hēafod head   guma man   drincan drink
egeslīc awesome   for before   eorl man   ides lady   mid with (them)
1650   wlite-sēon spectacle   wrǣtlīc wondrous   wer man   sēon look, gaze
maþelian make speech   bearn son
hwæt indeed   þē thee   sǣ-lāc prize from the lake   sunu son
lēod chief   lustum gladly   bringan bring
tīr glory   tō as   tācn token   hēr here   tō on   lōcian look
1655   unsōfte not easily   ealdor life   gedīgan pass through safely
wīg war   weorc task   genēþan risk
earfoðlīce with a struggle   ætrihte straightaway   wæs had been
guð fight   getwǣfan put an end to   nymðe if . . . not   scyldan protect
hilde fight   mid with
1660   wiht a thing   gewyrcan do   þēah although   dugan be good
ac but   geunnan grant   ylde men   Waldend ruler
wāg wall   gesēon see   wlitig handsome   hangian hang
eald-sweord ancient   ēacen huge   oftost very often   wīsian guide
wine friend   lēas lacking   þæt so that   wǣpen weapon   gebregdan draw
1665   ofslēan kill   ðā then   sæcc fight   þā as   sǣl hour   āgyldan afford
hūs house   hyrde keeper   hilde-bil battle-sword
forbyrnan burn away   brogden-mǣl wavy-patterned sword   swā as soon as
                                                           gespringan spring out
hāt hot   heaþo-swāt (blood) shed in battle   þanan from there
fēond enemy   ætferian carry away   fyren-dǣd wicked action   wrecan avenge
1670   dēað-cwealm slaughter   gedēfe fitting

1663b The subject of wīsode is ylda Waldend

Ic hit þē þonne gehāte,   þæt þū on Heorote mōst
'sorh-lēas swefan   mid þīnra secga gedryht,
'ond þegna gehwylc   þīnra lēoda,
'duguðe ond iogoþe,   þæt þū him ondrǣdan ne þearft,
1675 'þēoden Scyldinga,   on þā healfe,
'aldor-bealu eorlum,   swā þū ǣr dydest.'

    Đā wæs gylden hilt   gamelum rince,
hārum hild-fruman   on hand gyfen,
enta ǣr-geweorc;   hit on ǣht gehwearf
1680 æfter dēofla hryre   Denigea frēan,
wundor-smiþa geweorc;   ond þā þās worold ofgeaf
grom-heort guma,   Godes andsaca,
morðres scyldig,   ond his mōdor ēac;
on geweald gehwearf   worold-cyninga
1685 ðǣm sēlestan   be sǣm twēonum,
ðāra þe on Sceden-igge   sceattas dǣlde.

    Hrōðgār maðelode,   hylt scēawode,
ealde lāfe.   On ðǣm wæs ōr writen
fyrn-gewinnes,   syðþan flōd ofslōh,
1690 gifen gēotende,   gīganta cyn;
frēcne gefērdon;   þæt wæs fremde þēod
ēcean Dryhtne;   him þæs ende-lēan
þurh wæteres wylm   Waldend sealde.
Swā wæs on ðǣm scennum   scīran goldes
1695 þurh rūn-stafas   rihte gemearcod,
geseted ond gesǣd,   hwām þæt sweord geworht,
īrena cyst,   ǣrest wǣre,
wreoþen-hilt ond wyrm-fāh.   Đā se wīsa spræc,
sunu Healfdenes   – swīgedon ealle –:
1700 'þæt lā mæg secgan,   sē þe sōð ond riht
'fremeð on folce,   feor eal gemon,

1688b–91a 'On it was engraved the origin of ancient strife, when the Flood, the
    onrushing ocean, laid low the kindred of the Giants; terribly did they suffer.'
    See Genesis 6: 4–7

gehātan promise   mōst may

sorh-lēas free from care   swefan sleep   þīn thy   secg warrior   gedryht band

þegn thane   gehwylc every   lēod people

duguð seasoned warriors   iogoþ young men   him for them   ondrǣdan fear
þurfan need

1675   þēoden prince   on from   þā that   healf quarter

aldor-bealu deadly evil   eorl warrior   ǣr formerly   dōn do

gylden golden   gamol old   rinc warrior

hār hoary   hild-fruma war-leader   gyfan give

ent giant   ǣr-geweorc ancient work   ǣht possession   gehweorfan pass

1680   dēofol devil   hryre downfall   frēa lord

wundor-smiþ wondrous smith   þās this   worold world   ofgyfan give up

grom-heort hostile of heart   guma man   andsaca adversary

morðor murder   scyldig guilty   ēac also

geweald power   gehweorfan pass   worold-cyning earthly king

1685   sēlest best   be ... twēonum between   sǣ sea

ðāra þe of those who   sceatt treasure   dǣlan share out

maþelian make speech   hylt hilt   scēawian examine

eald old   lāf heirloom   ōr origin   wrītan engrave

fyrn-gewinn ancient strife   syðþan when   flōd the flood   ofslēan destroy

1690   gifen ocean   gēotan rush   gīgant giant   cyn race

frēcne terribly   gefēran fare   fremde estranged   þēod race

ēce eternal   Dryhten lord   ende-lēan final reward

wylm surge   Waldend Ruler   sellan give

swā so   scenn plate   scīr shining

1695   rūn-stæf runic stave   rihte rightly   mearcian mark

settan set down   secgan say, tell   hwām for whom   geworht made

īren iron   cyst best   ǣrest first   wesan to be

wreoþen-hilt twisted-hilted   wyrm-fāh serpent-patterned   wīsa wise
sprecan speak

sunu son   swīgian be silent

1700   lā indeed   secgan say   sōð truth   riht right

fremman maintain   folc people   feor far back   gemunan remember

1696   hwām The name of the one 'for whom' this giant sword was made is carved in
runes on the hilt, but not disclosed to us. The Flood is also pictured, possibly
in the serpentine carving on the handle

'eald ēðel-weard,   þæt ðes eorl wǣre
'geboren betera!   Blǣd is ārǣred
'geond wīd-wegas,   wine mīn Bēowulf,
1705 'ðīn ofer þēoda gehwylce.   Eal þū hit geþyldum healdest,
'mægen mid mōdes snyttrum.   Ic þē sceal mīne gelǣstan
'frēode, swā wit furðum sprǣcon.   Ðū scealt tō frōfre
        weorþan
'eal lang-twīdig   lēodum þīnum
'hæleðum tō helpe.

                    Ne wearð Heremōd swā
1710 'eaforum Ecgwelan,   Ār-Scyldingum;
'ne gewēox hē him tō willan,   ac tō wæl-fealle
'ond tō dēað-cwalum   Deniga lēodum.
'Brēat bolgen-mōd   bēod-genēatas,
'eaxl-gesteallan,   oþþæt hē āna hwearf,
1715 'mǣre þēoden,   mon-drēamum from,
'ðēah þe hine mihtig God   mægenes wynnum,
'eafeþum stēpte,   ofer ealle men
'forð gefremede.   Hwæþere him on ferhþe grēow
'brēost-hord blōd-rēow;   nallas bēagas geaf
1720 'Denum æfter dōme.   Drēam-lēas gebād,
'þæt hē þæs gewinnes   weorc þrōwade,
'lēod-bealo longsum.   Ðū þē lǣr be þon,
'gum-cyste ongit!   Ic þis gid be þē
'āwrǣc wintrum frōd.

                    Wundor is tō secganne,
1725 'hū mihtig God   manna cynne
'þurh sīdne sefan   snyttru bryttað,
'eard ond eorlscipe;   hē āh ealra geweald.

1703a An experienced ruler may say that Beowulf had been 'born the better man'.
       Hrothgar refers to himself
1705–07 Six-stress lines, used at solemn moments

ēðel-weard guardian of the homeland   eorl warrior

geboren born   betera the better (man)   blǣd fame   ārǣran exalt

geond about   wīd-wegas far regions   wine friend

1705   ðīn thy   þēod people   gehwylc each   geþyld patience   healdan possess

mægen strength   mōd mind   snyttru wisdom   þē to thee   gelǣstan perform

frēod friendship   wit we two   furþum earlier   sprecan speak   tō as

frōfor comfort   weorþan prove

eal entirely   lang-twīdig granted for long   lēod people   þīn thy

hæleð warrior   weorþan turn out to be   swā so

1710   eafora son

gewēaxan grow up   him for them   tō willa as a joy   ac but

wæl-feall slaughter

dēað-cwalu killing   lēode people

brēotan cut down   bolgen-mōd swollen with rage

bēod-genēat table-companion

eaxl-gestealla next man in the rank   oþþæt until   āna alone   hweorfan turn

1715   mǣre famous   þēoden prince   mon-drēam human joy

ðēah þe although   mægen strength   wynn bliss

eafoþ vigour   stēpan exalt   ofer above

forð far   gefremman advance   hwæþere yet   ferhþ heart   grōwan grow

brēost-hord hidden thought   blōd-rēow bloodthirsty   nallas not at all

bēag ring   gyfan give

1720   æfter for   dōm honour   drēam-lēas joyless   gebīdan live on

gewinn strife   weorc misery   þrōwian suffer

lēod-bealo affliction to a people   longsum lasting   þē thyself   lǣran teach

gum-cyst manly virtue   ongit see   gid story   be for   þē thee

āwrecan recite   winter year   frōd old, wise   secgan tell

1725   cynn race

sīd ample   sefa spirit   snyttru wisdom   bryttian deal out

eard land   eorlscipe lordship   āgan hold   geweald power

1709b Heremod, an earlier king of the Danes, is an example of how good fortune
can spoil a hero (cf. 901ff)

'Hwīlum hē on lufan   lǣteð hworfan
'monnes mōd-geþonc   mǣran cynnes,
1730   'seleð him on ēþle   eorþan wynne
'tō healdanne,   hlēo-burh wera;
'gedēð him swā gewealdene   worolde dǣlas,
'sīde rīce,   þæt hē his selfa ne mæg
'for his unsnyttrum   ende geþencean.
1735   'Wunað hē on wiste,   nō hine wiht dweleð
'ādl nē yldo,   nē him inwit-sorh
'on sefan sweorceð,   nē gesacu ōhwǣr
'ecg-hete ēoweð,   ac him eal worold
'wendeð on willan.   Hē þæt wyrse ne con,
[25]   'oðþæt him on innan   ofer-hygda dǣl
'weaxeð ond wrīdað,   þonne se weard swefeð,
'sāwele hyrde;   bið se slǣp tō fæst,
'bisgum gebunden;   bona swīðe nēah,
'sē þe of flān-bogan   fyrenum scēoteð.
1745   'þonne bið on hreþre   under helm drepen
'biteran strǣle   – him bebeorgan ne con –
'wōm wundor-bebodum   wergan gāstes.
'þinceð him tō lȳtel   þæt hē lange hēold;
'gȳtsað grom-hȳdig,   nallas on gylp seleð
1750   'fǣtte bēagas;   ond hē þā forð-gesceaft
'forgyteð ond forgȳmeð,   þæs þe him ǣr God sealde,
'wuldres Waldend,   weorð-mynda dǣl.
'Hit on ende-stæf   eft gelimpeð,
'þæt se līc-homa   lǣne gedrēoseð,
1755,   'fǣge gefealleð;   fēhð ōþer tō,
'sē þe unmurnlīce   mādmas dǣleþ

1728-29 'Sometimes in his love He allows the mind of a man of a famous
    race to wander' or 'to wander in delight' [on lufan]
1740ff Swelling pride, the sleeping guardian of the soul, worldly care and the devilish
    archer are common in Anglo-Saxon homilies. See Psalm 90: 6 and Ephesians
    6:13–17

....

hwīlum sometimes   lufu love   lǣtan allow   hworfan wander

mōd-geþonc mind   mǣre famous   cynn family

1730   sellan give   ēþel homeland   eorþe earth   wynn joy

healdan possess   hlēo-burh stronghold   wer man

gedōn make   him to him   gewealden subject   worold world   dǣl region

sīd broad   rīce kingdom   þæt so that   his of it   magan be able

for through   unsnyttru unwisdom   geþencean conceive

1735   wunian dwell   wist plenty   wiht a whit   dwellan hinder

ādl illness   nē nor   yldo age   inwit-sorh evil care

sefa mind   sweorcan darken   nē nor   gesacu enmity   ōhwǣr anywhere

ecg-hete sword-hatred   ēowan show   ac but   him for him

wendan go   willa wish   þæt it   wyrsa worse   cunnan know

1740   oðþæt until   on innan within   ofer-hygd arrogance   dǣl measure

weaxan grow   wrīdian flourish   þonne when   weard guardian   swefan sleep

sāwol soul   hyrde keeper   slǣp sleep   tō too

bisgu care   gebindan bind   bona slayer   swīðe very   nēah near

flān-boga (arrow-)bow   fyrenum wickedly   scēotan shoot

1745   þonne then   hreþer heart   helm protection   drepan strike

biter sharp   strǣl shaft   bebeorgan protect   cunnan know how to

wōh crooked   wundor-bebod mysterious counsel   werga accursed   gāst spirit

þincan seem   tō too   lȳtel little   lange long   healdan possess

gȳtsian hoard   grom-hȳdig angry in thought   nallas not at all   gylp pride

                                                                            sellan give

1750   fǣted plated   bēag torc   forð-gesceaft what is ordained to come

forgytan forget   forgȳman neglect   þæs þe because   sellan give

wuldor glory   Waldend Ruler   weorð-mynd honour   dǣl share

hit it   ende-stæf end   eft afterwards   gelimpan happen

līc-homa bodily home   lǣne transitory   gedrēosan crumble

1755   fǣge fated to die   gefeallan fall   fōn seize   ōþer another   tō to (himself)

unmurnlīce ungrudgingly   māðmas treasures   dǣlan give out

1751b 'because of what God had previously given him'

1755b 'another takes it (the throne)'

'eorles ǣr-gestrēon,   egesan ne gȳmeð.
'Bebeorh þē ðone bealo-nīð,   Bēowulf lēofa,
'secg betsta,   ond þē þæt sēlre gecēos,
1760 'ēce rǣdas;   ofer-hȳda ne gȳm,
'mǣre cempa!   Nū is þīnes mægnes blǣd
'āne hwīle;   eft sōna bið
'þæt þec ādl oððe ecg   eafoþes getwǣfeð,
'oððe fȳres feng   oððe flōdes wylm
1765 'oððe gripe mēces   oððe gāres fliht
'oððe atol yldo,   oððe ēagena bearhtm
'forsiteð ond forsworceð;   semninga bið,
'þæt ðec, dryht-guma,   dēað oferswȳðeð.

        'Swā ic Hring-Dena   hund missēra
1770 'wēold under wolcnum,   ond hig wigge belēac
'manigum mǣgþa   geond þysne middan-geard,
'æscum ond ecgum,   þæt ic mē ǣnigne
'under swegles begong   gesacan ne tealde.
'Hwæt mē þæs on ēþle   edwenden cwōm,
1775 'gyrn æfter gomene,   seoþðan Grendel wearð,
'eald-gewinna,   ingenga mīn;
'ic þǣre sōcne   singāles wæg
'mōd-ceare micle.   þæs sig Metode þanc,
'ēcean Dryhtne,   þæs ðe ic on aldre gebād,
1780 'þæt ic on þone hafelan   heoro-drēorigne
'ofer eald gewin   ēagum starige!
'Gā nū tō setle,   symbel-wynne drēoh,
'wīg-geweorþad;   unc sceal worn fela
'māþma gemǣnra,   siþðan morgen bið.'

1785   Gēat wæs glæd-mōd,   gēong sōna tō,
setles nēosan,   swā se snottra heht.
þā wæs eft swā ǣr   ellen-rōfum,

1759b–60a 'and choose for yourself what is better [or the better part], lasting [or
eternal] rewards'. Translation can make Hrothgar sound more or less
Christian. The poet's language constantly allows such double reference

eorl nobleman   **ǣr-gestrēon** ancient wealth   **egesa** fear   **gȳman** heed

bebeorgan guard   **bealo-nīð** wicked hostility   **lēof** dear

secg warrior   **betsta** best   **þē** thee   **sēlra** better   **gecēosan** choose

1760   **ēce** eternal   **rǣd** gain   **ofer-hȳd** arrogance   **gȳman** think of

mǣre glorious   **cempa** champion   **nū** now   **mægen** strength   **blǣd** flower

āne hwīle for a time   **eft** afterward   **sōna** at once   **bið** it shall be

þec thee   **ādl** illness   **ecg** sword edge   **eafoþ** strength   **getwǣfan** deprive

oððe or   **fȳr** fire   **feng** grasp   **flōd** flood   **wylm** surge

1765   **grip** bite   **mēce** sword   **gār** spear   **fliht** flight

atol terrible   **yldo** age   **ēage** eye   **bearhtm** brightness

forsittan fail   **forsworcan** dim   **semninga** soon

ðec thee   **dryht-guma** noble warrior   **oferswȳðan** overpower

Hring- Ring-   **hund** hundred   **missēre** half-year

1770   **wealdan** rule   **wolcen** sky   **hig** them   **wīg** war   **belūcan** protect

manig many   **mǣgþ** nation   **geond** across   **middan-geard** earth

æsc ash (spear)   **ecg** (sword) edge   **ǣnig** any

swegl sky   **begong** expanse   **gesaca** adversary   **tellan** count

hwæt but   **þæs** for that   **eþel** homeland   **edwenden** reversal   **cuman** come

1775   **gyrn** grief   **gomen** joy   **seoþðan** when   **weorðan** become

eald-gewinna old enemy   **ingenga** invader   **mīn** my

sōcn persecution   **singāles** continually   **wegan** bear

mōd-cearu grief of mind   **micel** great   **þæs** for that   **sig** be   **Metod** God

ēce eternal   **Dryhten** Lord   **þæs þe** in that   **aldor** life   **gebīdan** experience

1780   **hafela** head   **heoro-drēorig** bloodstained

ofer after   **eald** ancient   **gewin** strife   **ēage** eye   **starian** gaze

gān go   **nū** now   **setl** seat   **symbel-wynn** joy of the feast   **drēogan** experience

wīg-geweorþad honoured in war   **unc** us two   **worn** multitude   **fela** many

māþmas treasures   **gemǣne** shared   **siþðan** when   **morgen** morning

1785   **glæd-mōd** glad at heart   **gēong** went   **sōna** at once

setl bench   **nēosan** seek   **snottor** wise   **hātan** command

eft again   **swā ǣr** as before   **ellen-rōf** famed for courage

1772b–73 'so that I did not count anyone an enemy beneath the circuit of the sky'

1783a–84 Literally 'a great many shared treasures shall be for us two when morning comes'

flet-sittendum   fægere gereorded
nīowan stefne.   Niht-helm geswearc
1790   deorc ofer dryht-gumum.   Duguð eal ārās;
wolde blonden-feax   beddes nēosan,
gamela Scylding.   Gēat unigmetes wēl,
rōfne rand-wigan,   restan lyste.
Sōna him sele-þegn   sīðes wērgum,
1795   feorran-cundum   forð wīsade,
sē for andrysnum   ealle beweotede
þegnes þearfe,   swylce þȳ dōgore
heaþo-līðende   habban scoldon.
        Reste hine þā rūm-heort;   reced hlīuade
1800   gēap ond gold-fāh;   gæst inne swæf,
oþþæt hrefn blaca   heofones wynne
blīð-heort bodode.   Ðā cōm beorht scacan
scīma æfter sceadwe.   Scaþan ōnetton,
wǣron æþelingas   eft tō lēodum
1805   fūse tō farenne;   wolde feor þanon
cuma collen-ferhð   cēoles nēosan.
Heht þā se hearda   Hrunting beran
sunu Ecglāfes,   heht his sweord niman,
lēoflīc īren;   sægde him þæs lēanes þanc,
1810   cwæð, hē þone gūð-wine   gōdne tealde,
wīg-cræftigne,   nales wordum lōg
mēces ecge: þæt wæs mōdig secg.
Ond þā sīð-frome,   searwum gearwe
wīgend wǣron;   ēode weorð Denum
1815   æþeling tō yppan,   þǣr se ōþer wæs,
hæle hilde-dēor   Hrōðgār grētte.
[26]   Bēowulf maþelode,   bearn Ecgþēowes:
'Nū wē sǣ-līðend   secgan wyllað,

1801–02a 'until the black raven glad-heartedly announced heaven's joy'. Though a
    bird of carrion and so a harbinger of battle, the raven could also be
    auspicious

flet-sittend sitter in hall   fægere handsomely   reordian prepare a feast
nīowe new   stefn occasion   niht-helm night's cover   gesweorcan grow black

1790   deorc dark   dryht-guma warrior   duguð senior guard   ārīsan rise up
willan desire   blonden-feax grey-hair   bedd bed   nēosan go to
gamol old   unigmetes immeasurably   wēl very much
rōf famous   rand-wiga shield-warrior   restan to rest   lystan please
sōna at once   sele-þegn bower-thane   sīð expedition   wērig weary

1795   feorran-cund from a far country   wīsian guide
sē who   andrysno courtesy   beweotian look after
þegn thane   þearf need   swylce such as   þȳ at that   dogor day
heaþo-līðend sea-warrior   habban to have   sculan be accustomed
restan rest   hine himself   rūm-heort large-hearted   reced hall   hlīfian
tower up

1800   gēap wide-gabled   gold-fah adorned with gold   gæst guest   inne within
swefan sleep
oþþæt until   hrefn raven   blaca black   heofon heaven   wynn joy
blīð-heort glad-hearted   bodian announce   beorht bright   scacan hasten
scīma light   sceadu shadow   scaþa warrior   ōnettan hasten
wesan be   æþeling nobleman   eft back   lēode people

1805   fūse eager   faran go   willan wish   þanon from there
cuma one who comes   collen-ferhð brave-hearted   cēol boat   nēosan go to
hātan order   heard hardy   beran to be carried
sunu son   hātan bid   niman take
lēoflic precious   īren iron   secgan say   lēan loan   þanc thanks

1810   cweðan say   gūð-wine war-friend   gōd good   tellan account
wīg-cræftig powerful in battle   nales not at all   lēan blame
mēce sword   ecg edge   mōdig gallant   secg warrior
þa then   sīð-from keen on the journey   searo arms   gearo ready
wīgend warrior   gān go   weorð honoured

1815   æþeling prince   yppe high seat   þǣr where
hæle hero   hilde-dēor brave in battle   grētan great
maþelian speak   bearn son
nū now   sǣ-līðend seafarer   secgan say

1807–08 'The brave one then ordered Hrunting to be brought to the son of Ecglaf,
bade him [Unferth] receive his sword'. The magnanimous Beowulf praises
Hrunting, which had failed him

'feorran cumene,   þæt wē fundiaþ
1820 'Higelāc sēcan.   Wǣron hēr tela,
'willum bewenede;   þū ūs wēl dohtest.
'Gif ic þonne on eorþan   ōwihte mæg
'þīnre mōd-lufan   māran tilian,
'gumena dryhten,   ðonne ic gȳt dyde,
1825 'gūð-geweorca,   ic bēo gearo sōna.
'Gif ic þæt gefricge   ofer flōda begang,
'þæt þec ymb-sittend   egesan þȳwað,
'swā þec hetende   hwīlum dydon,
'ic ðē þūsenda   þegna bringe,
1830 'hæleþa tō helpe.   Ic on Higelāce wāt,
'Gēata dryhten,   þēah ðe hē geong sȳ,
'folces hyrde,   þæt hē mec fremman wile
'wordum ond worcum,   þæt ic þē wēl herige
'ond þē tō gēoce   gār-holt bere,
1835 'mægenes fultum,   þǣr ðē bið manna þearf.
'Gif him þonne Hrēþrīc   to hofum Geata
'geþingeð, þēodnes bearn,   hē mæg þǣr fela
'frēonda findan;   feor-cȳþðe bēoð
'sēlran gesōhte   þǣm þe him selfa dēah.'
1840 Hrōðgār maþelode   him on andsware:
'þē þā word-cwydas   wigtig Drihten
'on sefan sende;   ne hȳrde ic snotorlīcor
'on swā geongum feore   guman þingian.
'þū eart mægenes strang   ond on mōde frōd,
1845 'wīs word-cwida.   Wēn ic talige,
'gif þæt gegangeð,   þæt ðe gār nymeð,
'hild heoru-grimme   Hrēþles eaferan,
'ādl oþðe īren   ealdor ðīnne,
'folces hyrde,   ond þū þīn feorh hafast,

1820b–21a 'Here we have been well – delightfully – treated'
1836b–37a 'If Hrethric should then decide to take himself to the courts of the Geats'

feorran from afar   cumen come   fundian wish to go

1820   sēcan seek out   wesan to be   hēr here   tela well

willa desire   bewennan entertain   dugan treat

gif if   þonne while   ōwiht anything

þīn thy   mōd-lufu heart's love   māra more   tilian earn

guma man   dryhten lord   gȳt yet

1825   gūð-geweorc deed of war   gearo ready   sōna at once

gif if   gefricgan hear   flōd sea   begang expanse

þec thee   ymb-sittend neighbour   egesa terror   þȳwan threaten

swā as   þec hetend those hating you   hwīlum at times   dōn do

þūsend thousand   þegn thane   bringan bring

1830   hæleþ warrior   on as for   witan know

dryhten lord   geong young   sȳ be

folc people   hyrde shepherd   mec me   fremman support

worc deed   þē thee   herian honour

þē thee   tō as   gēoc help   gār-holt grove of spears   beran carry

1835   mægen strength   fultum support   þearf need

gif if   him himself   þonne further   tō to   hof court

geþingan decide   þēoden king   bearn son

frēond friend   findan find   feor-cȳþð far country

sēlra better   gesōht visited   þǣm þe by one who   selfa himself

dugan be of worth

1840   maþelian make speech   andswaru answer

þē to thee   word-cwyde word to utter   wigtig wise   Drihten Lord

sefa breast   sendan send   hȳran hear   snotorlīcor more wisely

geong young   feorh life, age   guma man   þingian propose

eart art   mægen might   strang powerful   mōd mind   frōd mature

1845   wīs wise   word-cwide speech   wēn expectation   talian hold

gif if   gegangan come to pass   gār spear   niman take

hild battle   heoru-grimm grim as a spike   eafera offspring

ādl sickness   īren iron   ealdor lord

folc folk   hyrde keeper   feorh life   habban have

1838b–39 Literally 'far countries are better visited by one who is himself worthy'
1847b The son of Hrethel: Hygelac

1850 'þæt þē Sǣ-Gēatas sēlran næbben
   'tō gecēosenne cyning ǣnigne,
   'hord-weard hæleþa, gyf þū healdan wylt
   'māga rīce. Mē þīn mōd-sefa
   'līcað leng swā wēl, lēofa Bēowulf.
1855 'Hafast þū gefēred þæt þām folcum sceal,
   'Gēata lēodum ond Gār-Denum,
   'sib gemǣne ond sacu restan,
   'inwit-nīþas, þē hīe ǣr drugon,
   'wesan, þenden ic wealde wīdan rīces,
1860 'māþmas gemǣne, manig ōþerne
   'gōdum gegrēttan ofer ganotes bæð;
   'sceal hring-naca ofer heafu bringan
   'lāc ond luf-tācen. Ic þā lēode wāt
   'gē wið fēond gē wið frēond fæste geworhte,
1865 'ǣghwæs untǣle ealde wīsan.'
    Ðā gīt him eorla hlēo inne gesealde,
   mago Healfdenes māþmas twelfe,
   hēt hine mid þǣm lācum lēode swǣse
   sēcean on gesyntum, snūde eft cuman.
1870 Gecyste þā cyning æþelum gōd,
   þēoden Scyldinga ðegn betstan
   ond be healse genam; hruron him tēaras,
   blonden-feaxum. Him wæs bēga wēn,
   ealdum, infrōdum, ōþres swīðor,
1875 þæt hīe seoððan nā gesēon mōston,
   mōdige on meþle. Wæs him se man tō þon lēof,
   þæt hē þone brēost-wylm forberan ne mehte;
   ac him on hreþre hyge-bendum fæst
   æfter dēorum men dyrne langað
1880 beorn wið blōde. Him Bēowulf þanan,

1853b–54a 'your spirit pleases me better the longer [I know it]'
1865b 'in the old way'

1850 þē thee sēlra better nabban not to have
      gecēosan choose cyning king ǣnig any
      hord-weard guardian of treasure gyf if healdan rule willan be willing
      māgas kinsmen rīce kingdom mōd-sefa spirit
      līcað please leng the longer lēof dear
1855 gefēran bring about folc people
      lēode peoples
      sib peace gemǣne shared sacu strife restan cease
      inwit-nīþ hostility ǣr previously drēogan experience
      wesan to be þenden as long as wealdan rule wīd broad rīce kingdom
1860 māþmas treasures gemǣne shared manig many ōþer another
      gōd good (man) gegrēttan greet ganot gannet bæð bath
      hring-naca curved vessel heafu seas bringan bring
      lāc gift luf-tācen token of love þā those lēode people witan know
      gē . . . gē both . . . and fēond enemy frēond friend fæste firmly
                                                      geworht disposed
1865 ǣghwæs in every respect untǣle blameless wīsa manner
      gīt further eorl warrior hlēo protector inne inside (the hall) sellan give
      mago son māþmas treasures twelfe twelve
      hātan tell lāc gift lēode people swǣs dear
      sēcean go to gesynto safety snūde quickly eft back cuman come
1870 gecyssan kiss cyning king æþelu nobility gōd good
      þēoden prince ðegn thane betst best
      heals neck geniman embrace hrēosan fall tēar tear
      blonden-feax grey-haired him for him bēga two things wēn expectation
      eald aged infrōd very wise ōþer the second swīdor more strongly
1875 seoððan afterwards nā never gesēon see mōtan be allowed
      mōdig brave meþel meeting tō þon so lēof dear
      brēost-wylm surge in the breast forberan hold back magan be able
      ac but hreþer bosom hyge-bend heart-string fæst firm
      æfter towards dēor dear man man dyrne secret langað longing
1880 byrnan burn wið against blōd blood him . . . þanan away from him

1873b–76a 'For the wise old man there came the thought of two things, the second
      more strongly, that they would not be permitted to see each other again,
      brave men in council.'

gūð-rinc gold-wlanc,   græs-moldan træd,
since hrēmig.   Sǣ-genga bād
āgend-frēan,   sē þe on ancre rād.
þā wæs on gange   gifu Hrōðgāres
1885 oft geæhted.   þæt wæs ān cyning,
æghwæs orleahtre,   oþþæt hine yldo benam
mægenes wynnum   sē þe oft manegum scōd.

[27]   Cwōm þā tō flōde   fela-mōdigra
hæg-stealdra hēap;   hring-net bǣron,
1890 locene leoðo-syrcan.   Land-weard onfand
eft-sīð eorla,   swā hē ǣr dyde;
nō hē mid hearme   of hliðes nosan
gǣstas grētte,   ac him tōgēanes rād;
cwæð þæt wil-cuman   Wedera lēodum
1895 scaþan scīr-hame   tō scipe fōron.
þā wæs on sande   sǣ-gēap naca
hladen here-wǣdum,   hringed-stefna
mēarum ond māðmum;   mǣst hlīfade
ofer Hrōðgāres   hord-gestrēonum.

1900   Hē þǣm bāt-wearde   bunden golde
swurd gesealde,   þæt hē syðþan wæs
on meodu-bence   māþme þȳ weorþra,
yrfe-lāfe.   Gewāt him on naca,
drēfan dēop wæter,   Dena land ofgeaf.
1905 þā wæs be mæste   mere-hrægla sum,
segl sāle fæst;   sund-wudu þunede;
nō þǣr wēg-flotan   wind ofer ȳðum
sīðes getwǣfde.   Sǣ-genga fōr,
flēat fāmig-heals   forð ofer ȳðe,
1910 bunden-stefna   ofer brim-strēamas,
þæt hīe Gēata clifu   ongitan meahton,

1894–95 'he said that welcome to the people of the Weders would be these warriors
in bright armour who were going to ship'

gūð-rinc warrior   gold-wlanc proud in his gold   græs-molde grassy earth
                                                          tredan walk on
sinc treasure   hrēmig exulting   sǣ-genga sea-goer   bīdan await
āgend-frēa lord and master   ancor anchor   rīdan ride
gang way   gifu gift

1885   oft often   æhtian praise   ān one   cyning king
æghwæs in every respect   orleahtre blameless   oþþæt until   yldo age
                                                          beniman take away
mægen strength   wynn joy   sē þe which   monig many   sceþðan harm
cuman come   flōd sea   fela-mōdig high-spirited
hæg-steald young   hēap band   hring-net chain-mail   beran wear

1890   locen linked   leoðo-syrce body-shirt   land-weard coastguard   onfindan see
eft-sīð return   eorl warrior   swā as   ǣr previously   dōn do
nō not at all   hearm insult   of from   hlið cliff   nose headland
gæst visitor   grētan greet   ac but   him tōgēanes towards them   rīdan ride
cweðan say   wil-cuma welcome traveller   lēode people

1895   scaþa warrior   scīr-ham bright armour   scip ship   faran go
sand sand   sǣ-gēap broad for the sea   naca vessel
hladan load   here-wǣd war-dress   hringed-stefn curved prow
mēarh horse   māðmas treasures   mæst mast   hlīfian tower up
hord-gestrēon hoarded treasure

1900   bāt-weard boat-keeper   bunden bound
sellan give   þæt so that   syðþan afterwards
meodu-benc mead-bench   māþþum treasure   þȳ weorþra the more
                                                          honoured
yrfe-lāf heirloom   gewāt him went   on away   naca ship
drēfan stir up   dēop deep   ofgyfan leave

1905   be to   mæst mast   mere-hrægl sea-dress   sum a special
segl sail   sāl rope   fæst fastened   sund-wudu sea-wood   þunian groan
wēg-flota floater of the waves   ȳð wave
sīð voyage   getwǣfan keep from   sǣ-genga sea-goer   faran travel
flēotan float   fāmig-heals foamy-throat   ȳð wave

1910   bunden-stefn ring-bound prow   brim-strēam sea-stream, current
þæt so that   clif cliff   ongitan perceive   magan be able

1903b 'The ship went away'

cūþe næssas;   cēol up geþrang
lyft-geswenced,   on lande stōd.
    Hraþe wæs æt holme   hȳþ-weard geara,
1915 sē þe ǣr lange tīd   lēofra manna
fūs æt faroðe   feor wlātode.
Sǣlde tō sande   sīd-fæþme scip
oncer-bendum fæst,   þȳ lǣs hym ȳþa ðrym
wudu wynsuman   forwrecan meahte.
1920 Hēt þā up beran   æþelinga gestrēon,
frætwe ond fæt-gold;   næs him feor þanon
tō gesēcanne   sinces bryttan,
Higelāc Hrēþling,   þǣr æt hām wunað
selfa mid gesīðum   sǣ-wealle nēah.
1925   Bold wæs betlīc,   brego-rōf cyning,
hēah on healle,   Hygd swīðe geong,
wīs, wēl-þungen,   þēah ðe wintra lȳt
under burh-locan   gebiden hæbbe,
Hæreþes dohtor;   næs hīo hnāh swā þēah
1930 nē tō gnēað gifa   Gēata lēodum
māþm-gestrēona;   Mōdþrȳðo wæg
fremu folces cwēn,   firen' ondrysne.
Nǣnig þæt dorste   dēor genēþan
swǣsra gesīða,   nefne sin-frēa,
1935 þæt hire an dæges   ēagum starede;
ac him wæl-bende   weotode tealde,
hand-gewriþene;   hraþe seoþðan wæs
æfter mund-gripe   mēce geþinged,
þæt hit sceāden-mǣl   scȳran mōste,
1940 cwealm-bealu cȳðan.   Ne bið swylc cwēnlīc þēaw

1931b–40a 'Modthrytho, that noble queen of a people, manifested terrible evil-doing.
No brave man was there among the dear companions (her great lord excepted)
who dared by day to set his eyes upon her but could be sure that deadly
bonds, hand-twisted, would be ordained for him. Soon after, hands were laid
on him, the sword was prescribed: so that the patterned blade must settle the

cūþ well-known   næss headland   cēol keel   geþringan thrust
lyft-geswenced driven by wind   standan rest
hraþe quickly   holm water   hȳð-weard harbour-guard   geara ready
1915 sē þe who   ǣr previously   lang long   tīd time   lēof dear
fūs eager   faroð moving water   feor far out   wlātian watch out for
sǣlan moor   sand shore   sīd-fæþme broad-ribbed   scip ship
oncer-bend anchor-rope   þy lǣs lest   hym it   ȳð wave   ðrym power
wudu wood   wynsum joyous   forwrecan drive away   magan be able
1920 hātan order   þā then   beran carry   æþeling nobleman   gestrēon treasure
frætwe adornments   fæt-gold plated gold   wesan be   him for them
                                              feor far   þanon from there
gesēcan to go to   sinc treasure   brytta dispenser
Hrēþling son of Hrethel   þǣr where   hām home   wunian dwell
selfa himself   gesīð companion   sǣ-weall sea-cliff   nēah near
1925 bold building   betlīc splendid   brego-rōf of royal valour   cyning king
hēah high   heal hall   swīðe very   geong young
wīs wise   wēl-þungen accomplished   þēah ðe though   winter year   lȳt few
under in   burh-loca castle enclosure   gebīdan live   habban have
dohtor daughter   hīo she   hnāh mean   swā þēah however
1930 nē nor   tō too   gnēað sparing   gifu gift   lēode people
māþm-gestrēon hoarded wealth   wegan display
freme noble   folc people   cwēn queen   firen crime   ondrysne terrible
nǣnig not one   durran dare   dēor brave   genēþan venture
swǣs dear   gesīð companion   nefne except   sin-frēa lord, husband
1935 hire an on her   dæges by day   ēage eye   starian look
ac but   him for him   wæl-bend deadly bond   weotod ordained   tellan reckon
hand-gewriþen hand-twisted   hraþe quickly   seoþðan afterwards
mund-grip hand-grip   mēce sword   geþingian prescribed
sceāden-mǣl patterned blade   scȳran settle   mōtan have to
1940 cwealm-bealu evil of death   cȳðan proclaim   swylc such
                                  cwēnlīc queenlike   þēaw custom

matter, make known the evil of death.' A queen should be a 'peace-weaver'
like Hygd, not a tyrant
1939   The first copyist ends his transcription of the poem with scȳran. The second,
who continues from mōste to the end, favours io over eo spellings, as in hīo
and Bīowulf

idese tō efnanne,   þēah ðe hīo ǣnlicu sȳ,
þætte freoðu-webbe   fēores onsǣce
æfter lige-torne   lēofne mannan.
Hūru þæt onhōhsnode   Hemminges mǣg.

1945 Ealo-drincende   ōðer sǣdan,
þæt hīo lēod-bealewa   lǣs gefremede,
inwit-nīða,   syððan ǣrest wearð
gyfen gold-hroden   geongum cempan,
æðelum dīore,   syððan hīo Offan flet

1950 ofer fealone flōd   be fæder lāre
sīðe gesōhte.   Ðǣr hīo syððan well
in gum-stōle,   gōde mǣre,
līf-gesceafta   lifigende brēac,
hīold hēah-lufan   wið hæleþa brego,

1955 ealles mon-cynnes   mīne gefrǣge
þone sēlestan   bī sǣm twēonum,
eormen-cynnes.   Forðām Offa wæs
geofum ond gūðum,   gār-cēne man
wīde geweorðod;   wīsdōme hēold

1960 ēðel sīnne.   þonon Ēomēr wōc
hæleðum tō helpe,   Hemminges mǣg,
nefa Gārmundes,   nīða cræftig.

[28]   Gewāt him ðā se hearda   mid his hond-scole
sylf æfter sande   sǣ-wong tredan,

1965 wīde waroðas;   woruld-candel scān,
sigel sūðan fūs.   Hī sīð drugon,
elne geēodon,   tō ðæs ðe eorla hlēo,
bonan Ongenþēoes   burgum in innan,

1944b 'Hemming's kinsman': Offa. This king of the continental Angles, who tames
       Modthrytho, was regarded as the ancestor in the twelfth generation of Offa king
       of Mercia in the eighth century
1949–51a 'precious in her ancestry, after she had at her father's bidding made her
       way by a voyage across the pale sea to the hall of Offa.'
1961   'Hemming's kinsman': Eomer, son of Offa (cf. 1944)

....

ides lady   **efnan** practise   **hīo** she   **ǣnlic** matchless   **wesan** be

freoðu-webbe peace-weaver   **fēorh** life   **onsēcan** take away

lige-torn fancied insult   **lēof** beloved

hūru indeed   **onhōhsnian** put a stop to   **mǣg** kinsman

1945   **ealo-drincend** ale-drinker   **ōðer** another (thing)   **secgan** say

hīo she   **lēod-bealu** affliction to a people   **lǣs** fewer   **gefremman** perform

inwit-nīð hostile act   **syððan ǣrest** as soon as   **weorðan** be

gyfen given   **gold-hroden** gold-decked   **geong** young   **cempa** champion

æðelu noble ancestry   **dīor** excellent   **syððan** after   **hīo** she   **flet** floor, hall

1950   **fealu** pale   **flōd** sea   **be** at   **fæder** father   **lār** bidding

sīð voyage   **gesēcan** seek out   **ðǣr** there   **syððan** afterwards

gum-stōl throne   **gōd** virtue   **mǣre** renowned

līf-gesceaft what is allotted in life   **lifigend** while living   **brūcan** employ

healdan sustain   **hēah-luf** deep love   **wið** towards   **hæleþ** hero   **brego** king

1955   **mon-cynn** mankind   **mīne** by my   **gefrǣge** information

sēlest best   **bi ... twēonum** between   **sǣ** sea

eormen-cynn vast race   **forðām** for

geofu gift   **gūð** war   **gār-cēne** bold with the spear

wīde widely   **geweorðod** honoured   **healdan** defend

1960   **ēðel** homeland   **sīn** his   **þonon** from him   **wæcnan** waken, be born

hæleð warrior   **tō** as   **mǣg** kinsman

nefa grandson   **nīð** battle   **cræftig** powerful

gewītan set off   **se hearda** brave one   **hond-scol** band of companions

sylf himself   **æfter** along   **sand** beach   **sǣ-wong** shore   **tredan** walk on

1965   **wīde** broad   **waroð** shore   **worulda-candel** world's candle   **scīnan** shine

sigel sun   **sūðan** from the south   **fūs** strongly   **hī** they   **sīð** journey

drēogan pursue

elne eagerly   **gegān** go   **tō þæs þe** to where   **eorl** warrior   **hlēo** protector

bona slayer   **burg** stronghold   **in innan** within

1963a   Beowulf

1967b–70a   'to where they had heard that the protector of the warriors, the slayer of Ongentheow, the young war-king, the hero, shared out rings within his stronghold.' Hygelac is the 'slayer of Ongentheow' since he is the lord of Eofor, who actually killed the Swedish king (2961ff)

geongne gūð-cyning   gōdne gefrūnon
1970 hringas dǣlan.   Higelāce wæs
sīð Bēowulfes   snūde gecȳðed,
þæt ðǣr on worðig   wīgendra hlēo,
lind-gestealla   lifigende cwōm,
heaðo-lāces hāl   tō hofe gongan.
1975 Hraðe wæs gerȳmed,   swā se rīca bebēad,
fēðe-gestum   flet innanweard.
          Gesæt þā wið sylfne,   sē ðā sæcce genæs,
mǣg wið mǣge,   syððan man-dryhten
þurh hlēoðor-cwyde   holdne gegrētte
1980 mēaglum wordum.   Meodu-scencum
hwearf geond þæt heal-reced   Hæreðes dohtor,
lufode ðā lēode,   līð-wǣge bær
hæleðum tō handa.   Higelāc ongan
sīnne geseldan   in sele þām hēan
1985 fægre fricgcean;   hyne fyrwet bræc,
hwylce Sǣ-Gēata   sīðas wǣron:
          'Hū lomp ēow on lāde,   lēofa Bīowulf,
'þā ðū fǣringa   feorr gehogodest
'sæcce sēcean   ofer sealt wæter,
1990 'hilde tō Hiorote?   Ac ðū Hrōðgāre
'wīd-cūðne wēan   wihte gebēttest,
'mǣrum ðēodne?   Ic ðæs mōd-ceare
'sorh-wylmum sēað,   sīðe ne truwode
'lēofes mannes.   Ic ðē lange bæd,
1995 'þæt ðū þone wæl-gǣst   wihte ne grētte,
'lēte Sūð-Dene   sylfe geweorðan
'gūðe wið Grendel.   Gode ic þanc secge,
'þæs ðe ic ðē gesundne   gesēon mōste.'
          Bīowulf maðelode,   bearn Ecgðīoes:

1978b–80a 'after he had greeted his loyal lord with a ceremonious speech in earnest
    words'

....

geong young   gūð-cyning warrior king   gōd excellent   gefrignan learn

1970   hring ring   dǣlan share out

sīð return   snūde promptly   gecȳðan announced

worðig enclosure   wīgend warrior   hlēo defender

lind-gestealla shield-comrade   lifigende alive   cuman come

heaðo-lāc battle-play   hāl unharmed   hof hall   gongan go, walk

1975   hraðe quickly   rȳman clear   rīca ruler   bebēodan order

fēðe-gest guest on foot   flet floor   innanweard within

gesittan sit down   wið opposite   sylf (the king's) self   sæcc conflict
                                                        genesan survive

mǣg kinsman   syððan after   man-dryhten lord of men

hlēoðor-cwide ceremonious speech   hold loyal   gegrētan greet

1980   mēagol earnest   meodu-scenc mead-vessel

hweorfan move   geond through   heal-reced hall-building   dohtor daughter

lufian care for   lēode people   līð-wǣge wine-beaker   beran carry

hæleð hero   onginnan begin

sīn his   geselda house-companion   sele hall   hēah lofty

1985   fægre kindly   fricgean enquire   hyne him   fyrwet curiosity   brecan torment

hwylc what   sīð adventure

hū how   limpan befall   lād voyage   lēof dear

þā when   fǣringa suddenly   feorr distant   gehycgan resolve

sæcc conflict   sēcean seek out

1990   hild battle   tō at   ac but

wīd-cuð widely-known   wēa woe   wihte at all   gebētan make better

mǣre famous   ðēoden leader   ðæs about this   mōd-cearu anxiety of mind

sorh-wylm sorrow's surge   sēoðan seethe   sīð venture   truwian trust

lēof dear   ðē thee   lange for long   biddan ask

1995   wæl-gǣst murderous spirit   wihte at all   grētan meet

lǣtan allow   sylfe themselves   geweorðan settle

gūð feud   þanc thanks   secgan say

þæs ðe that   ðē thee   gesund safe   gesēon see   mōtan be allowed

maðelian speak   bearn son

1981b   Hygd, Hygelac's wife
1986   'what the adventures of the Sea-Geats had been'

2000 'þæt is undyrne,   dryhten Higelāc,
      'micel gemēting   monegum fīra,
      'hwylc orleg-hwīl   uncer Grendles
      'wearð on ðām wange,   þǣr hē worna fela
      'Sige-Scyldingum   sorge gefremede,
2005 'yrmðe tō aldre;   ic ðæt eall gewræc,
      'swā begylpan ne þearf   Grendeles māga
      'ǣnig ofer eorðan   ūht-hlem þone,
      'sē ðe lengest leofað   lāðan cynnes,
      'fācne bifongen.   Ic ðǣr furðum cwōm
2010 'tō ðām hring-sele   Hrōðgār grētan;
      'sōna mē se mǣra   mago Healfdenes,
      'syððan hē mōd-sefan   mīnne cūðe,
      'wið his sylfes sunu   setl getǣhte.
      'Weorod wæs on wynne: ne seah ic wīdan feorh
2015 'under heofones hwealf   heal-sittendra
      'medu-drēam māran.   Hwīlum mǣru cwēn,
      'friðu-sibb folca,   flet eall geondhwearf,
      'bǣdde byre geonge;   oft hīo bēah-wriðan
      'secge sealde,   ǣr hīe tō setle gēong;
2020 'hwīlum for duguðe   dohtor Hrōðgāres
      'eorlum on ende   ealu-wǣge bær,
      'þā ic Frēaware   flet-sittende
      'nemnan hȳrde,   þǣr hīo nægled sinc
      'hæleðum sealde.   Sīo gehāten is
2025 'geong, gold-hroden,   gladum suna Frōdan;
      'hafað þæs geworden   wine Scyldinga,
      'rīces hyrde,   ond þæt rǣd talað
      'þæt hē mid ðȳ wīfe   wæl-fǣhða dǣl,
      'sæcca gesette.   Oft seldan hwǣr

2002–3a 'what a long fight there was between me and Grendel in that place'
2008   'even the longest-lived of that hateful race'
2013a   'with his own sons'

2000   **þæt** it   **undyrne** not secret   **dryhten** lord
micel great   **gemēting** meeting   **monig** many   **fīras** men
hwylc what   **orleg-hwīl** time of battle   **uncer** of us two
weorðan unfold   **wang** place   **þær** where   **worn** multitude   **fela** many
sorh sorrow   **gefremman** wreak
2005   **yrmðu** misery   **tō** for   **aldor** life   **gewrecan** avenge
swā so that   **begylpan** boast   **þurfan** need   **mǣg** kinsman
ǣnig any   **ūht-hlem** crash before dawn
sē þe who   **lengest** longest   **libban** live   **lāð** hateful   **cynn** race
fācen crime   **befongen** wrapped   **furðum** first   **cuman** come
2010   **hring-sele** hall of rings   **grētan** greet
sōna at once   **mǣra** famous   **mago** son
syððan when   **mōd-sefa** mind   **cunnan** know
sylfes own   **sunu** son   **setl** bench   **getǣcan** direct
weorod company   **wynn** joy   **sēon** see   **wīd** long   **feorh** life
2015   **heofon** heaven   **hwealf** vault   **heal-sittend** sitter in hall
medu-drēam joy over mead   **māra** more   **hwīlum** at times   **mǣru** famous
              cwēn queen
friðu-sibb bond of peace   **folc** nation   **flet** hall   **geondhweorfan** go about
bǣdan encourage   **byre** youth   **geong** young   **hīo** she   **bēah-wriða** torc
secg man   **sellan** give   **ǣr** before   **hīe** she   **setl** bench   **gangan** go
2020   **hwīlum** at times   **for** before   **duguð** proven men   **dohtor** daughter
eorl warrior   **on ende** in turn   **ealu-wǣge** ale-cup   **beran** carry
þā her   **flet-sittend** one seated in hall
nemnan name   **hȳran** hear   **þær** when   **nægled** nailed   **sinc** treasure
hæleð warrior   **sellan** give   **sīo** she   **gehāten** promised
2025   **geong** young   **gold-hroden** gold-adorned   **glæd** gracious   **sunu** son
geworden settled   **wine** friend
rīce kingdom   **hyrde** keeper   **þæt** it   **rǣd** good plan   **talian** reckon
wīf woman   **wæl-fǣhð** deadly feud   **dǣl** a (great) quantity
sæcc conflict   **gesettan** settle   **oft** generally   **seldan** seldom   **hwǣr** anywhere

2025b 'to the gracious son of Froda'. Froda had been killed by Danes. Hrothgar
hopes that the betrothal of Freawaru to Froda's son Ingeld will heal the feud
2029b–31 'As a rule it is seldom that the spear of slaughter rests idle anywhere after
the killing of a lord, good though the bride may be!'

2030   'æfter lēod-hryre   lȳtle hwīle
        'bon-gār būgeð,   þēah sēo brȳd duge!
            'Mæg þæs þonne ofþyncan   ðēodne Heaðobeardna
        'ond þegna gehwām   þāra lēoda,
        'þonne hē mid fæmnan   on flett gǣð
2035   'dryht-bearn Dena,   duguða biwenede.
        'On him gladiað   gomelra lāfe,
        'heard ond hring-mǣl   Heaðabeardna gestrēon,
        'þenden hīe ðam wǣpnum   wealdan mōston,
[29]   'oððæt hīe forlǣddan   tō ðām lind-plegan
2040   'swǣse gesīðas   ond hyra sylfra feorh.
        'þonne cwið æt bēore,   sē þe bēah gesyhð,
        'eald æsc-wiga,   sē ðe eall geman
        'gār-cwealm gumena   – him bið grim sefa –
        'onginneð geōmor-mōd   geongum cempan
2045   'þurh hreðra gehygd,   higes cunnian,
        'wīg-bealu weccean,   ond þæt word ācwyð:
            '"Meaht ðū, mīn wine,   mēce gecnāwan,
        '"þone þīn fæder   tō gefeohte bær
        '"under here-grīman   hindeman sīðe,
2050   '"dȳre īren,   þǣr hyne Dene slōgon,
        '"wēoldon wæl-stōwe,   syððan Wiðergyld læg,
        '"æfter hæleþa hryre,   hwate Scyldungas?
        '"Nū hēr þāra banena   byre nāt-hwylces
        '"frætwum hrēmig   on flet gǣð,
2055   '"morðres gylpeð   ond þone māðþum byreð,
        '"þone þe ðū mid rihte   rǣdan sceoldest!"'

2032–35 'It may then offend the prince of the Heathobards, and every thane of those
         peoples, when a certain wedding-attendant among the Danes walks the hall-
         floor with the lady, nobly entertained.' This is Beowulf's imagination of what
         may happen at the wedding; the Heathobard feud with Hrothgar was
         legendary. Ingeld's name occurs in a letter of 797 from Alcuin to an Anglo-
         Saxon bishop, as the sort of hero about whom pagan songs were sung to the
         harp. See 84
2035a   Following Smithers, this is read as singular, 'a noble son of the Danes', and,

2030   **æfter** after   **lēod-hryre** fall of a lord   **lȳtel** little   **hwīl** time
bon-gār deadly spear   **būgan** rest   **þēah** though   **brȳd** bride   **dugan** be good
magan be able   **þonne** then   **ofþyncan** displease   **ðēoden** prince
þegn thane   **gehwā** every   **lēode** people
fǣmne lady   **flett** floor   **gān** go

2035   **dryht-bearn** noble son   **duguða** splendidly   **biwennan** entertain
him him   **gladian** shine   **gomel** ancient   **lāf** heirloom
heard hard   **hring-mǣl** ring-patterned   **gestrēon** inheritance
þenden while   **wǣpen** weapon   **wealdan** wield   **mōtan** be able
oððæt until   **forlǣdan** lead to disaster   **lind-plega** shield-play

2040   **swǣs** dear   **gesīð** companion   **hyra sylfra** their own   **feorh** life
þonne then   **cweðan** speak   **bēor** beer(-drinking)   **bēah** ring   **gesēon** see
eald old   **æsc-wiga** ash (spear)-warrior   **gemunan** remember
gār-cwealm death by the spear   **guma** man   **sefa** spirit
onginnan begin   **geōmor-mōd** sad in mind   **geong** young   **cempa** champion

2045   **hreðer** heart   **gehygd** thought   **hige** spirit   **cunnian** test
wīg-bealu evil of war   **weccean** awaken   **ācweðan** utter
wine friend   **mēce** sword   **gecnāwan** recognise
þone which   **gefeoht** battle   **beran** bear
here-grīma battle-mask   **hindema** last   **sīð** expedition

2050   **dȳre** precious   **īren** iron   **slēan** strike down
wēaldan gain possession   **wæl-stōw** place of slaughter   **syððan** after
                                              licgan lie (dead)
hæleþ hero   **hryre** fall   **hwæt** keen
nū now   **hēr** here   **bana** slayer   **byre** boy   **nāt-hwylc** some
frætwe arms   **hrēmig** exulting   **flet** floor   **gān** walk

2055   **morðor** murder   **gylpan** boast   **māðþum** treasure   **beran** bear
þone which   **mid** by   **riht** right   **rǣdan** possess

taken with the **hē** of 2034, construed as an attendant upon Freawaru who is
made the focus of Heathobard resentment in Beowulf's scenario
2035   **duguða**, genitive plural, is taken adverbially   2038 **mōston** 'had been able'
2039   MS **oððæt** has capital O for a new fitt, but no numerals
2041b   'he who sees the ring': Beowulf has an old warrior test the spirit of a young
Heathobard by pointing out a Dane wearing a sword that had belonged to
the young man's father
2047   'Might you . . . recognise the sword'

'Manað swā ond myndgað   mǣla gehwylce
'sārum wordum,   oððæt sǣl cymeð,
'þæt se fǣmnan þegn   fore fæder dǣdum
2060 'æfter billes bite   blōd-fāg swefeð,
'ealdres scyldig;   him se ōðer þonan
'losað lifigende,   con him land geare.
'þonne bīoð ābrocene   on bā healfe
'āð-sweorð eorla;   syððan Ingelde
2065 'weallað wæl-nīðas   ond him wīf-lufan
'æfter cear-wælmum   cōlran weorðað.
'þȳ ic Heaðobeardna   hyldo ne telge,
'dryht-sibbe dǣl   Denum unfǣcne,
'frēondscipe fæstne.

                    Ic sceal forð sprecan,
2070 'gēn ymbe Grendel,   þæt ðū geare cunne,
'sinces brytta,   tō hwan syððan wearð
'hond-rǣs hæleða.   Syððan heofones gim
'glād ofer grundas,   gǣst yrre cwōm,
'eatol ǣfen-grom,   ūser nēosan,
2075 'ðǣr wē gesunde   sæl weardodon.
'þǣr wæs Hondsciō   hild onsǣge,
'feorh-bealu fǣgum;   hē fyrmest læg,
'gyrded cempa;   him Grendel wearð,
'mǣrum magu-þegne,   tō mūð-bonan,
2080 'lēofes mannes   līc eall forswealg.
'Nō ðȳ ǣr ūt ðā gēn   īdel-hende
'bona blōdig-tōð   bealewa gemyndig,
'of ðām gold-sele   gongan wolde,

2059   The thane is the wedding-attendant of 2035. **fæder** is genitive
2061b-2   'the other escapes from the place alive, he knows the country well.' Beowulf
        sets this scene in the country of the Heathobard who kills Freawaru's thane.
        The poem suggests at 84 that Heorot is burnt by the Heathobards. According
        to *Widsith*, however, it was at Heorot that Hrothgar and Hrothulf defeated
        Ingeld

manian admonish   myndgian remind   mǣl time   gehwylc every

sār bitter   oððæt until   sǣl occasion   cuman come

fǣmne maiden   þegn follower   fore for   dǣd action

2060 æfter after   bill sword   bite cut   blōd-fāg blood-stained   swefan sleep, die

ealdor life   scyldig having forfeited   se ōðer the other   þonan from there

losian escape   lifigend living   cunnan know   gear well

bēon be   ābrocen broken   bā both   healf side

āð-sweorð oath   eorl warrior   syððan afterwards

2065 weallan boil up   wæl-nīð deadly hate   wīf-lufu love for a wife

cear-wælm surge of grief   cōlra cooler   weorðan become

þȳ for this reason   hyldo loyalty   talian account

dryht-sibb noble alliance   dǣl part   unfǣcne without deceit

fæst firm

sprecan speak

2070 gēn further   ymbe about   geare well   cunnan know

sinc treasure   brytta giver   tō hwān to what   syððan afterwards

weorðan come

hond-rǣs hand-to-hand combat   hæleð warrior   heofon heaven   gim gem

glīdan glide   grund earth   gǣst demon   yrre angry   cuman come

eatol dire   ǣfen-grom hostile at evening   ūser us   nēosan seek out

2075 ðǣr where   gesund unharmed   sǣl hall   weardian guard

hild battle   onsǣge coming down on

feorh-bealu deadly evil   fǣge fated (one)   fyrmest first   licgan lie (dead)

gyrdan harness   cempa champion   weorðan prove

mǣre famed   magu-þegn young thane   mūð-bona killer by mouth

2080 lēof dear   līc body   forswelgan swallow up

ðȳ ǣr the sooner   ūt out   ðā gēn yet   īdel-hende empty-handed

bona slayer   blōdig-tōð bloody-toothed   bealo destruction

gemyndig bent on

of from   gold-sele gold-hall   gongan go   willan wish

2067–69a 'Therefore I do not reckon that the loyalty of the Heathobards, their part
in the alliance of peace with the Danes, is without deceit'

2076 Beowulf's account of the fight has new features, such as the name of
Hondscio, and at 2085 the huge glove, a common property of trolls

'ac hē mægnes rōf   mīn costode,
2085   'grāpode gearo-folm.   Glōf hangode
'sīd ond syllīc,   searo-bendum fæst;
'sīo wæs orðoncum   eall gegyrwed,
'dēofles cræftum   ond dracan fellum.
'Hē mec þær on innan   unsynnigne,
2090   'dīor dǣd-fruma,   gedōn wolde
'manigra sumne;   hyt ne mihte swā,
'syððan ic on yrre   upp-riht āstōd.
'Tō lang ys tō reccenne,   hū ic ðām lēod-sceaðan
'yfla gehwylces   ondlēan forgeald,
2095   'þær ic, þēoden mīn,   þīne lēode
'weorðode weorcum.   Hē on weg losade,
'lȳtle hwīle   līf-wynna brēac;
'hwæþre him sīo swīðre   swaðe weardade
'hand on Hiorte,   ond hē hēan ðonan,
2100   'mōdes geōmor   mere-grund gefēoll.
      'Mē þone wæl-rǣs   wine Scildunga
'fǣttan golde   fela lēanode,
'manegum māðmum,   syððan mergen cōm
'ond wē tō symble   geseten hæfdon.
2105   'þǣr wæs gidd ond glēo;   gomela Scilding,
'fela fricgende,   feorran rehte;
'hwīlum hilde-dēor   hearpan wynne,
'gomen-wudu grētte,   hwīlum gyd āwræc
'sōð ond sārlīc,   hwīlum syllīc spell
2110   'rehte æfter rihte   rūm-heort cyning;
'hwīlum eft ongan   eldo gebunden
'gomel gūð-wiga   gioguðe cwīðan,
'hilde-strengo;   hreðer inne wēoll,
'þonne hē wintrum frōd   worn gemunde.
2115   'Swā wē þǣr inne   andlangne dæg

2098–99a 'yet his right hand remained behind him as a trace in Heorot'

ac but   mægen strength   rōf renowned   mīn me   costian make trial of
2086 grāpian grope   gearo-folm eager palm   glōf glove   hangian hang
sīd broad   syllīc strange   searo-bend cunning clasp
sīo it   orðoncum curiously   gegyrwan fashion
dēofol devil   cræft skill   draca dragon   fell skin
þǣr on innan inside it   unsynnig innocent
2090 dīor fierce   dǣd-fruma performer of exploits   gedōn put
manig many   sum one   hyt it   ne not   magan be capable
syððan after   yrre anger   āstandan stand
reccan tell   lēod-sceaða people's enemy
yfel evil   gehwylc every   ondlēan requital   forgyldan pay back
2095 þēoden prince   þīn thy   lēode people
weorðian bring honour   weorc deed   on weg away   losian escape
lȳtel little   hwīl while   līf-wynn life's joy   brūcan enjoy
hwæþre however   swīðra right   swaðu trace   weardian remain
hēan humbled   ðonan from there
2100 mōd heart   gēomor sad   mere-grund bottom of the mere   gefēallan fall to
wæl-rǣs deadly onslaught   wine friend
fǣted plated   fela much   lēanian reward
māððum treasure   syððan when   mergen morning   cuman come
symbel feast   gesittan sit down
2105 gidd tale   glēo song   gomela aged
fela many things   fricgende having heard   feorran from long ago
reccan tell tales
hwīlum at times   hilde-dēor daring-in-battle   hearpe harp   wynn joy
gomen-wudu joyous wood   grētan address   gyd tale   āwrecan tell
sōð true   sārlic grievous   hwīlum at times   syllīc strange   spell story
2110 reccan unfold   æfter according to   rūm-heort great-hearted   cyning king
hwīlum at times   eft again   onginnan begin   eldo age   gebindan bind
gomel old   gūð-wiga warrior   gioguð youth   cwīðan speak
hilde-strengo battle-strength   hreðer heart   inne within   weallan well up
þonne as   winter year   frōd ancient   worn many things   gemunan recall
2115 andlang whole   dæg day

2105b, 2107a, 2110b, 2112a best taken as referring to Hrothgar

'nīode nāman,   oðð̄æt niht becwōm
'ōðer tō yldum.   þā wæs eft hraðe
'gearo gyrn-wræce   Grendeles mōdor,
'sīðode sorh-full;   sunu dēað fornam,
2120   'wīg-hete Wedra.   Wīf unhȳre
'hyre bearn gewræc,   beorn ācwealde
'ellenlīce;   þær wæs Æschere,
'frōdan fyrn-witan,   feorh ūðgenge.
'Nōðer hȳ hine ne mōston,   syðð̄an mergen cwōm,
2125   'dēað-wērigne,   Denia lēode
'bronde forbærnan,   nē on bǣl hladan
'lēofne mannan;   hīo þæt līc ætbær
'fēondes fæðmum   under firgen-strēam.
'þæt wæs Hrōðgāre   hrēowa tornost,
2130   'þāra þe lēod-fruman   lange begēate.
'þā se ðēoden mec   ðīne līfe
'healsode hrēoh-mōd,   þæt ic on holma geþring
'eorlscipe efnde,   ealdre genēðde,
'mǣrðo fremede;   hē mē mēde gehēt.
2135   'Ic ðā ðæs wælmes,   þē is wīde cūð,
'grimne gryrelīcne   grund-hyrde fond.
'þær unc hwīle wæs   hand gemǣne;
'holm heolfre wēoll,   ond ic hēafde becearf
'in ðām gūð-sele   Grendeles mōdor
2140   'ēacnum ecgum.   Unsōfte þonan
'feorh oðferede;   næs ic fǣge þā gȳt;
"ac mē eorla hlēo   eft gesealde
'māðma menigeo,   maga Healfdenes.
[31]   'Swā se ðēod-kyning   þēawum lyfde;
2145   'nealles ic ðām lēanum   forloren hæfde,
'mægnes mēde,   ac hē mē māðmas geaf,

2117b–18 'Then soon after Grendel's mother was ready in revenge for her injury'
2131b 'for thy sake'

niod pleasure   niman take   oððæt until   becuman come

ōðer another   ylde men   eft after   hraðe quickly

gearo ready   gyrn-wracu revenge for injury   mōdor mother

sīðian set out on a journey   sorh-full sorrowful   sunu son   forniman take off

2120   wīg-hete warlike enmity   wīf woman   unhȳre monstrous

hyre her   bearn child   gewrecan avenge   beorn warrior   ācwellan kill
ellenlīce boldly

frōd wise   fyrn-wita old counsellor   feorh life   ūðgenge out-going

nōðer nor   hȳ they   mōtan be allowed   syððan when   mergen morning

2125   dēað-wērig death-weary   lēode people

brond fire   forbærnan burn   bǣl pyre   hladan lay

lēof beloved   hīo she   līc body   ætberan carry off

fēond enemy   fæðm embrace   firgen-strēam mountain stream

hrēow sorrow   tornost most grievous

2130   þāra þe of those which   lēod-fruma leader of a people   lange for long

begytan befall

ðēoden prince   mec me   ðīn thy   līf life

healsian entreat   hrēoh-mōd distraught in mind   holm water   geþring press

eorlscip a warrior's deed   efnan perform   ealdor life   genēðan risk

mǣrðo glorious act   fremman carry out   mēd reward   gehātan promise

2135   wælm surge   wīde widely   cūð known

grim fierce   gryrelīc terrible   grund-hyrde guardian of the deep   findan find

unc for us two   hwīle for a time   gemǣne shared

holm lake   heolfor blood   weallan boil   hēafod head   beceorfan cut off

gūð-sele hall of battle   mōdor mother

2140   ēacen huge   ecg sword   unsōfte not without difficulty   þonan from there

feorh life   oðferian carry away   fǣge fated to die   gȳt yet

ac but   eorl warrior   hlēo protector   eft again   gesellan give

māðmas treasures   menigeo host   maga son

swā thus   ðēod-cyning king of a nation   þēaw (good) custom   libban live

2145   nealles not at all   lēan reward   forlēosan lose

mægen strength   mēd payment   ac but   māðmas treasures   gyfan give

2137   'for a time it was hand-to-hand for us there'

2144   Swā Fitt 31 begins here. There is no fitt 30 in the MS.

'sunu Healfdenes,   on mīnne sylfes dōm;
'ðā ic ðē, beorn-cyning,   bringan wylle,
'ēstum geȳwan.   Gēn is eall æt ðē
2150 'lissa gelong;   ic lȳt hafo
'hēafod-māga,   nefne Hygelāc ðec!'
      Hēt ðā in beran   eafor hēafod segn,
heaðo-stēapne helm,   hāre byrnan,
gūð-sweord geatolīc,   gyd æfter wræc:
2155   'Mē ðis hilde-sceorp   Hrōðgār sealde,
'snotra fengel;   sume worde hēt,
'þæt ic his ǣrest ðē   ēst gesægde:
'cwæð þæt hyt hæfde   Hiorogār cyning,
'lēod Scyldunga,   lange hwīle.
2160 'Nō ðȳ ǣr suna sīnum   syllan wolde,
'hwatum Heorowearde,   þēah hē him hold wǣre,
'brēost-gewǣdu.   Brūc ealles well!'
      Hȳrde ic, þæt þām frætwum   fēower mēaras,
lungre, gelīce   lāst weardode,
2165 æppel-fealuwe;   hē him ēst getēah
mēara ond māðma.   Swā sceal mǣg dōn,
nealles inwit-net   ōðrum bregdon
dyrnum cræfte,   dēað rēnian
hond-gesteallan.   Hygelāce wæs,
2170 nīða heardum,   nefa swȳðe hold
ond gehwæðer ōðrum   hrōþra gemyndig.
      Hȳrde ic þæt hē ðone heals-bēah   Hygde gesealde,
wrǣtlīcne wundur-māððum,   ðone þe him Wealhðēo geaf,
ðēodnes dohtor,   þrīo wicg somod
2175 swancor ond sadol-beorht;   hyre syððan wæs
æfter bēah-ðege   brēost geweorðod.
      Swā bealdode   bearn Ecgðēowes,

2152b 'great banner with the figure of a boar' or 'boar's head standard'
2157   'that I should first tell you about his gift'

sunu son mīnne my sylfes dōm own choice

ðā which ðē thee beorn-cyning warrior king

ēst good will geȳwan present gēn still æt on ðē thee

2150 liss favour gelong dependent on lȳt few habban have

hēafod-mǣg close kinsman nefne except ðec thee

hātan order beran bear eafor boar hēafod-segn great standard

heaðo-stēap battle-towering helm helmet hār grey byrne mail-coat

gūð-sweord war-sword geatolīc ornate gyd story wrecan relate

2155 hilde-sceorp battle-gear sellan give

snotor wise fengel king sum a word speech hātan command

ǣrest first ðē thee ēst gift gesecgan tell about

cweðan say hyt it cyning king

lēod prince lang long hwīl time

2160 nō ðȳ ǣr not yet sunu son sīn his syllan give willan wish

hwæt keen þēah though him to him hold loyal

brēost-gewǣde breast-armour brūcan make use of eall all

hȳran hear frætwe adornments fēower four mēarh horse

lungor swift gelīc alike, matched lāst weardian follow after

2165 æppel-fealu apple-yellow, bay ēst gracious gift getēon present

mēarh horse māððum treasure mǣg kinsman dōn do

nealles in no way inwit-net net of malice ōðer other bregdon to weave

dyrne secret cræft cunning rēnian devise

hond-gestealla close companion

2170 nīð battle heard hardy nefa nephew swȳðe very hold faithful

gehwæðer each ōðer other hrōðor welfare gemyndig mindful

hȳran hear heals-bēah neck-ring gesellan give

wrǣtlīc marvellous wundor-māððum rare treasure gyfan give

ðēoden prince dohtor daughter þrīo three wicg horse somod also

2175 swancor graceful sadol-beorht with bright saddle hyre her syððan after

bēah-ðegu receiving the ring brēost breast geweorðian grace

bealdian show oneself brave bearn son

2166b The praise for Beowulf as nephew seems general, but invites comparison with Hrothulf's ingratitude to Hrothgar

2174a 'to the prince's daughter' (i.e. Hygd)

guma gūðum cūð,   gōdum dǣdum,
drēah æfter dōme,   nealles druncne slōg
2180 heorð-genēatas;   næs him hrēoh sefa,
ac hē man-cynnes   mǣste cræfte,
gin-fæstan gife,   þe him God sealde,
hēold hilde-dēor.   Hēan wæs lange,
swā hyne Gēata bearn   gōdne ne tealdon,
2185 nē hyne on medo-bence   micles wyrðne
drihten Wedera   gedōn wolde;
swȳðe wēndon,   þæt hē slēac wǣre,
æðeling unfrom.   Edwenden cwōm
tīr-ēadigum menn   torna gehwylces.

2190   Hēt ðā eorla hlēo   in gefetian,
heaðo-rōf cyning,   Hrēðles lāfe,
golde gegyrede;   næs mid Gēatum ðā
sinc-māðþum sēlra   on sweordes hād;
þæt hē on Bīowulfes   bearm ālegde,
2195 ond him gesealde   seofan þūsendo,
bold ond brego-stōl.   Him wæs bām samod
on ðām lēodscipe   lond gecynde,
eard, ēðel-riht,   ōðrum swīðor,
sīde rīce,   þām ðǣr sēlra wæs.

2200   Eft þæt geīode   ufaran dōgrum
hilde-hlæmmum,   syððan Hygelāc læg
ond Heardrēde   hilde-mēceas
under bord-hrēoðan   tō bonan wurdon,
ðā hyne gesōhtan   on sige-þēode
2205 hearde hild-frecan,   Heaðo-Scilfingas,

2179 **druncne** agrees with **heorð-genēatas**
2185–86 'nor would the lord of the Weathers do him much honour at the mead-
bench'. Obscurity in youth is a common feature of heroic biography
2195b I.e. 7,000 hides of land. A hide is the holding of a peasant
2196b–99 'To both of them land belonged by birth in that country, a domain by
ancestral right; the larger of them, the broad kingdom, to the one who was
better born'

guma man   gūð battle   cūð known   gōd good   dǣd deed

drēogan act   æfter with   dōm honour   nealles not at all

druncen having drunk   slēan strike down

2180 heorð-genēat hearth-companion   hrēoh savage   sefa heart

ac but   man-cynn mankind   mǣst greatest   cræft strength

gin-fæst generous   gifu gift   sellan give

healdan guard   hilde-dēor brave in battle   hēan ill-seen   lange for long

hyne him   bearn son   gōd good   talian consider

2185 hyne him   medo-benc mead-bench   micel much   wyrðe worthy

drihten lord   gedōn make   willan wish

swȳðe strongly   wēnan believe   slēac slothful

æðeling prince   unfrom weak   edwenden reversal   cuman come

tīr-ēadig blessed with glory   mann man   torn trouble   gehwylc every

2190 hātan order   eorl warrior   hlēo protector   gefetian bring

heaðo-rōf battled-famed   cyning king   lāf bequest

gegyrwan adorn   mid among   ðā then

sinc-māðþum treasure   sēlra finer   sweord sword   hād rank

þæt which   bearm lap   ālecgan lay

2195 gesellan give   seofon seven   þūsend thousand

bold hall   brego-stōl princely throne   him to them   bām both

samod together

lēodscipe country   gecynde inherited

eard domain   ēðel-riht ancestral right   ōðer the other   swīðor rather

sīd broad   rīce kingdom   sēlra of higher rank

2200 eft afterwards   gegān happen   ufara later   dōgor day

hilde-hlæmm battle-crash   syððan when   licgan lie (dead)

hilde-mēce sword of battle

bord-hrēoð shield's shelter   bona slayer   weorðan prove

ðā when   hyne him   gesēcan seek out   sige-þēod victorious nation

2205 heard fierce   hild-freca warrior

2205b 'the War-Scylfings': the Swedish dynasty, powerful neighbours of the Geats.
On Ongentheow's death, Onela kills Hygelac's successor Heardred for having
sheltered his nephews Eanmund and Eadgils, who have a claim to the throne.
See 2379ff

niða genægdan   nefan Hererīces:
syððan Bēowulfe   brāde rīce
on hand gehwearf.   Hē gehēold tela
fīftig wintra   – wæs ðā frōd cyning,
2210 eald ēþel-weard –   oððæt ān ongan
deorcum nihtum,   draca rīcsian
sē ðe on hēaum hofe   hord beweotode,
stān-beorh stēapne;   stīg under læg
eldum uncūð;   þǣr on innan gīong
2215 niða nāt-hwylc   . . . . . . gefēng
hǣðnum horde   hond. . . . .
since fāhne   hē þæt syððan. . . . . .
þēah ðe hē slǣpende   besyred wurde
þēofes cræfte;   þæt sīe ðīod onfand,
2220 bū-folc beorna,   þæt hē gebolgen wæs.

[32]   Nealles mid gewealdum   wyrm-hord ābræc,
sylfes willum,   sē ðe him sāre gesceōd,
ac for þrēa-nēdlan   þēow nāt-hwylces
hæleða bearna   hete-swengeas flēoh,
2225 ærnes þearfa,   ond ðǣr inne fealh,
secg syn-bysig.   Sōna onfunde,
þæt . . . . . ðām gyste   gryre-brōga stōd;
hwæðre earm sceapen   . . . .
. . . . sceapen
2230 . . . . . .   þā hyne se fǣr begeat,
sinc-fæt. . . . .   þǣr wæs swylcra fela
in ðām eorð-hūse   ǣr-gestrēona,
swā hȳ on gēar-dagum   gumena nāt-hwylc,
eormen-lāfe   æþelan cynnes,
2235 þanc-hycgende   þǣr gehȳdde,

2206b Heardred's uncle Hereric: perhaps Hygd's brother
2209a 'fifty years': a round number
2212b A dragon is traditionally the guardian of treasure
2212   MS damaged from here to 2231

niŏ violence genǣgan assail   nefa nephew
syŏŏan after that   brād broad   rīce kingdom
on into   gehweorfan come   gehealdan rule   tela well
winter year   ŏā then   frōd old   cyning king
2210 eald veteran   ēþel-weard guardian of native land   oŏŏæt until   ān one
onginnan begin
deorc dark   draca dragon   rīcsian domineer
sē ŏe which   hēah lofty   hōf house   hord hoard   beweotian watch over
stān-beorh stone barrow   stēap tall   stīg path   licgan lie
elde men   uncūŏ unknown   on innan inside   gangan go
2215 niŏþas men   nāt-hwylc an unknown one   gefōn sieze
hǣŏen heathen   hord hoard
sinc treasure   fāh shining   þæt it   syŏŏan afterward
þēah ŏe although   slǣpend sleeping   besyrwan trick   weorŏan be
þēof thief   cræft cunning   sīe the   ŏīod people   onfindan discover
2220 bū-folc a nearby people   beorn man   gebolgen swollen (with anger)
nealles not at all   geweald choice   wyrm-hord serpent-hoard
ābrecan break into
sylfes his own   sē ŏe he who   sāre grievously   gescāŏan injure
ac but   þrēa-nēdle sore distress   þēow slave   nāt-hwylc someone
hǣleŏ warrior   bearn son   hete-sweng hostile blow   flēon flee
2225 ærn dwelling   þearfa wanting   feolan feel one's way
secg man   syn-bysig sin-tormented   sōna at once   onfindan discover
gyst intruder   gryre-brōga horror   standan rise up
hwæŏre yet   earmsceapen made for misery
2230 þā when   hyne him   fǣr attack (of fear)   begitan come upon
sinc-fæt precious cup   swylc such   fela many
eorŏ-hūs house in the earth   ǣr-gestrēon ancient wealth
geār-dagas days of yore   guma man   nāt-hwylc an unknown
eormen-lāf immense legacy   æþele noble   cynn race
2235 þanc-hycgende with deliberate thought   gehŷdan hide

2221–22 'Not by choice had he broken into the serpent's hoard, of his own desire, he
who had injured him grievously'. The robber is a servant on the run from a
beating

  dēore māðmas. Ealle hīe dēað fornam

  ǣrran mǣlum, ond se ān ðā gēn

  lēoda duguðe, sē ðǣr lengest hwearf,

  weard wine-geōmor, wēnde þæs ylcan

2240 þæt hē lȳtel fæc long-gestrēona

  brūcan mōste. Beorh eall-gearo

  wunode on wonge wæter-ȳðum nēah,

  nīwe be næsse, nearo-cræftum fæst.

  þǣr on innan bær eorl-gestrēona

2245 hringa hyrde hord-wyrðne dǣl,

  fǣttan goldes, fēa worda cwæð:

     'Heald þū nū, hrūse, nū hæleð ne mōstan,

  'eorla ǣhte! Hwæt hyt ǣr on ðē

  'gōde begēaton. Gūð-dēað fornam,

2250 'feorh-bealo frēcne, fȳra gehwylcne

  'lēoda mīnra, þāra ðe þis līf ofgeaf,

  'gesāwon sele-drēam; nāh, hwā sweord wege

  'oððe forð bere fǣted wǣge,

  'drync-fæt dēore; duguð ellor sceōc.

2255 'Sceal se hearda helm, hyrsted golde

  'fǣtum befeallen; feormynd swefað,

  'þā ðe beado-grīman bȳwan sceoldon;

  'gē swylce sēo here-pād, sīo æt hilde gebād

  'ofer borda gebræc bite īrena

2260 'brosnað æfter beorne; ne mæg byrnan hring

  'æfter wīg-fruman wīde fēran

  'hæleðum be healfe. Næs hearpan wyn,

  'gomen glēo-bēames, nē gōd hafoc

  'geond sæl swingeð, nē se swifta mearh

2265 'burh-stede bēateð. Bealo-cwealm hafað

  'fela feorh-cynna forð onsended!'

     Swā giōmor-mōd giohðo mǣnde,

2249a 'valiant men won'

dēor precious **māðmas** treasures **forniman** carry off
ǣrra former **mǣl** time **se ān** the one **ðā gēn** still
lēode people **duguðe** proven warriors **leng** long **hweorfan** live
weard guardian **wine-geōmor** mourning friends **wēnan** expect **ylca** same

2240 **lȳtel** little **fæc** space of time **long-gestrēon** long acquired
brūcan enjoy **mōtan** be permitted **beorh** barrow **eall-gearo** fully ready
wunian stand **wong** open ground **wæter-ȳð** wave **nēah** near
nīwe new **næss** headland **nearo-cræft** art of inaccessibility
on innan inside **beran** carry **eorl-gestrēon** warrior

2245 **hring** ring **hyrde** keeper **hord-wyrðe** hoard-worthy **dǣl** a quantity
fætted plated **fēa** few **cweðan** speak
healdan hold **hrūse** earth **hæleð** men **ne** not **mōtan** be able
eorl warrior **ǣht** possession **hwæt** indeed **ǣr** first **on** from **ðē** thee
gōd valiant **begytan** get **gūð-dēað** death in war **forniman** carry off

2250 **feorh-bealo** life-destroyer **frēcne** terrible **fȳras** men **gehwylc** every one
lēode people **mīn** my **þāra ðe** who **ofgyfan** forsake
gesēon see **sele-drēam** hall-joy **nāh** I have not **hwā** anyone who
                                                              wegan bear
oððe or **forð beran** carry out **fæted** plated **wǣge** cup
drync-fæt drinking vessel **dēore** precious **dūguð** company of tried warriors
                                              ellor elsewhere **scacan** pass

2255 **sceal** must **hearda** hard **helm** helmet **hyrsted** adorned
fæt plate **befeallen** bereft **feormynd** burnisher **swefan** sleep
beado-grīma battle-mask **bȳwan** polish
gē and **swylce** likewise **here-pād** war-coat **hilde** battle **gebīdan** endure
ofer above **bord** shield **gebræc** clash **bīte** bite **īren** iron (sword)

2260 **brosnian** decay **æfter** with **beorn** man **byrne** mail-shirt **hring** ring
æfter with **wīg-fruma** war-leader **wīde** far **fēran** travel
hæleð warrior **healf** side **næs** not at all **hearpa** harp **wyn** joy
gomen delight **glēo-bēam** singing wood **gōd** good **hafoc** hawk
geond through **sæl** hall **swingan** swoop **mearh** horse

2265 **burh-stede** courtyard **bēatan** stamp **bealo-cwealm** baleful slaughter
fela many **feorh-cynn** living race **onsendan** send away
giōmor-mōd sad at heart **giohðo** sorrow **mǣnan** speak of

2252a 'they have seen the joys of the hall'

ān æfter eallum,   unblīðe hweạrf
dæges ond nihtes,   oððæt dēaðes wylm
2270   hrān æt heortan.   Hord-wynne fond
eald ūht-sceaða   opene standan,
sē ðe byrnende   biorgas sēceð,
nacod nīð-draca,   nihtes flēogeð
fȳre befangen;   hyne fold-būend
2275   swīðe ondrædað.   Hē gesēcean sceall
hord on hrūsan,   þær hē hæðen gold
warað wintrum frōd;   ne byð him wihte ðȳ sēl.
        Swā se ðēod-sceaða   þrēo hund wintra
hēold on hrūsan   hord-ærna sum
2280   ēacen-cræftig,   oððæt hyne ān ābealch
mon on mōde;   man-dryhtne bær
fǣted wǣge,   frioðo-wǣre bæd
hlāford sīnne.   Ðā wæs hord rāsod,
onboren bēaga hord,   bēne getīðad
2285   fēasceaftum men.   Frēa scēawode
fīra fyrn-geweorc   forman sīðe.
        þā se wyrm onwōc,   wrōht wæs genīwad;
stonc ðā æfter stāne,   stearc-heort onfand
fēondes fōt-lāst;   hē tō forð gestōp
2290   dyrnan cræfte,   dracan hēafde nēah.
Swā mæg unfǣge   ēaðe gedīgan
wēan ond wrǣc-sīð,   sē ðe Waldendes
hyldo gehealdeþ.   Hord-weard sōhte
georne æfter grunde,   wolde guman findan,
2295   þone þe him on sweofote   sāre getēode;
hāt ond hrēoh-mōd   hlǣw oft ymbe-hwearf,
ealne ūtanweardne;   nē ðær ænig mon
on þære wēstenne;   hwæðre wīges gefeh,
beaduwe weorces;   hwīlum on beorh æthwearf,

2268a 'the sole survivor'

....

ān one **unblīðe** cheerless **hweorfan** move about

dæges by day **oððæt** until **wylm** throe

2270 **hrīnan** touch **heorte** heart **hord-wyn** hoard-joy **findan** find

eald old **ūht-sceaða** night ravager

byrnende burning **biorg** barrow **sēcan** seek out

nacod naked, smooth **nīð-draca** spiteful dragon **nihtes** by night **flēogan** fly

fȳr fire **befangen** enfolded **hyne** him **fold-būend** country dwellers

2275 **swīðe** greatly **ondrǣdan** dread **gesēcean** seek out **sculan** have to

hord hoard **hrūse** earth **hǣðen** heathen

warian guard **winter** year **frōd** ancient **wihte** at all **ðȳ sēl** the better

ðēod-sceaða waster of peoples **þrēo** three **hund** hundred **winter** year

hēaldan keep **hruse** ground **hord-ærn** treasure-house **sum** a special one

2280 **ēacen-cræftig** enormous in might **oððæt** until **ān** one **ābelgan** enrage

mon man **mōd** heart **man-dryhten** master **beran** bear

fǣted plated **wǣge** cup **frioðo-wǣr** pact of peace **biddan** entreat

hlāford lord **sīn** his **hord** hoard **rāsian** rifle

onberan rob **bēag** ring **bēn** request **tīðian** grant

2285 **fēasceaft** destitute **mann** man **frēa** lord **scēawian** look upon

fīras men **fyrn-geweorc** ancient work **forma** first **sīð** time

wyrm serpent **onwæcnan** awake **wrōht** strife **nīwian** renew

stincan glide **æfter** along **stān** rock **stearc-heort** ruthless **onfindan** discover

fēond enemy **fōt-lāst** foot-trace **tō forð** too far forward **gesteppan** step

2290 **dyrne** stealthy **cræft** cunning **draca** dragon **hēafod** head **nēah** near

magan be able **unfǣge** not fated to die **ēaðe** easily **gedīgan** survive

wēa misery **wrǣc-sīð** exile **Waldend** Ruler

hyldo favour **gehealdan** protect **hord-weard** hoard-guard **sēcan** search

georne eagerly **æfter** along **grund** ground **guma** man

2295 **sweofot** sleep **sāre** grievously **getēon** deal with

hāt hot **hrēoh-mōd** savage-hearted **hlǣw** barrow **ymbe-hweorfan** go round

eal whole **ūtanweard** outside **ǣnig** any

wēsten wilderness **hwæðre** yet **wīg** war **gefēon** rejoice in

beadu battle **weorc** action **hwīlum** at times **beorh** barrow **æthweorfan** turn

2298b 'yet he rejoiced in the fight'

2300   sinc-fæt sōhte;   hē þæt sōna onfand,
    ðæt hæfde gumena sum   goldes gefandod,
    hēah-gestrēona.   Hord-weard onbād
    earfoðlīce,   oððæt ǣfen cwōm.
    Wæs ðā gebolgen   beorges hyrde,
2305   wolde se lāða   līge forgyldan
    drinc-fæt dȳre.   þā wæs dæg sceacen
    wyrme on willan;   nō on wealle læng
    bīdan wolde,   ac mid bǣle fōr,
    fȳre gefȳsed.   Wæs se fruma egeslīc
2310   lēodum on lande,   swā hyt lungre wearð
    on hyra sinc-gifan   sāre geendod.
[33]   Ðā se gæst ongan   glēdum spīwan,
    beorht hofu bærnan;   bryne-lēoma stōd
    eldum on andan;   nō ðǣr āht cwices
2315   lāð lyft-floga   lǣfan wolde.
    Wæs þæs wyrmes wīg   wīde gesȳne,
    nearo-fāges nīð   nēan ond feorran,
    hū se gūð-sceaða   Gēata lēode
    hatode ond hȳnde.   Hord eft gescēat,
2320   dryht-sele dyrnne   ǣr dæges hwīle.
    Hæfde land-wara   līge befangen,
    bǣle ond bronde;   beorges getruwode,
    wīges ond wealles;   him sēo wēn gelēah.
       þā wæs Bīowulfe   brōga gecȳðed
2325   snūde tō sōðe,   þæt his sylfes hām,
    bolda sēlest,   bryne-wylmum mealt,
    gif-stōl Gēata.   þæt ðām gōdan wæs
    hrēow on hreðre,   hyge-sorga mǣst.
    Wēnde se wīsa,   þæt hē Wealdende
2330   ofer ealde riht,   ēcean Dryhtne,

2310b–11 'just as it was quickly and painfully brought to an end for their treasure-
    giver'

2300 **sinc-fæt** precious cup   **sēcan** look for   **sōna** at once   **onfindan** discover
   guma man   **sum** some   **gefandian** tamper with
   hēah-gestrēon glorious treasure   **hord-weard** hoard-guard   **onbīdan** wait
   earfoðlīce with difficulty   **oððæt** until   **ǣfen** evening   **cuman** come
   gebolgen swollen (with rage)   **beorg** barrow   **hyrde** keeper

2305 **lāða** hateful one   **līg** flame   **forgyldan** pay back
   drinc-fæt drinking-vessel   **dȳre** precious   **dæg** day   **sceacen** passed
   wyrm serpent   **willa** delight   **weall** wall   **læng** longer
   bīdan wait   **ac** but   **bǣl** flame   **faran** go forth
   fȳr fire   **gefȳsed** prepared   **fruma** beginning   **egeslīc** terrifying

2310 **lēode** people   **swā** as   **lungre** swiftly   **weorðan** be
   on for   **sinc-gifa** treasure-giver   **sāre** grievously   **endian** bring to an end
   gǣst visitant   **onginnan** begin   **glēd** flame   **spīwan** spew forth
   beorht bright   **hof** dwelling   **bærnan** burn   **bryne-lēoma** burning glow
   elde men   **anda** terror   **āht** ought, anything   **cwic** alive

2315 **lāð** hateful   **lyft-floga** air-flier   **lǣfan** leave
   wyrm serpent   **wīg** onslaught   **wīde** far and wide   **gesȳne** to be seen
   nearo-fāg cruelly hostile   **nīð** malice   **nēan** from near   **feorran** from far
   hū how   **gūð-sceaða** destroyer   **lēode** people
   hatian hate   **hȳnan** injure   **hord** hoard   **gescēotan** shoot back to

2320 **dryht-sele** splendid hall   **dyrne** secret   **ǣr** before   **dæg** day   **hwīl** time
   land-wara dwellers in the land   **līg** flame   **befangen** enveloped
   bǣl fire   **brond** burning   **beorg** barrow   **getruwian** trust
   wīg valour   **weall** wall   **sēo** the   **wēn** hope   **gelēogan** deceive
   brōga terror   **gecȳðan** make known

2325 **snūde** swiftly   **tō sōðe** in truth   **sylfes** own   **hām** home
   bold building   **sēlest** best   **bryne-wylm** burning surge   **meltan** melt
   gif-stōl gift-stool   **gōda** hero
   hrēow sorrow   **hreðer** heart   **hyge-sorg** grief   **mǣst** greatest
   wēnan think   **wīsa** wise   **Wealdend** Ruler

2330 **ofer** against   **eald** ancient   **riht** law   **ēce** everlasting   **Dryhten** Lord

bitre gebulge;   brēost innan wēoll
þēostrum geþoncum,   swā him geþȳwe ne wæs.

      Hæfde līg-draca   lēoda fæsten,
ēa-lond ūtan,   eorð-weard ðone
2335 glēdum forgrunden;   him ðæs gūð-kyning,
Wedera þīoden,   wræce leornode.
Heht him þā gewyrcean   wīgendra hlēo
eall-īrenne,   eorla dryhten,
wīg-bord wrǣtlīc;   wisse hē gearwe,
2340 þæt him holt-wudu   helpan ne meahte,
lind wið līge.   Sceolde lǣn-daga
æþeling ǣr-gōd   ende gebīdan,
worulde līfes,   ond se wyrm somod,
þēah ðe hord-welan   hēolde lange.

2345   Oferhogode ðā   hringa fengel,
þæt hē þone wīd-flogan   weorode gesōhte,
sīdan herge;   nō hē him þā sæcce ondrēd,
nē him þæs wyrmes wīg   for wiht dyde,
eafoð ond ellen,   forðon hē ǣr fela,
2350 nearo nēðende,   nīða gedīgde,
hilde-hlemma,   syððan hē Hrōðgāres,
sigor-ēadig secg,   sele fǣlsode
ond æt gūðe forgrāp   Grendeles mǣgum
lāðan cynnes.

      Nō þæt lǣsest wæs
2355 hond-gemōta,   þǣr mon Hygelāc slōh,
syððan Gēata cyning   gūðe rǣsum,
frēa-wine folca   Frēs-londum on,
Hrēðles eafora   hioro-dryncum swealt,
bille gebēaten.   þonan Bīowulf cōm

2333–35a 'The fire-dragon had with his flames entirely destroyed the stronghold of
    the people, both the fortress and the coastal land outside it'
2341b–42 Or, if MS **þend** is emended to **līþend** rather than **lǣn**: 'The seafarer, the
    prince good from of old, had to endure the end of his days'

bitre sorely   gebelgan offend   brēost breast   innan within   wēallan well up

þēostre dark   geþonc thought   swā as   geþȳwe customary   ne not

līg-draca fiery dragon   lēode people   fæsten stronghold

ēa-lond coast   ūtan beyond   eorð-weard earth-guard, stronghold

2335   glēd flame   forgrindan destroy   ðæs for that   gūð-cyning warlike king

þīoden prince   wracu vengeance   leornian plan

hātan order   him for him   gewyrcean make   wīgend warrior   hlēo protector

eall-īren all of iron   eorl warrior   dryhten lord

wīg-bord shield   wrǣtlīc wondrous   witan know   gearwe well

2340   holt-wudu wood (from the forest)

lind linden-wood   wið against   līg fire   sculan be obliged

lǣn-dagas transitory days

æþeling prince   ǣr-gōd good from of old   gebīdan experience

wyrm serpent   somod also

þēah though   hord-wela hoarded wealth   hēaldan hold   lange for long

2345   oferhogian disdain   hring ring   fengel prince

wīd-floga far-flier   weorod troop   gesēcan go to meet

sīd large   here army   him for himself   sæcc battle   ondrǣdan fear

him for himself   wyrm serpent   wīg valour   wiht anything   dōn account

eafoð strength   ellen courage   forðon because   ǣr previously   fela many

2350   nearo narrow (place)   nēðende risking   nīð combat   gedīgan survive

hilde-hlemm battle-clash   syððan since

sigor-ēadig victory-blessed   secg man   sele hall   fǣlsian cleanse

gūð war   forgrīpan crush   mǣg relative

lāð hateful   cynn race   lǣsest least

2355   hond-gemōt hand-to-hand meeting   mon . . . slōh was slain

syððan when   cyning king   gūð battle   rǣs onslaught

frēa-wine friend and lord   folc people   on in

eafora son   hioro-drync blood-drinking (blade)   sweltan die

bill sword   bēatan strike   þonan away from there   cuman come

2348   'nor did he take much account of the worm's valour'

2357   Frēs-londum Frisia. Historians record that Hygelac died in about 520 in a
raid on the Franks, having laid waste the lands of the Hetware by the mouth
of the Rhine, the northern border of the Frankish Empire

2360   sylfes cræfte,   sund-nytte drēah;
       hæfde him on earme   eorla þrītigra
       hilde-geatwa,   þā hē tō holme stāg;
       nealles Hetware   hrēmge þorfton
       fēðe-wīges,   þē him foran ongēan
2365   linde bǣron;   lȳt eft becwōm
       fram þām hild-frecan   hāmes nīosan.
       Oferswam ðā sioleða bigong   sunu Ecgðēowes,
       earm ān-haga   eft tō lēodum;
       þǣr him Hygd gebēad   hord ond rīce,
2370   bēagas ond brego-stōl;   bearne ne truwode,
       þæt hē wið æl-fylcum   ēþel-stōlas
       healdan cūðe,   ðā wæs Hygelāc dēad.
       Nō ðȳ ǣr fēasceafte   findan meahton
       æt ðām æðelinge   ǣnige ðinga,
2375   þæt hē Heardrēde   hlāford wǣre,
       oððe þone cynedōm   cīosan wolde.
       Hwæðre hē hine on folce   frēond-lārum hēold,
       ēstum mid āre,   oððæt hē yldra wearð,
       Weder-Gēatum wēold.   Hyne wrǣc-mæcgas
2380   ofer sǣ sōhtan,   suna Ōhteres;
       hæfdon hȳ forhealden   helm Scylfinga,
       þone sēlestan   sǣ-cyninga,
       þāra ðe in Swīo-rīce   sinc brytnade,
       mǣrne þēoden.   Him þæt tō mearce wearð;
2385   hē þǣr for feorme   feorh-wunde hlēat,
       sweordes swengum,   sunu Hygelāces;
       ond him eft gewāt   Ongenðīoes bearn

2362b 'when he took the path to the ocean'. Beowulf 'had the armour of thirty' on
     his arm when he turned towards the ocean, rather than (as in older
     interpretations) during his solitary swim back to his people. The swimming
     feat is secondary to his having defeated thirty enemies before leaving the field
     upon which Hygelac lay slain
2363–65a 'not at all did the Hetware need to be triumphant about their foot-fighting,
     those who had carried shields in front of them against him'

....

2360 **sylfes** his own   **cræft** strength   **sund-nytt** swimming-feat   **drēogan** undertake

earm arm   **eorl** man   **þrītig** thirty

hilde-geatwe war-gear   **tō** towards   **holm** ocean   **stīgan** take the path

nealles not at all   **hrēmig** triumphant   **þurfan** need

fēðe-wīg foot-fighting   **him** them   **foran** before   **ongēan** against

2365 **lind** linden shield   **bēran** bear   **lȳt** few   **eft** back   **becuman** come

hild-freca fierce in battle   **hām** home   **nīosan** go to

oferswimman swim over   **sīoleð** sea   **begong** expanse   **sunu** son

earm unhappy   **ān-haga** solitary   **eft** back   **lēode** people

gebēodan offer   **hord** hoard   **rīce** kingdom

2370 **bēag** ring   **brego-stōl** royal throne   **bearn** son   **truwian** trust

wið against   **æl-fylce** foreign peoples   **ēþel-stōl** native seat

healdan hold   **cunnan** known how   **ðā** when

nō ðȳ ǣr none the sooner   **fēasceaft** destitute   **findan** prevail

æt upon   **æðeling** prince   **ðing** means

2375 **hlāford** lord   **wesan** be

oððe or   **cynedōm** royal power   **cīosan** choose, accept

hwæðre rather   **frēond-lār** friendly counsel   **healdan** uphold

ēst good will   **ār** favour   **oððæt** until   **yldra** older   **weorðan** become

wealdan rule   **hyne** him   **wræc-mæg** exile

2380 **sēcan** seek out   **sunu** son

hȳ they   **forhealdan** refuse to accept   **helm** protector

sēlest best   **sǣ-cyning** sea king

þāra ðe of those who   **sinc** treasure   **brytnian** distribute

mǣre famous   **þēoden** prince   **mearc** end   **weorðan** become

2385 **feorm** hospitality   **feorh-wund** life's wound   **hlēotan** collect

sweord sword   **sweng** stroke   **sunu** son

him ... gewītan go   **eft** back   **bearn** son

2366 **hild-freca** Beowulf

2373 **fēasceafte** the unprovided Geats

2379b **Hyne** The exiles seek Heardred

2380b Eanmund and Eadgils

2384b 'That proved the end of him' (Heardred)

2387b 'Ongentheow's son': Onela

hāmes nīosan,   syððan Heardrēd læg,
lēt ðone brego-stōl   Bīowulf healdan,
2390 Gēatum wealdan;   þæt wæs gōd cyning.

[34]   Sē ðæs lēod-hryres   lēan gemunde
uferan dōgrum,   Ēadgilse wearð,
fēasceaftum frēond;   folce gestēpte
ofer sæ sīde   sunu Ōhteres,
2395 wigum ond wæpnum.   Hē gewræc syððan
cealdum cear-sīðum,   cyning ealdre binēat.

        Swā hē nīða gehwane   genesen hæfde,
slīðra geslyhta,   sunu Ecgðīowes,
ellen-weorca,   oð ðone ānne dæg,
2400 þē hē wið þām wyrme   gewegan sceolde.
Gewāt þā twelfa sum,   torne gebolgen,
dryhten Gēata   dracan scēawian.
Hæfde þā gefrūnen,   hwanan sīo fæhð ārās,
bealo-nīð biorna;   him tō bearme cwōm
2405 māðþum-fæt mære   þurh ðæs meldan hond.
Sē wæs on ðām ðrēate   þrēottēoða secg,
sē ðæs orleges   ōr onstealde,
hæft hyge-giōmor,   sceolde hēan ðonon
wong wīsian.   Hē ofer willan gīong,
2410 tō ðæs ðe hē eorð-sele   ānne wisse,
hlæw under hrūsan   holm-wylme nēh,
ȳð-gewinne,   sē wæs innan full
wræta ond wīra.   Weard unhīore,
gearo gūð-freca   gold-māðmas hēold,
2415 eald under eorðan;   næs þæt ȳðe cēap
tō gegangenne   gumena ænigum.
        Gesæt ðā on næsse   nīð-heard cyning
þenden hælo ābēad   heorð-genēatum,

2389–90 Onela is the subject of **lēt** but not of **wæs**
2391   Sē Beowulf
2395   Hē Eadgils

....

hām home   nīosan seek   syððan when   licgan lie (dead)

lǣtan allow   brego-stōl chief's stool   healdan occupy

2390   wealdan rule   þæt he

sē he   lēod-hryre fall of a prince   lēan requital   gemunan keep in mind

ufera later   dōgor day   weorðan become

fēasceaft destitute   frēond friend   folc army   gestēpan support

sǣ sea   sīd wide   sunu son

2395   wiga warrior   wǣpen weapon   gewrecan take vengeance   syððan afterwards

ceald cold   cear-sīð expedition of sorrow   ealdor life   binēotan deprive

nīð battle   gehwā every   genesan survive

slīðe severe   geslyht onslaught   sunu son

ellen-weorc test of valour   oð until   ðone that   ān one   dæg day

2400   wyrm serpent   gewegan fight

gewītan go   twelfa of twelve   sum one   torn rage   gebelgan swell

dryhten lord   draca dragon   scēawian look upon

gefrignan learn   hwanon whence   fǣhð feud   ārīsan arise

bealo-nīð dire affliction   biorn man   bearm possession   cuman come

2405   māðþum-fæt precious cup   mǣre famous   melda informant

ðrēat company   þrēottēoða thirteenth   secg man

orlege strife   ōr beginning   onstellan bring about

hæft captive   hyge-giōmor mournful in mind   hēan abject   ðonon from there

wong place   wīsian show the way   ofer against   willa wish   gangan go

2410   ðǣs þe where   eorð-sele earth-hall   ānne alone   witan know

hlǣw cave   hruse earth   holm-wylm sea's surge   nēh near

ȳð-gewin strife of the waves   sē which   innan inside

wrǣt engraved work   wīr (gold) wire   weard guardian   unhīore monstrous

gearo ready   gūð-freca warrior   gold-māðmas gold treasures   healdan keep

2415   eald ancient   ȳðe easy   cēap bargain

gegangan obtain   guma man   ǣnig any

gesittan sit down   næs headland   nīð-heard bold in combat   cyning king

þenden while   hǣlo encouragement   ābēodan offer   heorð-
                                                                genēat hearth companion

2396   cyning Onela
2401a 'He went with eleven companions'
2410   'to the place which he alone knew, the earth-hall'

gold-wine Gēata.   Him wæs geōmor sefa,
2420 wǣfre ond wæl-fūs,   wyrd ungemete nēah,
sē ðone gomelan   grētan sceolde,
sēcean sāwle hord,   sundur gedǣlan
līf wið līce;   nō þon lange wæs
feorh æþelinges   flǣsce bewunden.

2425   Bīowulf maþelade,   bearn Ecgðēowes:
'Fela ic on giogoðe   gūð-rǣsa genæs,
'orleg-hwīla;   ic þæt eall gemon.
'Ic wæs syfan-wintre,   þā mec sinca baldor,
'frēa-wine folca   æt mīnum fæder genam.
2430 'Hēold mec ond hæfde   Hrēðel cyning,
'geaf mē sinc ond symbel,   sibbe gemunde;
'næs ic him tō līfe   lāðra ōwihte
'beorn in burgum   þonne his bearna hwylc,
'Herebeald ond Hæðcyn,   oððe Hygelāc mīn.
2435 'Wæs þām yldestan   ungedēfelīce
'mǣges dǣdum   morþor-bed strēd,
'syððan hyne Hæðcyn   of horn-bogan,
'his frēa-wine   flāne geswencte,
'miste mercelses   ond his mǣg ofscēt,
2440 'brōðor ōðerne,   blōdigan gāre.
'þæt wæs feoh-lēas gefeoht,   fyrenum gesyngad,
'hreðre hyge-mēðe;   sceolde hwæðre swā þēah
'æðeling unwrecen   ealdres linnan.
'Swā bið geōmorlīc   gomelum ceorle
2445 'tō gebīdanne,   þæt his byre rīde
'giong on galgan.   þonne hē gyd wrece,
'sārigne sang,   þonne his sunu hangað
'hrefne tō hrōðre   ond hē him helpe ne mæg,

2421 **sē** 'which' (though **wyrd** is feminine)
2428 Boys were often fostered out in noble families, and gave their loyalty to the foster-father. Hrethel is the father of Beowulf's mother
2441 'That was an assault without compensation, criminally sinful'

gold-wine gold-friend   **geōmor** mournful   **sefa** breast

2420   **wǣfre** restless   **wæl-fūs** ready for death   **wyrd** fate   **ungemete** immeasurably
                                                                                                   nēah near

gomela old (man)   **grētan** meet   **sculan** be obliged to

sēcean seek   **sāwol** soul   **hord** treasure   **sundor** asunder   **gedǣlan** divide

wið from   **līc** body   **þon** from then   **longe** for long

feorh life   **æþeling** prince   **flǣsc** flesh   **bewindan** enclasp

2425   **maþelian** speak   **bearn** son

fela many   **giogoð** youth   **gūð-rǣs** onslaught in war   **genesan** survive

orleg-hwīl time of strife   **gemunan** remember

syfan-wintre seven years old   **mec** me   **sinca** treasure   **baldor** lord

frēa-wine lord-friend   **folc** people   **æt** from   **geniman** receive

2430   **heoldan** protect   **habban** keep   **cyning** king

gyfan give   **sinc** treasure   **symbel** feast   **sibb** kinship   **gemunan** keep in mind

tō in   **lāðra** more hateful   **ōwihte** anything

beorn a warrior   **burg** stronghold   **þonne** than   **bearn** son   **hwylc** each

oððe or   **mīn** my

2435   **yldesta** eldest   **ungedēfelīce** unfittingly

mǣg kinsman   **dǣd** deed   **morþor-bed** violent death-bed   **strēd** prepared

syððan when   **hyne** him   **horn-boga** horn bow

frēa-wine lord and friend   **flān** arrow   **geswencan** strike down

missan miss   **mercels** mark   **mǣg** kinsman   **ofscēotan** shoot dead

2440   **brōðor** brother   **ōðer** another   **blōdig** blood-stained   **gār** shaft

feōh-lēas inexpiable   **gefeoht** assault   **fyrenum** wickedly   **syngian** sin

hreðer heart   **hyge-mēðe** mind-wearying   **hwæðre** yet   **swā þeah** nevertheless

æðeling prince   **unwrecen** unavenged   **aldor** life   **linnan** lose

geōmorlīc sorrowful   **gomel** old   **ceorl** man

2445   **gebīdan** endure   **byre** son   **rīdan** ride

giong young   **galga** gallows   **þonne** then   **gyd** lament   **wrecan** raise

sārig sorrowful   **sang** song   **sunu** son   **hangian** hang

hrefn raven   **hrōðor** joy   **help** help

2444–45a 'Likewise it is sorrowful for an old man to endure . . .' A father cannot
take vengeance on a son who has accidentally killed another son; a plight
compared to that of the father of a criminal who has been justly hanged. As
there is no lawful remedy, he despairs

'eald ond infrōd,   ænige gefremman.

2450 'Symble bið gemyndgad   morna gehwylce
'eaforan ellor-sīð;   ōðres ne gȳmeð
'tō gebīdanne   burgum in innan
'yrfe-weardas,   þonne se ān hafað
'þurh dēaðes nȳd   dǣda gefondad.

2455 'Gesyhð sorh-cearig   on his suna būre
'wīn-sele wēstne,   windge reste,
'rēote berofene;   rīdend swefað,
'hæleð in hoðman;   nis þǣr hearpan swēg,
'gomen in geardum,   swylce ðǣr iū wǣron.

[35]   'Gewīteð þonne on sealman,   sorh-lēoð gæleð,
'ān æfter ānum;   þūhte him eall tō rūm,
'wongas ond wīc-stede.   Swā Wedra helm
'æfter Herebealde   heortan sorge
'weallinde wæg;   wihte ne meahte

2465 'on ðām feorh-bonan   fǣghðe gebētan;
'nō ðȳ ǣr hē þone heaðo-rinc   hatian ne meahte
'lāðum dǣdum,   þēah him lēof ne wæs.
'Hē ðā mid þǣre sorhge,   þe him tō sār belamp,
'gum-drēam ofgeaf,   Godes lēoht gecēas;

2470 'eaferum lǣfde,   swā dēð ēadig mon,
'lond ond lēod-byrig,   þā hē of līfe gewāt.

       'þā wæs synn ond sacu   Swēona ond Gēata;
'ofer wīd wæter   wrōht gemǣne,
'here-nīð hearda,   syððan Hrēðel swealt,

2475 'oððe him Ongenðēowes   eaferan wǣran
'frome, fyrd-hwate;   frēode ne woldon
'ofer heafo healdan,   ac ymb Hrēosna-beorh

2451b–54 'he does not care to wait for a second heir [yrfe–weardas is genitive
       singular] in the stronghold, when the first has, under the compulsion of death,
       experienced the last of his deeds'
2461a 'one for one': the father for the son
2465b 'make good by violence'

eald old infrōd experienced gefremman accomplish

2450 symble constantly gemyndgad reminded morn morning gehwylc each

eafora son ellor-sīð journey elsewhere ōðor another, second gȳman care

gebīdan wait for burg stronghold in innan within

yrfe-weard heir þonne when ān first

nȳd compulsion dǣd deed gefondad come to the last

2455 gesēon look sorh-cearig sorrow sunu son būr dwelling

wīn-sele wine-hall wēste deserted windig wind-swept reste resting-place

rēotu joy berōfen bereft rīdend horseman swefan sleep

hæleð hero hoðma grave hearpa harp swēg sound

gomen mirth geard court swylce as iū once

2460 gewītan go sealma bed sorh-lēoð grief-song galan sing

ān one æfter for ān one þyncan seem eall all tō too rūm large

wong field wīc-stede dwelling place swā thus helm protector

æfter for heort heart sorge sorrow

weallan surge wegan endure wihte with anything

2465 on against feorh-bona slayer fǣghð violence gebētan make good

nō ðȳ ǣr not any the sooner heaðo-rinc warrior hātian show hatred

lāð hostile dǣd action þēah although lēof dear

mid because of sorhg sorrow tō too sār bitter belimpan befall

gum-drēam joys of men ofgyfan give up lēoht light gecēosan choose

2470 eafora offspring lǣfan leave dōn do ēadig fortunate

lēod-byrig town of from gewītan go

synn wrong-doing sacu conflict

ofer across wroht feud gemǣne mutual

here-nīð enmity of armies heard fierce syððan after sweltan die

2475 oððe and eafera offspring

from bold fyrd-hwæt active in war frēod friendship

hæf sea ac but ymb about

2469b A Christian formula

2470 ēadig In that he still has a son to whom he can leave 'land and townships', the
desolate Hrethel is fortunate in a way not granted to Beowulf

2473a Taken as a reference to the lakes which separated the Swedes from the Geats

2475a oððe must mean 'and' or 'since' rather than 'or'; him 'on his behalf'

'eatolne inwit-scear   oft gefremedon.
'þæt mæg-wine   mīne gewrǣcan,
2480 'fǣhðe ond fyrene,   swā hyt gefrǣge wæs,
'þēah ðe ōðer his   ealdre gebohte,
'heardan cēape;   Hæðcynne wearð,
'Gēata dryhtne,   gūð onsǣge.
'þā ic on morgne gefrægn   mæg ōðerne
2485 'billes ecgum   on bonan stǣlan,
'þǣr Ongenþēow   Eofores nīosað;
'gūð-helm tōglād,   gomela Scylfing
'hrēas heoro-blāc;   hond gemunde
'fǣhðo genōge,   feorh-sweng ne oftēah.
2490   'Ic him þā māðmas,   þe hē mē sealde,
'geald æt gūðe,   swā mē gifeðe wæs,
'lēohtan sweorde;   hē mē lond forgeaf,
'eard, ēðel-wyn.   Næs him ǣnig þearf,
'þæt hē tō Gifðum   oððe tō Gār-Denum
2495 'oððe in Swīo-rīce   sēcean þurfe
'wyrsan wīg-frecan,   weorðe gecȳpan.
'Symle ic him on fēðan   beforan wolde,
'āna on orde,   ond swā tō aldre sceall
'sæcce fremman,   þenden þis sweord þolað,
2500 'þæt mec ǣr ond sīð   oft gelǣste,
'syððan ic for dugeðum   Dæghrefne wearð
'tō hand-bonan,   Hūga cempan.
'Nalles hē ðā frætwe   Frēs-cyninge,
'brēost-weorðunge   bringan mōste,
2505 'ac in campe gecrong   cumbles hyrde,
'æþeling on elne;   ne wæs ecg bona,

2484–85 'I heard then that in the morning one kinsman avenged the other on the
    slayer, with the edge of the sword': Hygelac avenged his brother Hathkin on
    Ongentheow, who fell to the sword of Hygelac's thane Eofor. Beowulf's claim

....

eatol terrible   **inwit-scear** malicious slaughter   **gefremman** carry out

mæg-wine friend and kinsman   **gewrecan** avenge

2480   **fæhð** attack   **fyren** outrage   **swā** as   **gefræge** known

þēah ðe although   **ōðer** one of them   **ealdor** life   **gebycgan** pay for

heard hard   **cēap** bargain   **weorðan** prove

dryhten lord   **gūð** war   **onsæge** fatal

morgen morning   **gefrignan** learn   **mæg** kinsman   **ōðer** the other

2485   **bill** sword   **ecg** edge   **bona** slayer   **stælan** avenge

þær when   **nīosan** attack

gūð-helm war-helmet   **tōglīdan** split   **gomel** aged

hrēosan fall   **heoro-blāc** pale from the sword   **hond** hand   **gemunan** remember

fæhð atrocity   **genōg** enough   **feorh-sweng** life-blow   **oftēon** hold back

2490   **māðmas** treasures   **sellan** give

gyldan repay   **gūð** battle   **gifeðe** granted

lēoht gleaming   **forgyfan** give in return

eard land   **ēðel-wyn** the joy of a domain   **þearf** need

oððe or

2495   **oððe** or   **sēcean** seek   **þurfan** need

wyrsa lesser   **wīg-freca** warrior   **weorð** price   **gecȳpan** buy

symle always   **fēða** band of foot-soldiers   **beforan** in front

āna alone   **ord** van   **swā** so   **tō aldre** through life

sæcc battle   **fremman** do   **þenden** while   **þolian** last

2500   **þæt** which   **ær** early   **sīð** late   **gelæstan** serve

syððan since   **for** before   **duguð** noble guard   **weorðan** prove

tō as   **hand-bona** slayer by hand   **cempa** champion

nalles not at all   **frætwe** trappings

brēost-weorðung breast-adornment   **bringan** present   **mōtan** be allowed

2505   **ac** but   **camp** battle   **gecringan** fall   **cumbol** standard   **hyrde** keeper

æþeling prince   **ellen** valour   **ecg** edge   **bona** slayer

to have 'heard about' this is in epic style. The death of 'the aged Scylfing' is
described at 2922ff

2490   **him** Hygelac, who is now Beowulf's king

2497b   'was accustomed to be in front of'

'ac him hilde-grāp   heortan wylmas,
'bān-hūs gebræc.   Nū sceall billes ecg,
'hond ond heard sweord   ymb hord wīgan.'

2510   Bēowulf maðelode,   bēot-wordum spræc
nīehstan sīðe: 'Ic genēðde fela
'gūða on geogoðe;   gȳt ic wylle,
'frōd folces weard,   fæhðe sēcan,
'mærðu fremman,   gif mec se mān-sceaða

2515 'of eorð-sele   ūt gesēceð!'
Gegrētte ðā   gumena gehwylcne,
hwate helm-berend   hindeman sīðe,
swǣse gesīðas: 'Nolde ic sweord beran,
'wǣpen tō wyrme,   gif ic wiste hū

2520 'wið ðām āglǣcean   elles meahte
'gylpe wiðgrīpan,   swā ic giō wið Grendle dyde;
'ac ic ðǣr heaðu-fȳres   hātes wēne,
'oreðes ond attres;   forðon ic mē on hafu
'bord ond byrnan.   Nelle ic beorges weard

2525 'oferflēon fōtes trem,   ac unc furður sceal
'weorðan æt wealle,   swā unc wyrd getēoð
'Metod manna gehwæs.   Ic eom on mōde from,
'þæt ic wið þone gūð-flogan   gylp ofersitte.
'Gebīde gē on beorge,   byrnum werede,

2530 'secgas on searwum,   hwæðer sēl mæge
'æfter wæl-rǣse   wunde gedȳgan
'uncer twēga.   Nis þæt ēower sīð,
'nē gemet mannes,   nefne mīn ānes
'þæt hē wið āglǣcean   eofoðo dǣle,

2535 "eorlscype efne.   Ic mid elne sceall
'gold gegangan,   oððe gūð nimeð,
'feorh-bealu frēcne,   frēan ēowerne!'

2507–08a Beowulf kills Dayraven with his bare hands
2521a **gylpe** 'in accordance with my vow'

ac but   hilde-grāp battle-grasp   wylm beating

bān-hūs bone frame   gebrēcan crush   nū now   bill sword   ecg edge

ymb for   hord hoard   wīgan do battle

2510   maðelian make a speech   bēot-word vow   sprecan speak

nīehsta last   sīð time   genēðan venture upon   fela many

gūð battle   geogoð youth   gȳt still   willan wish

frōd old   folc people   weard guardian   fǣhð conflict   sēcan seek out

mǣrðu glory   fremman achieve   gif if   mec me   mān-sceaða evil attacker

2515   of from   eorð-sele earthen hall   ūt out   gesēcan come to meet

gegrētan greet   ðā then   guma man   gehwylc each

hwæt bold   helm-berend helm-wearer   hindema last   sīð time

swǣse dear   gesīð companion   willan be willing   beran take

wǣpen weapon   wyrm serpent   gif if   witan know   hū how

2520   wīð against   āglǣcea monster   elles otherwise

gylp vow   wiðgrīpan grapple with   giō long ago

ac but   heaðu-fȳr hostile fire   hāt hot   wēnan expect

ōreð breath   attor venom   forðon therefore   habban have

bord shield   byrne mail-coat   willan wish   beorg barrow   weard keeper

2525   oferflēon flee from   fōt foot   trem step   unc for us two   furður further

weorðan work out   weall wall   wyrd fate   getēon assign

Metod Lord   gehwā every   mōd spirit   from bold

wið against   gūð-floga flying enemy   gylp vow   ofersittan forbear from

gebīdan await   gē you   beorg barrow   byrne mail-coat   werian defend

2530   secg man   searo armour   hwæðer which of two   sēl better

wæl-rǣs deadly onset   wund wound   gedȳgan survive

uncer of us   twēgen two   ēower your   sīð adventure

gemet what is measured out   nefne except   ānes alone

āglǣcea monster   eafoð strength   dǣlan match

2535   eorlscype warrior's deed   efnan perform   ellen valour

gegangan win   oððe or   gūð battle   niman take

feorh-bealu life's bane   frēcne terrible   frēa lord   ēower your

2525b–28 'but it shall work out further for us at the wall [of the barrow] as the Judge
of every man grants his destiny to each of us two. I am bold in spirit, so that
I may forbear from further vows against the winged fighter'

Ārās ðā bī ronde   rōf ōretta,
heard under helme,   hioro-sercean bær
2540 under stān-cleofu,   strengo getruwode
ānes mannes;   ne bið swylc earges sīð!

Geseah ðā be wealle,   sē ðe worna fela,
gum-cystum gōd,   gūða gedīgde,
hilde-hlemma,   þonne hnitan fēðan,
2545 stondan stān-bogan,   strēam ūt þonan
brecan of beorge;   wæs þǣre burnan wælm
heaðo-fȳrum hāt;   ne meahte horde nēah
unbyrnende   ænige hwīle
dēop gedȳgan   for dracan lēge.

2550 Lēt ðā of brēostum,   ðā hē gebolgen wæs,
Weder-Gēata lēod   word ūt faran,
stearc-heort styrmde;   stefn in becōm
heaðo-torht hlynnan   under hārne stān.

Hete wæs onhrēred,   hord-weard oncnīow
2555 mannes reorde;   næs ðǣr māra fyrst
frēode tō friclan.   From ǣrest cwōm
oruð āglǣcean   ūt of stāne,
hāt hilde-swāt;   hrūse dynede.

Biorn under beorge   bord-rand onswāf
2560 wið ðām gryre-gieste,   Gēata dryhten;
ðā wæs hring-bogan   heorte gefȳsed
sæcce tō sēceanne.   Sweord ǣr gebrǣd
gōd gūð-cyning,   gomele lāfe,
ecgum ungleaw;   ǣghwæðrum wæs
2565 bealo-hycgendra   brōga fram ōðrum.
Stīð-mōd gestōd   wið stēapne rond
winia bealdor,   ðā se wyrm gebēah
snūde tōsomne;   hē on searwum bād.
Gewāt ðā byrnende   gebogen scrīðan,

2545a The stone arches, with later details, suggest a megalithic chambered barrow

ārīsan arise   rond shield   rōf famed   ōretta champion

heard brave   hioro-serce sword-shirt   beran wear

2540 stān-clif rocky cliff   strengo strength   getruwian trust

ān single   swylc such   earg coward   sīð venture

gesēon see   weall wall   sē ðe he who   worn multitude   fela many

gum-cyst virtue   gōd strong   gūð war   gedīgan survive

hilde-hlem battle-clash   þonne when   hnitan clash   fēða troop

2545 stondan stand   stān-boga arch   þonan from there

brecan break   of out from   beorg barrow   burne stream   wælm tide

heaðo-fȳr spiteful fire   hāt hot   hord hoard   nēah near

unbyrnende without burning   hwīl time

dēop vault   gedȳgan pass through safely   draca dragon   lēg flame

2550 lǣtan let   brēost breast   ðā as   gebolgen swollen (with rage)

lēod prince   ūt out   faran go

stearc-heort fierce heart   styrman shout   stefn voice   becuman come

heaðo-torht clear in battle   hlynnan resound   hār grey   stān stone

hete hate   onhrēran arouse   hord-weard guardian of the hoard

oncnāwan recognize

2555 reord voice   māra more   fyrst time

frēod friendship   friclan ask for   ǣrest first   cuman come

oruð breath   āglǣcea monster   stān stone

hāt hot   hilde-swāt battle-steam   hrūse earth   dynnan boom

biorn warrior   beorg barrow   bord-rand round shield   onswīfan swing up

2560 wið against   gryre-giest loathsome stranger   dryhten lord

hring-boga ring-coiled   heorte heart   gefȳsed fired

sæcc battle   sēcean seek   ǣr earlier   gebregdan draw

gōd valorous   gūð-cyning war-king   gomela ancient   lāf heirloom

ecg edge   ungleaw very sharp   ǣghwæðer each

2565 bealo-hycgend intending destruction   brōga terror   fram at   ōðer other

stīð-mōd resolute   gestandan take a stand   wið by   stēap tall   rond shield

wine friend   bealdor leader   wyrm serpent   gebūgan coil (oneself)

snūde swiftly   tōsomne together   searo armour   bīdan await

gewītan go   byrnende burning   gebogen coiled   scrīðan glide

2564b–65 'for each of those intending destruction there was terror at the other'

2570 tō gescipe scyndan.   Scyld wēl gebearg
     līfe ond līce   lǣssan hwīle
     mǣrum þēodne   þonne his myne sōhte;
     ðǣr hē þȳ fyrste   forman dōgore
     wealdan mōste,   swā him wyrd ne gescrāf
2575 hrēð æt hilde.   Hond up ābrǣd
     Gēata dryhten,   gryre-fāhne slōh
     incge-lāfe,   þæt sīo ecg gewāc,
     brūn on bāne,   bāt unswīðor
     þonne his ðīod-cyning   þearfe hæfde,
2580 bysigum gebǣded.   þā wæs beorges weard
     æfter heaðu-swenge   on hrēoum mōde,
     wearp wæl-fȳre,   wīde sprungon
     hilde-lēoman.   Hrēð-sigora ne gealp
     gold-wine Gēata;   gūð-bill geswāc,
2585 nacod æt nīðe,   swā hyt nō sceolde,
     īren ǣr-gōd.   Ne wæs þæt ēðe sīð,
     þæt se mǣra   maga Ecgðēowes
     grund-wong þone   ofgyfan wolde;
     sceolde ofer willan   wīc eardian
2590 elles hwergen,   swā sceal ǣghwylc mon
     ālǣtan lǣn-dagas.   Næs ðā long tō ðon,
     þæt ðā āglǣcean   hȳ eft gemētton.
     Hyrte hyne hord-weard   – hreðer ǣðme wēoll –
     nīwan stefne;   nearo ðrōwode,
2595 fȳre befongen,   sē ðe ǣr folce wēold.
     Nealles him on hēape   hand-gesteallan,
     æðelinga bearn   ymbe gestōdon
     hilde-cystum,   ac hȳ on holt bugon,
     ealdre burgan.   Hiora in ānum wēoll
2600 sefa wið sorgum.   Sibb ǣfre ne mæg

2570b–75a 'The shield gave the life and body of the famous prince good protection
     for less time than he had planned, on this the first occasion in his life when he
     was to manage without fate having assigned him glory in battle'

2570 **gescipe** fate **scyndan** hasten **scyld** shield **gebeorgan** protect

līc body **lǣssa** lesser **hwīl** time

mǣre famous **þēoden** prince **þonne** than **myne** intention **sēcan** seek

ðǣr where **þȳ** at that **fyrst** time **forma** first **dōgor** day

wealdan manage **mōtan** be allowed **swā** as **wyrd** fate **gescrīfan** assign

2575 **hrēð** glory **hilde** battle **ābregdan** raise

dryhten lord **gryre-fāh** terrible in its markings **slēan** strike

incge-lāf mighty inheritance **ecg** edge **gewīcan** fail

brūn gleaming **bān** bone **bītan** bite **unswīðor** less strongly

þonne than **his** its **ðīod-cyning** king of a people **þearf** need **habban** have

2580 **bysigu** trouble **gebǣdan** press hard **beorg** barrow **weard** guardian

heaðu-sweng battle-stroke **hrēo** savage **mōd** mood

weorpan throw **wæl-fȳr** deadly fire **wīde** far **springan** spring

hilde-lēoma light of battle **hrēð-sigor** glorious victory **gylpan** boast

gold-wine gold-giving friend **gūð-bill** war-sword **geswīcan** fail

2585 **nacod** bare **nīð** battle

īren iron **ǣr-gōd** good from of old **ēðe** easy **sīð** expedition

mǣre famous **maga** son

grund-wong place on earth **þone** that **ofgyfan** give up

sculan be obliged **ofer** against **willa** wish **wīc** dwelling **eardian** inhabit

2590 **elles hwergen** elsewhere **ǣghwylc** each

ālǣtan leave **lǣn-dagas** transitory days **tō ðon** until the time

āglǣcea terrible one **eft** again **gemētan** meet

hyrtan take heart **hord-weard** hoard-keeper **hreðer** breast **ǣðm** breath
                                                                        weallan heave

nīwa fresh **stefn** occasion **nearo** severe straits **ðrōwian** suffer

2595 **fȳr** fire **befongen** enclosed **ǣr** formerly **folc** people **wealdan** rule

nealles not at all **hēap** band **hand-gestealla** close companion

æðeling prince **bearn** son **ymbe** about **gestandan** take a stand

hilde-cyst virtue in battle **ac** but **holt** wood **bugan** flee

ealdor life **beorgan** save **hiora** of them **ān** one **weallan** well up

2600 **sefa** spirit **sorg** grief **sibb** kinship **ǣfre** ever

2592 **āglǣcean**: Beowulf and the dragon
2600b–01 'Nothing can remove the kinship-bond for one who thinks rightly'

wiht onwendan   þām ðe wēl þenceð.

[36]   Wīglāf wæs hāten,   Wēoxstānes sunu,
leoflīc lind-wiga,   lēod Scylfinga,
mæg Ælfheres;   geseah his mon-dryhten
2605   under here-grīman   hāt þrōwian.
Gemunde ðā ðā āre   þē hē him ǣr forgeaf,
wīc-stede weligne   Wǣgmundinga,
folc-rihta gehwylc,   swā his fæder āhte;
ne mihte ðā forhabban,   hond rond gefēng,
2610   geolwe linde;   gomel swyrd getēah,
þæt wæs mid eldum   Ēanmundes lāf,
suna Ōhteres.   þām æt sæcce wearð,
wræccan wine-lēasum,   Wēohstān bana
mēces ecgum,   ond his māgum ætbær
2615   brūn-fāgne helm,   hringde byrnan,
eald-sweord etonisc.   þæt him Onela forgeaf,
his gædelinges   gūð-gewǣdu,
fyrd-searo fūslīc;   nō ymbe ðā fǣhðe spræc,
þēah ðe hē his brōðor bearn   ābredwade.
2620   Hē frætwe gehēold   fela missēra,
bill ond byrnan,   oððæt his byre mihte
eorlscipe efnan   swā his ǣr-fæder;
geaf him ðā mid Gēatum   gūð-gewǣda
ǣghwæs unrīm,   þā hē of ealdre gewāt,
2625   frōd on forð-weg.   þā wæs forma sīð
geongan cempan,   þæt hē gūðe ræs
mid his frēo-dryhtne   fremman sceolde.

2602   With Wiglaf come new perspectives. He is a prince of the Scylfings, who rule
the Swedes. His father fought for Onela and slew Eanmund, a guest of the
Geats. Beowulf had helped Eadgils kill Onela and regain the throne of
Sweden (2391ff). Later Beowulf confirms Wiglaf in his inheritance of the
domain of the Wægmundings – a race to which, it turns out, Beowulf also
belongs
2610b Wiglaf inherits Eanmund's sword through his father Weohstan. Weohstan

wiht anything   **onwendan** set aside   **þencan** think
hātan call   **sunu** son
lēoflīc beloved   **lind-wiga** shield-warrior   **lēod** prince
mǣg kinsman   **gesēon** see   **mon-dryhten** liege lord

2605   **here-grīma** army-mask, helmet   **hāt** heat   **þrōwian** suffer
gemunan remember   **ār** favour   **ǣr** formerly   **forgyfan** bestow
wīc-stede dwelling-place   **welig** wealthy
folc-riht legal right in common land   **gehwylc** each   **swā** as   **āgan** own
forhabban hold back   **rond** shield   **gefōn** grasp

2610   **geolo** yellow   **lind** shield   **gomel** ancient   **swyrd** sword   **getēon** draw
elde men   **lāf** legacy
sunu son   **þām** to him   **sæcc** battle   **weorðan** prove
wræcca exile   **wine-lēas** friendless   **bana** slayer
mēce sword   **ecg** edge   **mǣg** kinsman   **ætberan** carry to

2615   **brūn-fāg** burnished   **helm** helmet   **hringed** made with rings   **byrne** corslet
eald-sweord ancient sword   **etonisc** giant-made   **forgyfan** give
gædeling kinsman   **gūð-gewǣdu** war-garb
fyrd-searo armour   **fūslic** ready   **nō** not   **fǣhð** violent deed   **sprecan** speak
þēah though   **brōðor** brother   **bearn** son   **ābredwian** kill

2620   **frætwe** precious things   **gehealdan** keep   **fela** many   **missēre** half-year
bill sword   **byrne** corslet   **oððæt** until   **byre** son
eorlscipe noble deeds   **efnan** perform   **ǣr-fæder** forefather
gyfan give   **gūð-gewǣde** war-garb
ǣghwæt everything   **unrīm** countless number   **ealdor** life   **gewītan** depart

2625   **frōd** old and wise   **forð-weg** way hence   **forma** first   **sīð** time
geong young   **cempa** champion   **gūð** war   **rǣs** onslaught
frēo-dryhten noble lord   **fremman** make   **sculan** have to

had killed Eanmund, Onela's nephew, and presented Eanmund's sword to
Onela, who gave it back to him. It is this sword, which Eanmund may have
inherited from Ohthere, that wounds the dragon

2617   **his** Onela's
2619   **hē** Weohstan; **his brōðor** 'his (Onela's) brother's'
2620   **Hē** Weohstan
2623a   The Wægmundings may have lived between the Swedes and the Geats

Ne gemealt him se mōd-sefa,   nē his mǣges lāf
gewāc æt wīge.   þæt se wyrm onfand,
2630 syððan hīe tōgædre   gegān hæfdon.
Wīglāf maðelode,   word-rihta fela
sægde gesīðum   – him wæs sefa geōmor.

'Ic ðæt mǣl geman,   þǣr wē medu þēgun,
'þonne wē gehēton   ūssum hlāforde
2635 'in bīor-sele,   ðe ūs ðās bēagas geaf,
'þæt wē him ðā gūð-getāwa   gyldan woldon,
'gif him þyslicu   þearf gelumpe,
'helmas ond heard sweord.   Ðē hē ūsic on herge gecēas
'tō ðyssum sīð-fate   sylfes willum,
2640 'onmunde ūsic mǣrða,   ond mē þās māðmas geaf,
'þē hē ūsic gār-wīgend   gōde tealde,
'hwate helm-berend,   þēah ðe hlāford ūs
'þis ellen-weorc   āna āðōhte
'tō gefremmanne,   folces hyrde,
2645 'forðām hē manna mǣst   mǣrða gefremede,
'dǣda dollīcra.   Nū is sē dæg cumen
'þæt ūre man-dryhten   mægenes behōfað,
'gōdra gūð-rinca;   wutun gongan tō,
'helpan hild-fruman,   þenden hyt sȳ,
2650 'glēd-egesa grim!   God wāt on mec,
'þæt mē is micle lēofre,   þæt mīnne līc-haman
'mid mīnne gold-gyfan   glēd fæðmie.
'Ne þynceð mē gerysne,   þæt wē rondas beren
'eft tō earde,   nemne wē ǣror mægen
2655 'fāne gefyllan,   feorh ealgian
'Wedra ðēodnes.   Ic wāt geare,
'þæt nǣron eald-gewyrht,   þæt hē āna scyle
'Gēata duguðe   gnorn þrōwian,

2631 **word-riht** alternatively 'statement of duty'
2642b **ūs** 'for us'
2645   'because of all men he had achieved the greatest deeds of glory'

gemeltan melt   mōd-sefa spirit   mæg kinsman   lāf legacy

gewīcan fail   wīg fray   wyrm serpent   onfindan discover

2630   syððan when   tōgædre together   gān go

maðelian make a speech   word-riht word of truth   fela many

secgan say   gesīð companion   sefa spirit   geōmor sad

mǣl time   gemunan remember   þǣr where   medu mead   þicgan take

þonne when   gehātan promise   ūssum to our   hlāford lord

2635   bīor-sele beerhall   ðe who   ðās these   bēag ring   gyfan give

gūð-getāwa war-trappings   gyldan repay

gif if   þyslic such   þearf need   gelimpan befall

helm helmet   ðē for this reason   ūsic us   here army   gecēosan choose

sīð-fæt expedition   sylf own   willa will

2640   onmunan consider worthy   mǣrðo fame   māðmas treasures   gyfan give

þē because   gār-wīgend spear-warrior   gōd good   tellan account

hwæt keen   helm-berend helm-wearer   þēah ðe although   hlāford lord

ellen-weorc task of courage   āna alone   āðencan intend

gefremman accomplish   folc people   hyrde shepherd

2645   forðām because   mǣst most   mǣrðo deed of glory   gefremman perform

dǣd deed   dollīc daring   nū now   dæg day   cuman come

ūre our   man-dryhten liege lord   mægen strength   behōfian have need of

gōd good   gūð-rinc warrior   wutun let us   gangan go

helpan to help   hild-fruma leader in battle   þenden while   wesan be, last

2650   glēd-egesa terror from fire   witan know   on of   mec me

micle much   lēofra dearer   līc-hama body

mid with   gold-gyfa gold-giver   glēd fire   fæðmian embrace

þyncan seem   gerysne fitting   rond shield   beran carry

eft back   eard home   nemne unless   ǣror first   magan be able

2655   fā foe   gefyllan bring down   feorh life   ealgian defend

●   ðēoden prince   witan know   geare well

ne not   wesan be   eald-gewyrht former deeds   āna alone   sculan should

duguð guard   gnorn affliction   þrōwian suffer

2649   hyt 'heat' or (referring forward to glēd-egesa) 'it'

2657   'that former deeds were not such that he alone must'

'gesīgan æt sæcce;   ūrum sceal sweord ond helm,
2660 'byrne ond beadu-scrūd   bām gemǣne.'
        Wōd þā þurh þone wæl-rēc,   wīg-heafolan bær
frēan on fultum,   fēa worda cwæð:
'Lēofa Bīowulf,   lǣst eall tela,
'swā ðū on geoguð-fēore   geāra gecwǣde,
2665 'þæt ðū ne ālǣte   be ðē lifigendum
'dōm gedrēosan;   scealt nū dǣdum rōf,
'æðeling ān-hȳdig,   ealle mægene
'feorh ealgian;   ic ðē ful-lǣstu!'
        Æfter ðām wordum   wyrm yrre cwōm,
2670 atol inwit-gæst,   ōðre sīðe,
fȳr-wylmum fāh,   fīonda nīosian,
lāðra manna;   līg ȳðum fōr,
born bord wið rond;   byrne ne meahte
geongum gār-wigan   gēoce gefremman;
2675 ac se maga geonga   under his mǣges scyld
elne geēode,   þā his āgen wæs
glēdum forgrunden.   þā gēn gūð-cyning
mǣrða gemunde,   mægen-strengo slōh
hilde-bille,   þæt hyt on heafolan stōd
2680 nīþe genȳded;   Nægling forbærst,
geswāc æt sæcce   sweord Bīowulfes,
gomol ond grǣg-mǣl.   Him þæt gifeðe ne wæs,
þæt him īrenna   ecge mihton
helpan æt hilde;   wæs sīo hond tō strong,
2685 sē ðe mēca gehwane,   mīne gefrǣge,
swenge ofersōhte,   þonne hē tō sæcce bær
wǣpen wundum heard;   næs him wihte ðē sēl.

        þā wæs þēod-sceaða   þriddan sīðe,
frēcne fȳr-draca   fǣhða gemyndig,

2659b-60 'both of us must share together sword and helmet . . .'
2680   Nailing fails Beowulf, as Hrunting had
2682   **Him** Beowulf

gesīgan sink sæcc battle ūrum to us

2660 byrne corslet beadu-scrūd battle-coat bām to both gemǣne shared
wadan advance wæl-rēc deadly smoke wīg-heafolad helmet beran bear
frēa lord fultum help fēa few cweðan speak
lēof dear lǣstan perform eall all tela well
swā as geogoð-fēorh youth-time geāra long ago gecweðan declare

2665 ne not ālǣtan allow be while ðē thee lifigend living
dōm glory gedrēosan abate dǣd deed rōf famed
æðeling prince ān-hȳdig resolute mægen strength
feorh life ealgian defend ful-lǣstan support
wyrm serpent yrre angry cuman come

2670 atol terrible inwit-gæst spiteful visitant ōðer second sīð time
fȳr-wylm fire-surge fāh adorned fīond enemy nīosian seek out
lāð hostile līg flame ȳð wave faran advance
byrnan burn bord shield wið up to rond boss byrne corslet
geong young gār-wīga spear-warrior gēoc help gefremman furnish

2675 ac but maga man mǣg kinsman scyld shield
elne bravely gegān go to þā when āgen own
glēd flame forgrindan destroy gēn again gūð-cyning war-king
mǣrðo glory gemunan summon mægen-strengo great strength slēan strike
hilde-bill battle-sword heafola head standan stick

2680 nīþ violence nȳdan impel forberstan shatter
geswīcan fail sæcc combat
gomol ancient grǣg-mǣl grey-marked gifeðe granted
īren iron ecg edge, sword
hild battle tō too

2685 sē ðe which mēce sword gehwā every gefrǣge information
sweng blow ofersēcan overstrain sæcc fight beran bear
wǣpen weapon wund wound wihte at all ðē sēl the better
þēod-sceaða ravager of a people þridda third sīð time
frēcne terrible fȳr-draca fire-drake fǣhð feud gemyndig mindful of

2684b–86a 'too strong was the hand which . . . overstrained every sword'
2687a wundum heard 'hardened by wounds' (cf. 1460)

2690   ræsde on ðone rōfan,   þā him rūm āgeald:
hāt ond heaðo-grim,   heals ealne ymbefēng
biteran bānum;   hē geblōdegod wearð
sāwul-drīore;   swāt ȳðum wēoll.

[37]   Ðā ic æt þearfe gefrægn   þēod-cyninges
2695   andlongne eorl   ellen cȳðan,
cræft ond cēnðu,   swā him gecynde wæs.
Ne hēdde hē þæs heafolan,   ac sīo hand gebarn
mōdiges mannes,   þær hē his mæges healp
þæt hē þone nīð-gæst   nioðor hwēne slōh,
2700   secg on searwum,   þæt ðæt sweord gedēaf,
fāh ond fæted,   þæt ðæt fȳr ongon
sweðrian syððan.   þā gēn sylf cyning
gewēold his gewitte,   wæll-seaxe gebrǣd,
biter ond beadu-scearp,   þæt hē on byrnan wæg;
2705   forwrāt Wedra helm   wyrm on middan.
Fēond gefyldan   – ferh ellen wræc –
ond hī hyne þā bēgen   ābroten hæfdon,
sib-æðelingas.   Swylc sceolde secg wesan,
þegn æt ðearfe!
                    þæt ðām þēodne wæs
2710   sīðast sige-hwīle   sylfes dædum,
worlde geweorces.   Ðā sīo wund ongon,
þe him se eorð-draca   ær geworhte,
swelan ond swellan;   hē þæt sōna onfand,
þæt him on brēostum   bealo-nīðe wēoll
2715   attor on innan.   Ðā se æðeling gīong
þæt hē bī wealle,   wīs-hycgende,
gesæt on sesse;   seah on enta geweorc,
hū ðā stān-bogan   stapulum fæste
ēce eorð-reced   innan healde.
2720   Hyne þā mid handa,   heoro-drēorigne,

2697–99 'He [Wiglaf] paid no attention to the head but as he was helping his
kinsman the hand of the brave man [Wiglaf] was burnt when he struck ...'

2690   **ræsan** rush   **rōf** famous one   **þā** when   **rūm** opportunity   **āgyldan** offer
    hāt hot   **heaðo-grim** battle-fierce   **heals** neck   **eal** whole   **ymbefōn** enclose
    biter sharp   **bān** tusk   **blōdegian** make bloody
    sāwul-drīor life-blood   **swāt** blood   **ȳð** wave   **weallan** well out
    þearf need   **gefrignan** hear   **þēod-cyning** king of a people

2695   **andlong** at his side   **eorl** warrior   **ellen** valour   **cȳþan** make known
    cræft skill   **cēnðu** courage   **swā** as   **gecynde** natural
    hēdan heed   **heafola** head   **ac** but   **gebyrnan** be burnt
    mōdig brave   **þǣr** when   **mǣg** kinsman   **helpan** help
    nīð-gæst hostile incomer   **nioðor** lower down   **hwēne** somewhat   **slēan** strike

2700   **secg** warrior   **searo** armour   **gedūfan** sink in
    fāh patterned   **fǣted** (gold) plated   **þæt** so that   **fȳr** fire   **onginnan** begin
    sweðrian abate   **syððan** afterwards   **gēn** again   **sylf** himself
    gewealdan master   **gewitt** senses   **wæll-seax** killing-knife   **gebregdan** draw
    biter keen   **beadu-scearp** battle-sharp   **byrne** corslet   **wegan** carry

2705   **forwrītan** cut through   **helm** protector   **on middan** in the middle
    fēond enemy   **gefyllan** fell   **ferh** life   **ellen** valour   **wrecan** drive out
    hī they   **þā bēgen** the pair   **ābrēotan** destroy
    sib-æðeling noble kinsman   **swylc** so   **secg** man   **wesan** be
    þegn thane   **ðearf** need   **þēoden** prince

2710   **sīðast** last   **sige-hwīl** time of victory   **sylf** his   **dǣd** deed
    geweorc labour   **ðā** then   **wund** wound   **onginnan** begin
    þe which   **eorð-draca** earth-dragon   **ǣr** earlier   **gewyrcan** inflict
    swelan burn   **swellan** swell   **sōna** soon   **onfindan** discover
    brēost breast   **bealo-nīð** deadly evil   **weallan** well up

2715   **attor** venom   **on innan** inside   **ðā** then   **æðeling** prince   **gangan** go
    bī by   **weal** wall   **wīs-hycgend** considering wisely
    gesittan sit down   **sess** seat   **sēon** see   **ent** giant   **geweorc** work
    hu how   **ðā** the   **stān-boga** stone arch   **stapul** pillar   **fæst** secure
    ēce age-old   **eorð-reced** earth-hall   **innan** within   **healdan** hold

2720   **hyne** him   **mid** with   **heoro-drēorig** blood-stained

2706a   'They had killed their enemy'

þēoden mǣrne,   þegn ungemete till,
wine-dryhten his   wætere gelafede,
hilde-sædne,   ond his helm onspēon.

Bīowulf maþelode   – hē ofer benne spræc,
2725   wunde wæl-blēate;   wisse hē gearwe,
þæt hē dæg-hwīla   gedrogen hæfde,
eorðan wynne;   ðā wæs eall sceacen
dōgor-gerīmes,   dēað ungemete nēah:
'Nū ic suna mīnum   syllan wolde
2730   'gūð-gewǣdu,   þǣr mē gifeðe swā
'ǣnig yrfe-weard   æfter wurde,
'līce gelenge.   Ic ðās lēode hēold
'fīftig wintra;   næs se folc-cyning,
'ymbe-sittendra   ǣnig ðāra,
2735   'þe mec gūð-winum   grētan dorste,
'egesan ðēon.   Ic on earde bād
'mǣl-gesceafta,   hēold mīn tela,
'ne sōhte searo-nīðas,   nē mē swōr fela
'āða on unriht.   Ic ðæs ealles mæg,
2740   'feorh-bennum sēoc,   gefēan habban;
'forðām mē wītan ne ðearf   Waldend fīra
'morðor-bealo māga,   þonne mīn sceaceð
'līf of līce.   Nū ðū lungre geong
'hord scēawian   under hārne stān,
2745   'Wīglāf lēofa,   nū se wyrm ligeð,
'swefeð sāre wund,   since berēafod.
'Bīo nū on ofoste,   þæt ic ǣr-welan,
'gold-ǣht ongite,   gearo scēawige
'swegle searo-gimmas,   þæt ic ðȳ sēft mæge
2750   'æfter māððum-welan   mīn ālǣtan,
'līf ond lēodscipe,   þone ic longe hēold.'

2738b 'nor . . . many': litotes
2742b **sceaceð** Future tense

þēoden prince mǣre famous þegn thane ungemete exceedingly till good
wine-dryhten friend and lord gelafian wash
hilde-sǣd battle-weary helm helmet onsponnan unfasten
maþelian make a speech ofer despite benn wound sprecan speak

2725 wund wound wæl-blēat pitiful mortal witan know gearwe clearly
dæg-hwīl day gedrēogan pass through
eorð earth wyn joy scacan hasten, go
dōgor-gerīm number of days ungemete exceedingly nēah near
nū now sunu son syllan give willan wish

2730 gūð-gewǣd war garb þǣr if gifeðe granted swā so
ǣnig any yrfe-weard keeper of an inheritance weorðan be, become
līc body gelenge belonging to lēode people healdan rule
fīftig fifty winter year wesan to be folc-cyning king of a people
ymbe-sittend neighbour ǣnig any ōðra of those

2735 gūð-win war-friend grētan attack durran dare
egesa terror ðēon threaten eard homeland bīdan await
mǣl-gesceaft what time has in store healdan guard mīn my own tela well
sēcan seek searo-nīð contrived quarrel swerian swear fela many
āð oath on unriht wrongfully ðæs ealles in all of this magan be able

2740 feorh-benn life's wound sēoc sick gefēa joy habban have
forðām for wītan charge ðurfan have cause Waldend Ruler fīras men
morðor-bealo murderous killing mǣg kinsman þonne when scacan pass
līf life of from līc body nū now lungre quickly gangan go
hord hoard scēawian look upon hār grey stān rock, stone

2745 lēof dear nū now wyrm serpent licgan lie
swefan sleep sāre sorely wund wounded sinc treasure berēafian bereave
bīo be nū now ofost haste þæt so that ǣr-wela ancient wealth
gold-ǣht store of gold ongitan see gearo clearly scēawian set eyes on
swegl bright searo-gimm intricate jewel ðȳ sēft the more softly

2750 æfter on account of māððum-wela wealth of treasure ālǣtan leave behind
līf life lēodscipe nation þone which healdan hold

2743b geong Imperative mood

[38]   Đā ic snūde gefrægn   sunu Wīhstānes
         æfter word-cwydum   wundum dryhtne
         hȳran heaðo-sīocum,   hring-net beran,
2755   brogdne beadu-sercean   under beorges hrōf.
         Geseah ðā sige-hrēðig,   þā hē bī sesse gēong,
         mago-þegn mōdig   māððum-sigla fealo,
         gold glitinian   grunde getenge,
         wundur on wealle,   ond þæs wyrmes denn,
2760   ealdes ūht-flogan,   orcas stondan,
         fyrn-manna fatu,   feormend-lēase,
         hyrstum behrorene.   þǣr wæs helm monig,
         eald ond ōmig,   earm-bēaga fela,
         searwum gesǣled.   Sinc ēaðe mæg,
2765   gold on grunde,   gum-cynnes gehwone
         oferhīgian,   hȳde sē ðe wylle!
             Swylce hē siomian geseah   segn eall-gylden
         hēah ofer horde,   hond-wundra mǣst,
         gelocen leoðo-cræftum;   of ðām lēoma stōd,
2770   þæt hē þone grund-wong   ongitan meahte,
         wrǣte giondwlītan.   Næs ðæs wyrmes þǣr
         onsȳn ǣnig,   ac hyne ecg fornam.
         Đā ic on hlǣwe gefrægn   hord rēafian,
         eald enta geweorc   ānne mannan,
2775   him on bearm hladon   bunan ond discas
         sylfes dōme;   segn ēac genōm,
         bēacna beorhtost.   Bill ǣr gescōd
         – ecg wæs īren –   eald-hlāfordes
         þām ðāra māðma   mund-bora wæs
2780   longe hwīle,   līg-egesan wæg
         hātne for horde,   hioro-weallende

2766a   Or 'outlast'
2766b   'hide it who will': a comment on the hoarding of gold
2773–74   ic . . . gefrægn . . . rēafian . . . ānne mannan 'I heard that one man
         plundered'

snūde rapidly gefrignan hear sunu son

æfter according to word-cwyde speech wund wounded dryhten lord

hȳran obey heaðo-sīoc battle-sick hring-net mail-coat beran bear

2755 brogden woven beadu-serce battle-shirt beorg barrow hrōf roof

gesēon see sige-hrēðig exultant in victory þā as sess seat gangan go

mago-þegn young thane mōdig brave māððum-sigle precious jewel

fealo many

glitinian glitter grund ground getenge lying on

wundur marvellous thing weal wall wyrm serpent denn den

2760 ūht-floga flier before dawn orc cup

fyrn-mann man of old fæt vessel feormend-lēas lacking a burnisher

hyrst ornament behroren fallen away

ōmig rusty earm-bēag arm-ring fela many

searwum with skill gesæled twisted sinc treasure ēaðe easily

2765 grund ground gum-cynn race of man gehwā every

oferhīgian get the better of hȳdan hide

swylce also siomian hang geseon see segn standard eall-gylden all gold

ofer above hord hoard hond-wundor marvel of handiwork mæst greatest

gelocen woven leoðo-cræft finger-skill of from lēoma light standan come

2770 grund-wong floor's surface ongitan see

wræt work of art giondwlītan look over wyrm serpent

onsȳn trace ænig any ac but hyne him ecg sword forniman take off

ðā then hlæw mound gefrignan hear hord hoard rēafian plunder

ent giant geweorc work ān one

2775 him on bearm in his bosom hladon load buna cup disc dish

sylfes his own dōm choice segn standard ēac also geniman take

bēacen sign beorht bright bill sword ær previously sceþðan injure

ecg edge īren iron eald-hlāford ancient lord

þām him who māðmas treasures mund-bora protector

2780 hwīl time līg-egesa flaming terror wegan deploy

hāt hot for in defence of hord hoard hioro-weallende fiercely welling

2777b-80 'The sword of the aged lord [Beowulf] – iron was its edge – had previously injured the one who for a long time had been . . .'

middel-nihtum,   oðþæt hē morðre swealt.
Ār wæs on ofoste,   eft-sīðes georn,
frætwum gefyrðred;   hyne fyrwet bræc,
2785 hwæðer collen-ferð   cwicne gemētte
in ðām wong-stede   Wedra þēoden
ellen-sīocne,   þǣr hē hine ǣr forlēt.
Hē ðā mid þām māðmum   mǣrne þīoden,
dryhten sīnne   drīorigne fand,
2790 ealdres æt ende;   hē hine eft ongon
wæteres weorpan,   oðþæt wordes ord
brēost-hord þurhbræc.   Biorn-cyning spræc,
gomel on giohðe   – gold scēawode:
        'Ic ðāra frætwa   Frēan ealles ðanc,
2795 'Wuldur-cyninge,   wordum secge,
'ēcum Dryhtne,   þe ic hēr on starie,
'þæs ðe ic mōste   mīnum lēodum
'ǣr swylt-dæge   swylc gestrȳnan.
'Nū ic on māðma hord   mīne bebohte
2800 'frōde feorh-lege,   fremmað gēna
'lēoda þearfe!   Ne mæg ic hēr leng wesan.
'Hātað heaðo-mǣre   hlǣw gewyrcean,
'beorhtne æfter bǣle   æt brimes nosan;
'sē scel tō gemyndum   mīnum lēodum
2805 'hēah hlīfian   on Hrones-næsse,
'þæt hit sǣ-līðend   syððan hātan
'Bīowulfes biorh,   ðā ðe brentingas
'ofer flōda genipu   feorran drīfað.'
        Dyde him of healse   hring gyldenne
2810 þīoden þrīst-hȳdig,   þegne gesealde,
geongum gār-wigan,   gold-fāhne helm,

2784a 'impelled by the precious things'
2791-92a 'sprinkle with water, until the point of speech broke through the press of
        thoughts'

middel-niht middle of the night   **oð þæt** until   **morðor** violent death
sweltan die
ār envoy   **ofost** haste   **eft-sīð** journey back   **georn** eager
frætwe precious things   **gefyrðred** impelled   **fyrwet** anxiety   **brecan** press
2785 **hwæðer** whether   **collen-ferð** bold of spirit   **cwic** alive   **gemētan** find
wong-stede place   **þēoden** prince
ellen-sīoc sick in his strength   **þær** where   **ǣr** earlier   **forlǣtan** leave
mid with   **māðmas** treasures   **mǣre** renowned   **þīoden** prince
dryhten lord   **sīn** his   **drīorig** bleeding   **findan** find
2790 **ealdor** life   **eft** again   **onginnan** begin
weorpan throw   **oð þæt** until   **ord** point
brēost-hord inner heart   **þurhbrecan** break through   **biorn-** warrior-
gesprecan speak
gomel old   **giohðo** sorrow   **scēawian** look at
frætwe precious things   **Frēa** Lord   **ðanc** thanks
2795 **Wuldur-cyning** King of Glory   **word** word   **secgan** say
ēce eternal   **Dryhten** Lord   **þe** which   **hēr** here   **starian** gaze
þæs ðe in that   **mōtan** be able   **lēode** people
ǣr before   **swylt-dæg** death-day   **swylc** such   **gestrȳnan** gain
nū now   **on** at   **māðöum** treasure   **hord** hoard   **mīn** my   **bebycgan** pay
2800 **frōd** old   **feorh-legu** life allotted   **fremman** attend to   **gēna** still
lēode people   **þearf** need   **hēr** here   **leng** longer   **wesan** be
hātan order   **heaðo-mǣre** battle-famed   **hlǣw** mound   **gewyrcean** build
beorht splendid   **æfter** after   **bǣl** funeral pyre   **brim** sea   **nosa** headland
sē which   **scel** shall   **tō** for   **gemynd** memorial   **lēode** people
2805 **hēah** high   **hlīfian** tower
þæt so that   **sǣ-līðend** seafarers   **syðöan** afterwards   **hātan** call
biorh barrow   **ðā** when   **brenting** tall ship
flōd sea   **genip** darkness, mist   **feorran** from afar   **drīfan** steer
dōn take   **of** off   **heals** neck   **hring** collar   **gylden** of gold
2810 **þīoden** prince   **þrīst-hȳdig** staunch of mind   **þegn** thane   **gesellan** give
geong young   **gār-wiga** spearman   **gold-fāh** gold-adorned

2799–2801a 'Now that I have paid out my old life at the treasure-hoard, you must
attend to the needs of the people henceforward!'
2807 Beowulf intends his barrow to be a landmark for seafarers steering their ships
through mist

bēah ond byrnan,   hēt hyne brūcan well:
'þū eart ende-lāf   ūsses cynnes,
'Wǣgmundinga;   ealle wyrd forswēop
2815 'mīne māgas   tō metodsceafte,
'eorlas on elne;   ic him æfter sceal.'
         þæt wæs þām gomelan   gingæste word
brēost-gehygdum,   ǣr hē bǣl cure,
hāte heaðo-wylmas;   him of hreðre gewāt
2820 sāwol sēcean   sōð-fæstra dōm.
[39]   Ðā wæs gegongen   guman unfrōdum
earfoðlīce,   þæt hē on eorðan geseah
þone lēofestan   līfes æt ende,
blēate gebǣran.   Bona swylce læg,
2825 egeslīc eorð-draca,   ealdre berēafod,
bealwe gebǣded.   Bēah-hordum leng
wyrm wōh-bogen   wealdan ne mōste,
ac hine īrenna   ecga fornāmon,
hearde, heaðo-scearde,   homera lāfe,
2830 þæt se wīd-floga   wundum stille
hrēas on hrūsan   hord-ærne nēah.
Nalles æfter lyfte   lācende hwearf
middel-nihtum,   māðm-ǣhta wlonc
ansȳn ȳwde;   ac hē eorðan gefēoll
2835 for ðæs hild-fruman   hond-geweorce.
Hūru þæt on lande   lȳt manna ðāh,
mægen-āgendra,   mīne gefrǣge,
þēah ðe hē dǣda gehwæs   dyrstig wǣre,
þæt hē wið attor-sceaðan   oreðe gerǣsde,
2840 oððe hring-sele   hondum styrede,
gif hē wæccende   weard onfunde

2820b A formula that seems to accord salvation to Beowulf's soul. If the phrase has
a secular as well as a Christian aspect, this could be preserved by a rendering
such as 'the renown of those who are fast in truth'
2821   Ða Fitt number 39 is missing and has been supplied
2829b 'the legacy of hammers': beaten metal

bēah arm-ring byrne mail-coat hātan bid brūcan use

ende-lāf last remnant ūsses of our cyn race

wyrd fate forswāpan sweep away

2815 māgas kinsmen metodsceaft due destiny

eorl warrior ellen valour him them sceal must

gomel old gingæsta youngest, last

brēost-gehygd heart's thought ǣr before bǣl funeral pyre cēosan choose

hāt hot heaðo-wylm seething surge of from hreðer breast gewītan depart

2820 sāwol soul sēcean seek sōð-fæst righteous dōm glory

ðā then gegongen went guma man unfrōd young

earfoðlīce wretchedly eorð ground gesēon see

lēofestan dearest līf life

blēat pitiably gebǣran suffer bona slayer swylce also licgan lie

2825 egeslīc terrible eorð-draca earth-dragon ealdor life berēafian deprive

bealo ruin gebǣded overcome bēah-hord ring-hoard leng longer

wyrm serpent wōh-bogen coiled up wealdan hold sway mōtan be able

ac but īren iron sword ecg edge forniman destroy

heard hard heaðo-sceard battle-scarred homer hammer lāf legacy

2830 wīd-floga far-flier wund wound stille unmoving

hrēosan fall hrūse ground hord-ærn treasure-house nēah near

nalles not at all æfter along lyft air lācan sport hweorfan coil

middel-niht middle of the night māðm-ǣht treasure-hoard wlonc glorying

ansȳn appearance ȳwan show ac but eorð earth gefeallan fall on

2835 for by hild-fruma battle-leader hond-geweorc deed of the hand

hūru indeed lȳt few man man ðēon succeed

mægen-āgend possessor of strength mīne gefrǣge from what I have heard

þēah although dǣd deed gehwā every dyrstig daring

wið against attor-sceaða venomous ravager oreð breath gerǣsan rush

2840 oððe or hring-sele ring-hall hond hand styrian disturb

gif if wæccend waking weard guardian onfindan find

2836–42a 'Few indeed [i.e. not one], from what I have heard, of the men of might of that country succeeded, daring as he might be in his every action, in making a rush against the breath of that venomous destroyer, or disturbing the ring-hall with his hand, if he found the keeper dwelling in the barrow and awake.'

būon on beorge.   Bīowulfe wearð
dryht-māðma dǣl   dēaðe forgolden;
hæfde ǣghwæðer   ende gefēred
2845 lǣnan līfes.
                        Næs ðā lang tō ðon,
þæt ðā hild-latan   holt ofgēfan,
tȳdre trēow-logan,   tȳne ætsomne,
ðā ne dorston ǣr   dareðum lācan
on hyra man-dryhtnes   miclan þearfe;
2850 ac hȳ scamiende   scyldas bǣran,
gūð-gewǣdu,   þǣr se gomela læg;
wlitan on Wīlāf.   Hē gewērgad sæt,
fēðe-cempa,   frēan eaxlum nēah;
wehte hyne wætre,   him wiht ne spēow.
2855 Ne meahte hē on eorðan,   ðēah hē ūðe wēl,
on ðām frum-gāre   feorh gehealdan,
nē ðæs Wealdendes   wiht oncirran.
Wolde dōm Godes   dǣdum rǣdan
gumena gehwylcum,   swā hē nū gēn dēð.
2860   þā wæs æt ðām geongan   grim andswaru
ēð-begēte   þām ðe ǣr his elne forlēas.
Wīglāf maðelode,   Wēohstānes sunu,
sēc sārig-ferð   – seah on unlēofe –
'þæt lā mæg secgan,   sē ðe wyle sōð specan,
2865 'þæt se mon-dryhten,   sē ēow ðā māðmas geaf,
'ēored-geatwe,   þe gē þǣr on standað,
'þonne hē on ealu-bence   oft gesealde
'heal-sittendum   helm ond byrnan,
'þēoden his þegnum,   swylce hē þrȳdlīcost
2870 'ōwer feor oððe nēah   findan meahte,
'þæt hē gēnunga   gūð-gewǣdu

2854   'tried to awaken him with water; not a whit did it succeed for him'

būon dwell   beorg barrow   weorðan be

dryht-māðmas noble treasures   dǣl mass   dēað death   forgyldan pay for

ǣghwæðer each   ende end   gefēran reach

2845   lǣne transitory   līf life   lang long   tō ðon until the time

ðā hild-lata those late to battle   holt wood   ofgyfan leave

tȳdre cowardly   trēow-loga troth-breaker   tȳne ten   ætsomne together

ðā who   durran dare   ǣr before   dareð spear   lācan brandish

hyra their   man-dryhten liege lord   micel great   þearf need

2850   ac but   hȳ they   scamiend being ashamed   scyld shield   beran carry

gūð-gewǣde war-dress   þǣr to where   gomel old   licgan lie

wlitan look   gewērgad wearied   sittan sit

fēðe-cempa foot-soldier   frēa lord   eaxl shoulder   nēah near

weccan (try to) awaken   wiht at all   spēowan succeed

2855   ne nor   unnan wish

frum-gār leader   feorh life   gehealdan keep

nē nor   Wealdend Ruler   wiht anything   oncirran change

dōm judgement   dǣd action   rǣdan guide

guma man   gehwylc each   swā as   gēn still

2860   æt from   geong young   andswaru answer

ēð-begēte easy to get   þām for him   ǣr before   ellen courage   forlēosan lose

maðelian make speech   sunu son

sēc man   sārig-ferð sorry at heart   sēon look   unlēof unloved

þæt this   lā indeed   secgan say   sōð truth   specan speak

2865   mon-dryhten lord of men   ēow you   māðmas treasures   gyfan give

ēored-geatwe troop-trappings   þe which   gē you   on in

þonne when   ealu-benc ale-bench   oft often   gesellan give

heal-sittend one sitting in hall   byrne mail-coat

þēoden prince   þegn thane   swylce such as   þrȳdlīcost most splendid

2870   ōwer anywhere   feor far   oððe or   nēah near

gēnunga completely   gūð-gewǣde war-garb

2857–59 'nor change anything of the Ruler's. God's decree was wont to rule the
deeds of every man, as it still does'

'wrāðe forwurpe,   ðā hyne wīg beget.
'Nealles folc-cyning   fyrd-gesteallum
'gylpan þorfte;   hwæðre him God ūðe,
2875 'sigora Waldend,   þæt hē hyne sylfne gewræc,
'āna mid ecge,   þā him wæs elnes þearf.
'Ic him līf-wraðe   lȳtle meahte
'ætgifan æt gūðe,   ond ongan swā þēah
'ofer mīn gemet   mǣges helpan.
2880 'Symle wæs þȳ sǣmra,   þonne ic sweorde drep
'ferhð-genīðlan,   fȳr unswīðor
'wēoll of gewitte.   Wergendra tō lȳt
'þrong ymbe þēoden,   þā hyne sīo þrāg becwōm.
'Nū sceal sinc-þego   ond swyrd-gifu,
2885 'eall ēðel-wyn   ēowrum cynne,
'lufen ālicgean;   lond-rihtes mōt
'þǣre mǣg-burge   monna ǣghwylc
'īdel hweorfan,   syððan æðelingas
'feorran gefricgean   flēam ēowerne,
2890 'dōm-lēasan dǣd.   Dēað bið sēlla
'eorla gehwylcum   þonne edwīt-līf!'
[40]   Heht ðā þæt heaðo-weorc   tō hagan bīodan
up ofer ecg-clif,   þǣr þæt eorl-weorod
morgen-longne dæg   mōd-giōmor sæt,
2895 bord-hæbbende,   bēga on wēnum,
ende-dōgores   ond eft-cymes
lēofes monnes.   Lȳt swīgode
nīwra spella,   sē ðe næs gerād,
ac hē sōðlīce   sægde ofer ealle:
2900   'Nū is wil-geofa   Wedra lēoda,
'dryhten Gēata   dēað-bedde fæst,
'wunað wæl-reste   wyrmes dǣdum;

2880–81a 'When I [had] struck the mortal enemy with the sword, he was ever the weaker'
2890b–91 The code of the Germanic *comitatus* as described by Tacitus in *Germania*

wrāðe cruelly forweorpan throw away ðā when wīg war begitan befall
nealles not at all folc-cyning king of a people fyrd-gestealla comrade in
arms
gylpan boast þurfan need hwæðre yet unnan grant
2875 sigor victory Waldend Ruler hyne sylfe himself gewrecan avenge
āna alone ecg edge (of sword) þā when ellen courage þurfan need
līf-wraðu life-protection lȳtel little
ætgifan give gūð fight onginnan begin swā þēah nevertheless
ofer above gemet means mæg kinsman
2880 symle always þȳ sǣmra the weaker þonne when drepan strike
ferhð-genīðla mortal enemy fȳr fire unswīðor less strongly
weallan well gewitt head wergend defender tō too lȳt few
þringan throng ymbe about þēoden prince þrāg evil time becuman befall
nū now sinc-þego receiving of treasure swyrd-gifu sword-giving
2885 ēðel-wyn joy in native land ēower your cynn race
lufen beloved home ālicgean cease lond-riht right to hold land mōtan must
mǣg-burg kindred ǣghwylc each one
īdel deprived of hweorfan wander syððan after æðeling prince
feorran from afar gefricgean hear flēam flight ēower your
2890 dōm-lēas inglorious dǣd deed dēað death sēlla better
eorl warrior gehwylc every þonne than edwīt-līf life of disgrace
hātan order heaðo-weorc battle's outcome haga camp bīodan announce
ofer along ecg-clif sea-cliff þǣr where eorl-weorod band of warriors
morgen-longne dæg all morning long mōd-giōmor sad at heart sittan sit
2895 bord-hæbbend shield-bearer bēga of two things on in wēn expectation
ende-dōgor last day eft-cyme return
lēof beloved lȳt little swīgian be silent
nīw new spell message sē þe he who næs headland gerīdan ride up to
ac but sōðlīce truthfully secgan say ofer in the hearing of
2900 nū now wil-geofa wish-granter lēode people
dryhten lord dēað-bedd deathbed fæst fast
wunian stay wæl-rest couch of slaughter wyrm serpent dǣd deed

2895b 'expecting one of two things'
2902b 'by the deed of the serpent'

'him on efn ligeð   ealdor-gewinna
'siex-bennum sēoc;   sweorde ne meahte
2905 'on ðām āglǣcean   ǣnige þinga
'wunde gewyrcean.   Wīglāf siteð
'ofer Bīowulfe,   byre Wīhstānes,
'eorl ofer ōðrum   unlifigendum,
'healdeð hige-mǣðum   hēafod-wearde,
2910 'lēofes ond lāðes.   Nū ys lēodum wēn
'orleg-hwīle,   syððan underne
'Froncum ond Frȳsum   fyll cyninges
'wīde weorðeð.   Wæs sīo wrōht scepen
'heard wið Hūgas,   syððan Higelāc cwōm
2915 'faran flot-herge   on Frēsna land,
'þǣr hyne Hetware   hilde genǣgdon,
'elne geēodon   mid ofer-mægene,
'þæt se byrn-wiga   būgan sceolde,
'fēoll on fēðan;   nalles frætwe geaf
2920 'ealdor dugoðe.   Ūs wæs ā syððan
'Merewīoingas   milts ungyfeðe.

        'Nē ic te Swēo-ðēode   sibbe oððe trēowe
'wihte ne wēne;   ac wæs wīde cūð,
'þætte Ongenðīo   ealdre besnyðede
2925 'Hæðcen Hrēþling   wið Hrefna-wudu,
'þā for onmēdlan   ǣrest gesōhton
'Gēata lēode   Gūð-Scilfingas.
'Sōna him se frōda   fæder Ōhtheres,
'eald ond eges-full   ondslyht āgeaf,
2930 'ābrēot brim-wīsan,   brȳd āhredde,
'gomelan iō-mēowlan   golde berofene,

2912ff Hygelac's raid made him enemies among the Frisians, Hugas and Hetware,
    peoples of the Merovingian Frankish empire
2919–20a 'fell among the foot-soldiers; not at all did the lord give adornments to the
    guard': Hygelac was dead. Beowulf, who killed the slayer of Hygelac, is now
    unable to reward the **dugoð**, and the **fraetwe** he has won are useless. Hrothgar

on efn beside   **licgan** lie   **ealdor-gewinna** mortal enemy

siex-benn knife-wound   **sēoc** stricken

2905   **āglǣcea** monster   **ǣnig** any   **þing** means

wund wound   **gewyrcean** inflict   **sittan** sit

ofer beside   **byre** son

eorl warrior   **ōðer** other   **unlifigend** lifeless one

healdan keep   **hige-mǣðu** weariness of thought   **hēafod-weard** death-watch

2910   **lēof** beloved   **lāð** hated   **nū** now   **lēode** people   **wēn** expectation

orleg-hwīl time of war   **syððan** when   **underne** manifest

fyll death   **cyning** king

wīde abroad   **weorðan** become   **wrōht** hostility   **scepen** created

heard fierce   **wið** with   **syððan** when   **cuman** go

2915   **faran** journey   **flot-here** fleet-army

þǣr where   **hild** battle   **genǣgan** attack

ellen courage   **gegān** bring to pass   **ofer-mægen** greater forces

byrn-wiga mail-clad warrior   **būgan** bow   **sculan** have to

feallan fall   **fēða** foot-troop   **nalles** not at all   **frætwe** arms   **gyfan** give

2920   **ealdor** lord   **dugoð** guard   **ā** for ever   **syððan** after

milts mercy   **ungyfeðe** not granted

nē nor   **te (to)** from   **sibb** peace   **oððe** or   **trēow** good faith

wihte at all   **wēnan** expect   **ac** but   **wīde** abroad   **cūð** known

ealdor life   **besnyððan** deprive

2925   **wið** by

þā when   **onmēdla** arrogance   **ǣrest** first   **gesēcan** go after

lēode people

sōna at once   **frōda** aged   **fæder** father

eald old   **eges-full** terrible   **ondslyht** answering stroke   **āgyfan** give out

2930   **ābrēotan** cut down   **brim-wīsa** sea-leader   **brȳd** wife   **āhreddan** rescue

gomel old   **iō-mēowle** woman of long ago   **berēofan** strip

had warned Beowulf against complacency; the messenger now tells the Geats that aggression does not pay

2926a   'Arrogance' is the term used by the Geat messenger for the Geat attack upon the Swedes

2930   Ongentheow kills Hathkin and rescues his own wife

'Onelan mōdor   ond Ōhtheres;
'ond ðā folgode   feorh-genīðlan,
'oððæt hī oðēodon   earfoðlīce
2935 'in Hrefnes-holt   hlāford-lēase.
'Besæt ðā sin-herge   sweorda lāfe
'wundum wērge;   wēan oft gehēt
'earmre teohhe   ondlonge niht,
'cwæð hē on mergenne   mēces ecgum
2940 'gētan wolde,   sum' on galg-trēowum
'fuglum tō gamene.   Frōfor eft gelamp
'sārig-mōdum   somod ǣr-dæge,
'syððan hīe Hygelāces   horn ond bȳman,
'gealdor ongēaton,   þā se gōda cōm
2945 'lēoda dugoðe   on lāst faran.
[41]   'Wæs sīo swāt-swaðu   Swēona ond Gēata,
'wæl-rǣs weora   wīde gesȳne,
'hū ðā folc mid him   fǣhðe tōwehton.
'Gewāt him ðā se gōda   mid his gædelingum,
2950 'frōd fela-geōmor   fæsten sēcean,
'eorl Ongenþīo   ufor oncirde;
'hæfde Higelāces   hilde gefrūnen,
'wlonces wīg-cræft;   wiðres ne truwode,
'þæt hē sǣ-mannum   onsacan mihte,
2955 'heaðo-līðendum,   hord forstandan,
'bearn ond brȳde;   bēah eft þonan
'eald under eorð-weall.   þā wæs ǣht boden
'Swēona lēodum,   segn Higelāces
'freoðo-wong þone   forð oferēodon,
2960 'syððan Hrēðlingas   tō hagan þrungon.
'þǣr wearð Ongenðīow   ecgum sweorda,
'blonden-fexa   on bid wrecen,

2936–37 Ongentheow 'besieged with a host what the swords had left [of Hathkin's men], weary of their wounds; often vowed sufferings'
2941a The emendation to **fuglum** takes a clue from the name of the wood

modor mother

ðā then   folgian pursue   feorh-geniðla enemy to his life

oð ðæt until   oðgān go away to   earfoðlice with difficulty

2935 hlāford-lēas without a lord, leaderless

besittan besiege   sin-here huge army   lāf what has been left

wund wound   wērig weary   wēa woe   oft repeatedly   gehātan vow

earm wretched   teoh band   ondlong entire

cweðan say   morgen morning   mēce sword   ecg edge

2940 gētan cut to pieces   sum some   galg-trēow gallows tree

fugol bird   gamen sport   frōfor comfort   eft again   gelimpan come

sārig-mōd grieving   somod with   ǣr-dæg first light

syððan when   bȳme trumpet

gealdor call   ongytan hear   þā as   se gōda the brave one   cuman come

2945 lēode people   dugoð band of seasoned warriors   lāst track   faran advance

swāt-swaðu trail of blood

wæl-rǣs slaughter-pursuit   wer man   wīde far and wide   gesȳne visible

hū how   folc nation   mid between   him them   fǣhð feud   tōweccan stir

gewītan him depart   gōda brave   gǣdeling kinsmen

2950 frōd experienced   fela-geōmor much-grieving   fæsten stronghold   sēcean seek

eorl lord   ufor higher ground   oncirran turn to

hild fighting strength   gefrignan hear

wlonc proud   wīg-cræft strength in war   wiðre resistance   truwian trust

onsacan fight off

2955 heaðo-līðend seafaring warrior   hord treasure   forstandan defend

bearn child   brȳd woman   būgan withdraw   eft again   þonan from there

eorð-weall earthen rampart   ǣht pursuit   bēodan give

lēode people   segn standard

freoðo-wong place of refuge   ofergān over-run

2960 syððan when   haga encampment   þringan press forward

weorðan be   ecg edge

blonden-fexa white-haired   bid bay   wrecan bring

2949 gōda 'brave one': Ongentheow

2960 'the Hrethlings': not Hrethel's descendants but Geats generally

'þæt se þēod-cyning   ðafian sceolde
'Eafores ānne dōm.   Hyne yrringa
2965 'Wulf Wonrēding   wǣpne gerǣhte,
'þæt him for swenge   swāt ǣdrum sprong
'forð under fexe.   Næs hē forht swā ðēh,
'gomela Scilfing,   ac forgeald hraðe
'wyrsan wrixle   wæl-hlem þone,
2970 'syððan ðēod-cyning   þyder oncirde.
'Ne meahte se snella   sunu Wonrēdes
'ealdum ceorle   ondslyht giofan,
'ac hē him on hēafde   helm ǣr gescer,
'þæt hē blōde fāh   būgan sceolde,
2975 'fēoll on foldan;   næs hē fǣge þā gīt,
'ac hē hyne gewyrpte,   þēah ðe him wund hrine.
'Lēt se hearda   Higelāces þegn
'brādne mēce,   þā his brōðor læg,
'eald-sweord eotonisc,   entiscne helm
2980 'brecan ofer bord-weal;   ðā gebēah cyning,
'folces hyrde,   wæs in feorh dropen.
'Ðā wǣron monige,   þe his mǣg wriðon,
'ricone ārǣrdon,   ðā him gerȳmed wearð,
'þæt hīe wæl-stōwe   wealdan mōston.
2985 'þenden rēafode   rinc ōðerne,
'nam on Ongenðīo   īren-byrnan,
'heard swyrd hilted   ond his helm somod;
'hāres hyrste   Higelāce bær.
'Hē ðām frætwum fēng   ond him fægre gehēt
2990 'lēana mid lēodum,   ond gelǣste swā;
'geald þone gūð-rǣs   Gēata dryhten,

2964   **Hyne** Ongentheow
2966   **him** Ongentheow
2969a   'with a harder one in exchange'
2973   **hē** Ongentheow

....

þæt so that   þēod-cyning king of a people   ðafian submit

ān sole   dōm disposal   hyne him   yrringa angrily

2965   wǣpen weapon   gerǣcan strike

him from him   for because of   sweng blow   swāt blood   ǣder vein

springan spring

fex hair   forht daunted   swā ðēh however

gomel aged   ac but   forgyldan repay   hraðe swiftly

wyrsa worse   wrixl exchange   wæl-hlem deadly blow

2970   syððan when   ðēod-cyning king of a people   þyder towards   oncirran turn

snell brave   sunu son

eald old   ceorl man   ondslyht return blow   giofan give

ac but   hēafod head   helm helmet   ǣr already   gesceran cut through

þæt so that   blōd blood   fāh stained   būgan yield   sculan have to

2975   feallan fall   folde earth   fǣge fated to die   þā gīt as yet

hyne gewyrpan recover   þēah ðe although   wund wound   hrinan hurt

lǣtan make   heard stern   þegn thane

brād broad   mēce sword   þā when   licgan lie

eald-sweord ancient sword   eotonisc made by giants   entisc made by giants

2980   brecan break ·   ofer above   bord-weal shield's defence   gebūgan bow down

folc people   hyrde keeper   in feorh to the life   drepan strike

ðā then   monig many   þe who   mǣg kinsman   wrīðan bind up (wounds)

ricone at once   ārǣran raise   ðā once   gerȳmed opened   weorðan become

wæl-stōw field of slaughter   wealdan control   mōtan be able

2985   þenden meanwhile   rēafian plunder   rinc warrior   ōðer the other

niman take   on from   īren-byrne iron corslet

helm helmet   somod at the same time

hār grey-haired one   hyrst armour   beran carry

frætwe accoutrements   fōn receive   fægre handsomely   gehātan promise

2990   lēan reward   mid among   lēode people   gelǣstan fulfil   swā accordingly

gyldan repay   gūð-rǣs assault   dryhten lord

2976   'but he [Wulf] recovered himself, though his wound hurt him'

2977   Hygelac's hardy thane is Eofor, brother of Wulf

2982–84   'There were many who bound up the wounds of his kinsman [Wulf], quickly lifted him up, once they had become masters of the place of slaughter'

'Hrēðles eafora,   þā hē tō hām becōm,
'Iofore ond Wulfe   mid ofer-māðmum;
'sealde hiora gehwæðrum   hund þūsenda
2995 'landes ond locenra bēaga   – ne ðorfte him ðā lēan
      oðwītan
'mon on middan-gearde –   syððan hīe ðā mærða
      geslōgon;
'ond ðā Iofore forgeaf   āngan dohtor,
'hām-weorðunge,   hyldo tō wedde.

'þæt ys sīo fæhðo   ond se fēondscipe,
3000 'wæl-nīð wera,   ðæs ðe ic wēn hafo,
'þē ūs sēceað tō   Swēona lēoda,
'syððan hīe gefricgeað   frēan ūserne
'ealdor-lēasne,   þone ðe ær gehēold
'wið hettendum   hord ond rīce
3005 'æfter hæleða hryre,   hwate scild-wigan,
'folc-rēd fremede   oððe furður gēn
'eorlscipe efnde.

                    Nū is ofost betost,
'þæt wē þēod-cyning   þær scēawian
'ond þone gebringan,   þe ūs bēagas geaf,
3010 'on ād-fære.   Ne scel ānes hwæt
'meltan mid þām mōdigan,   ac þær is māðma hord,
'gold unrīme,   grimme gecēapod;
'ond nū æt sīðestan   sylfes fēore
'bēagas gebohte: þā sceall brond fretan,
3015 'æled þeccean,   nalles eorl wegan
'māððum tō gemyndum,   nē mægð scȳne
'habban on healse   hring-weorðunge,
'ac sceal geōmor-mōd,   golde berēafod,

2994 'gave to each of them a hundred thousand': the worth in coin of the land and
      linked rings
3001 'by reason of which the people of the Swedes will attack us'
3005b 'the bold shield-warriors', in apposition to 3004b

....

eafora offspring **þā** when **hām** home **becuman** come

mid with **ofer-māðmas** copious treasures

sellan give **hiora** of them **gehwæðer** each **hund** hundred **þūsend** thousand

2995 **locen** linked **bēag** ring **ðurfan** need **him** him **lēan** reward

ოðwītan reproach

middan-geard earth **syððan** after **hīe** they **mærðo** fame

geslēan gain by striking

ðā then **forgyfan** give **ānga** only **dohtor** daughter

hām-weorðung honour to the home **hyldo** favour **tō** as **wedd** pledge

sīo the **fæhðo** feud **fēondscipe** enmity

3000 **wæl-nīð** mortal hatred **wer** man **ðæs ðe** as **wēn** expectation **habban** have

þē for which **sēcean tō** come after **lēoda** people

syððan when **gefricgean** learn **frēa** lord **ūser** our

ealdor-lēas lifeless **þone** who **ǣr** previously **gehealdan** hold

wið against **hettend** enemy **hord** hoard **rīce** kingdom

3005 **hæleð** hero **hryre** fall **hwate** bold **scild-wiga** shield-warrior

folc-rēd good of the people **fremman** accomplish **oððe** and

furður gēn still more

eorlscipe warlike deeds **efnan** perform **nū** now **ofost** haste **betost** best

þēod-cyning king of the nation **scēawian** look upon

þone him **gebringan** bring **bēag** ring **gyfan** give

3010 **ād-faru** way to the funeral pyre **ne** nor **ān** one **hwæt** the amount

mōdig brave **ac** but **māðmas** treasures

unrīm uncounted **grimme** grimly **cēapian** purchase

nū now **sīðest** last **sylfes** his own **feorh** life

bēag ring **gebycgan** pay for **þā** these **brond** fire **fretan** devour

3015 **ǣled** flame **þeccean** enfold **nalles** not at all **eorl** warrior **wegan** wear

māððum treasure **gemynde** memorial **mægð** maiden **scȳne** beautiful

habban have **heals** neck **hring-weorðung** ring-adornment

ac but **geōmor-mōd** sorrowing **berēafod** stripped

3010 **ānes hwæt** 'one man's due'
3014 **gebohte** past participle rather than preterite
3016a In the event the treasures are placed in the barrow after cremation

'oft, nalles æne,   elland tredan,
3020 'nū se here-wīsa   hleahtor ālegde,
'gamen ond glēo-drēam.   Forðon sceall gār wesan
'monig morgen-ceald   mundum bewunden,
'hæfen on handa,   nalles hearpan swēg
'wīgend weccean,   ac se wonna hrefn
3025 'fūs ofer fǣgum   fela reordian,
'earne secgan,   hū him æt ǣte spēow,
'þenden hē wið wulf   wæl rēafode.'
Swā se secg hwata   secggende wæs
lāðra spella;   hē ne lēag fela
3030 wyrda nē worda.   Weorod eall ārās,
ēodon unblīðe   under Earna-næs,
wollen-tēare,   wundur scēawian.
Fundon ðā on sande   sāwul-lēasne
hlim-bed healdan,   þone þe him hringas geaf
3035 ǣrran mǣlum;   þā wæs ende-dæg
gōdum gegongen,   þæt se gūð-cyning,
Wedra þēoden,   wundor-dēaðe swealt.
Ǣr hī þǣr gesēgan   syllīcran wiht,
wyrm on wonge   wiðer-ræhtes þǣr,
3040 lāðne licgean: wæs se lēg-draca,
grimlīc gryre-fāh,   glēdum beswǣled.
Sē wæs fīftiges   fōt-gemearces
lang on legere;   lyft-wynne hēold
nihtes hwīlum,   nyðer eft gewāt
3045 dennes nīosian;   wæs ðā dēaðe fæst,
hæfde eorð-scrafa   ende genyttod.
Him big stōdan   bunan ond orcas,
discas lāgon   ond dȳre swyrd,
ōmige, þurhetone,   swā hīe wið eorðan fæðm

3025b 'shall speak much'
3026 'shall say to the eagle how well he had done at the meal'. The messenger's
prophecy ends with the feast of death

oft often   nalles not   æne once   elland foreign land   tredan tread

3020   nū now   here-wīsa leader of armies   hleahtor laughter   ālecgan lay down

gamen joy   glēo-drēam glad cheer   forðon therefore   gār spear   wesan be

monig many   morgen-ceald cold in the morning   mund hand   bewindan grasp

hebban raise   nalles not at all   hearpe harp   swēg sound

wīgend warrior   weccean awaken   ac but   wonn black   hrefn raven

3025   fūs eager   ofer for   fǣge fated to die   fela much   reordian speak

earn eagle   secgan say   hū how   him for him   æt meal   spōwan succeed

þenden while   wulf wolf   wæl the slain   rēafian plunder

swā in this way   secg man   hwata bold   secgan tell of

lāð hateful   spell tidings   lēogan tell lies   fela many

3030   wyrd event   nē nor   weorod company   ārīsan arise

gān go   unblīðe cheerless

wollen-tēar with welling tears   wundur wonder   scēawian look at

findan find   sāwul-lēas lifeless

hlim-bed bed of rest   þone þe him who   him them   hring ring   gyfan give

3035   ǣrra former   mǣl time   þā then   ende-dæg last day

gōd hero   gegangan come   þæt in that   gūð-cyning warrior king

þēoden chief   wundor-dēað wondrous death   sweltan die

ǣr first   gesēon see   syllīc strange   wiht creature

wyrm serpent   wong ground   wiðer-ræhtes opposite

3040   lāð hateful   licgean lie   lēg-draca fire-dragon

grimlīc fierce   gryre-fāh terrible in its markings   glēd flame   beswǣlan scorch

fīftig fifty   fōt-gemearc foot in length

lang long   on legere as it lay   lyft-wyn joy of the air   healdan have

hwīlum at hours   nyðer down   eft again   gewītan go

3045   denn den   nīosian visit   fæst held fast

eorð-scræf cavern in the earth   ende end   genyttian make use of

big by, next to   standan stand   bune vessel   orc flagon

disc plate   licgan lie   dȳre precious

ōmig rusty   þurhetan eat through   swā as if   wið in   eorðe earth

                                    fæðm embrace

3029b   Litotes

3050   þūsend wintra   þǣr eardodon.
       þonne wæs þæt yrfe   ēacen-cræftig,
       iū-monna gold,   galdre bewunden,
       þæt ðām hring-sele   hrīnan ne mōste
       gumena ǣnig,   nefne God sylfa,
3055   sigora Sōð-cyning,   sealde þām ðe hē wolde
       – hē is manna gehyld –   hord openian,
       efne swā hwylcum manna,   swā him gemet ðūhte.
[42]   þā wæs gesȳne,   þæt se sīð ne ðāh
       þām ðe unrihte   inne gehȳdde
3060   wrǣte under wealle.   Weard ǣr ofslōh
       fēara sumne;   þā sīo fǣhð gewearð
       gewrecen wrāðlīce.   Wundur hwār þonne
       eorl ellen-rōf   ende gefēre
       līf-gesceafta,   þonne leng ne mæg
3065   mon mid his māgum   medu-seld būan.
       Swā wæs Bīowulfe,   þā hē biorges weard
       sōhte, searo-nīðas;   seolfa ne cūðe
       þurh hwæt his worulde-gedāl   weorðan sceolde;
       swā hit oð dōmes dæg   dīope benemdon
3070   þēodnas mǣre,   þā ðæt þǣr dydon,
       þæt se secg wǣre   synnum scildig,
       hergum geheaðerod,   hell-bendum fæst,
       wommum gewītnad,   sē ðone wong strude;

3054b–57 'unless God himself, the true King of victory, should allow the one whom
      he wished (He is mankind's protector) to open the hoard, whatever man should
      seem right to Him.' The taboo on buried treasure is expressed in a curse,
      which is then given a Christian exemption
3059 'for the one who had wrongfully kept hidden', probably the dragon, not the
      'last survivor' of 2268, nor the princes of 3070
3061a 'one of few': litotes for a unique person: Beowulf
3066a 'So it was for Beowulf'

....

3050 **þūsend** thousand **winter** year **eardian** dwell
þonne moreover **yrfe** heritage **ēacen-cræftig** of great power
iū-monn man of a former age **galdor** spell **bewindan** bind
hring-sele ring-hall **hrīnan** touch **mōtan** be allowed
guma man **ænig** any **nefne** unless **sylfa** self

3055 **sigor** victory **sōð-cyning** true king **sellan** grant **þām ðe** to one whom
gehyld protector **openian** open
efne just **swā hwylc** whichever **swā** as **gemet** fitting **ðyncan** seem
gesȳne evident **sīð** course of action **ðēon** turn to profit
unrihte wrongfully **inne** inside **gehȳdan** hide

3060 **wræt** treasure **weall** wall **weard** guardian **ær** first **ofslēan** slay
fēa few **sum** one **þā** then **fæhð** feud **geweorðan** be
gewrecan avenge **wrāðlīce** wrathfully **wundur** wonder **hwær** where
                                                                    þonne then

eorl warrior **ellen-rōf** famed for valour **gefēran** reach
līf-gesceaft allotted life **þonne** when **leng** longer

3065 **mæg** kinsman **medu-seld** mead-hall **būan** dwell
biorg barrow **weard** guardian
sēcan seek out **searo-nīð** cunning enmity **seolfa** he himself **cunnan** know
worulde-gedāl parting from the world **weorðan** come about **sculan** must
swā so **oð** until **dōm** judgement **dīope** solemnly **benemnan** swear

3070 **þēoden** prince **mære** famous **þā** who **ðæt** it **dōn** place
secg man **wesan** be **synn** sin **scildig** guilty
herg shrine of an idol **heaðerian** confine **hell-bend** bond of hell
                                                                    fæst held fast
wommum evilly **gewītnian** torment **wong** place **strūdan** plunder

3069–73 'the famous princes who had placed it there had made a solemn curse until doomsday, that the man who plundered the place would be guilty of sin: captive in the shrines of idols, fast in the bonds of hell, grievously tortured'. 3069 **swā** may mean 'likewise': just as the warrior in 3063 does not know the time and place of his death, so the famous princes of 3070 who placed the curse did not know how the curse would turn out. The hiding of the hoard was wrongful, and did no good in that the hoard was plundered; the princes' curse was in vain

næs hē gold-hwǣte   gearwor hæfde
3075 āgendes ēst   ǣr gescēawod.

     Wīglāf maðelode,   Wīhstānes sunu:
'Oft sceall eorl monig   ānes willan
'wrǣc ādrēogan,   swā ūs geworden is.
'Ne meahton wē gelǣran   lēofne þēoden,
3080 'rīces hyrde   rǣd ǣnigne,
'þæt hē ne grētte   gold-weard þone,
'lēte hyne licgean   þǣr hē longe wæs,
'wīcum wunian   oð woruld-ende;
'hēold on hēah-gesceap.   Hord ys gescēawod,
3085 'grimme gegongen;   wæs þæt gifeðe tō swīð,
'þē ðone þēod-cyning   þyder ontyhte.
'Ic wæs þǣr inne   ond þæt eall geondseh,
'recedes geatwa,   þā mē gerȳmed wæs,
'nealles swǣslīce   sīð ālȳfed
3090 'inn under eorð-weall.   Ic on ofoste gefēng
'micle mid mundum   mægen-byrðenne
'hord-gestrēona,   hider ūt ætbær
'cyninge mīnum: cwico wæs þā gēna,
'wīs ond gewittig.   Worn eall gespræc
3095 'gomol on gehðo   ond ēowic grētan hēt,
'bæd þæt gē geworhton   æfter wines dǣdum
'in bǣl-stede   beorh þone hēan,
'micelne ond mǣrne,   swā hē manna wæs
'wīgend weorð-fullost   wīde geond eorðan,
3100 'þenden hē burh-welan   brūcan mōste.
'Uton nū efstan   ōðre sīðe
'sēon ond sēcean   searo-gimma geþræc,

3074–75 'previously he had not more fully [**or** too eagerly] considered the owner's
favour [**or** legacy] abounding in gold.' The owner could be the 'last survivor',
the dragon, or God. This comment on Beowulf's response to the magnificent
hoard has produced various interpretations (and emendations), but remains

næs not at all   **gold-hwæt** gold-abounding   **gearwor** more fully

3075   **āgend** owner   **ēst** legacy   **ǣr** previously   **scēawian** examine

maðelian make speech   **sunu** son

eorl warrior   **ān** one   **willa** desire

wrǣc distress   **ādrēogan** endure   **swā** as   **geworden** happened

gelǣran persuade   **lēof** dear   **þēoden** prince

3080   **rīce** kingdom   **hyrde** keeper   **rǣd** counsel   **ǣnig** any

grētan attack   **gold-weard** guardian of gold

lǣtan allow   **licgean** lie   **longe** for long

wīc dwelling-place   **wunian** stay   **oð** until   **woruld-ende** end of the world

healdan keep   **hēah-gesceap** destiny   **scēawian** examine

3085   **grimme** grimly   **gegongen** gained   **gifeðe** fate   **tō** too   **swīð** harsh

þē which   **þēod-cyning** king of a people   **þyder** to that place   **ontyhtan** drive

geondsēon look around

reced building   **geatwa** precious things   **þā** when   **gerȳmed** opened

nealles not at all   **swǣslīce** graciously   **sīð** passage   **ālȳfan** grant

3090   **inn** in   **eorð-weall** earthen wall   **ofost** haste   **gefōn** take up

micel great   **mund** hand   **mægen-byrðenn** mighty burden

hord-gestrēon treasure hoard   **hider** hither   **ut** out   **ætberan** carry to

cyning king   **cwico** alive   **gēna** still

wīs alert   **gewittig** conscious   **worn eall** a great many things   **gesprecan** speak

3095   **gomol** aged   **gehðo** distress   **ēow** you   **grētan** greet   **hātan** command

biddan ask   **gē** you   **gewyrcan** construct   **æfter** fitting   **win** friend   **dǣd** deed

bǣl-stede place of the pyre   **beorh** barrow   **hēah** high

micel great   **mǣre** renowned   **swā** just as

wīgend warrior   **weorð-ful** worthy   **wīde** far and wide   **geond** throughout

3100   **þenden** while   **burh-wela** wealth of a stronghold   **brūcan** enjoy

mōtan be allowed to

uton let us   **nū** now   **efstan** hasten   **ōðer** second   **sīð** time

sēon see   **sēcean** seek   **searo-gimm** intricate jewel-work   **geþræc** heap

unclear. None of the more likely readings seems to attribute the death or
destiny of Beowulf to the curse on the hoard

3079–82 We had not been told that the Geats tried to dissuade Beowulf from
fighting the dragon, but in this poem second narrations of an event often differ

3089a   Litotes

'wundur under wealle;   ic ēow wīsige,
'þæt gē genōge   nēon scēawiað
3105 'bēagas ond brād gold.   Sīe sīo bǣr gearo,
'ǣdre geæfned,   þonne wē ūt cymen,
'ond þonne geferian   frēan ūserne,
'lēofne mannan,   þǣr hē longe sceal
'on ðæs Waldendes   wǣre geþolian.'

3110   Hēt ðā gebēodan   byre Wīhstānes,
hæle hilde-dīor,   hæleða monegum,
bold-āgendra,   þæt hīe bǣl-wudu
feorran feredon,   folc-āgende,
gōdum tōgēnes: 'Nū sceal glēd fretan,
3115 '– weaxan wonna lēg –   wigena strengel,
'þone ðe oft gebād   īsern-scūre,
'þonne strǣla storm   strengum gebǣded
'scōc ofer scild-weall,   sceft nytte hēold,
'fæðer-gearwum fūs,   flāne fullēode.'

3120   Hūru se snotra   sunu Wīhstānes
ācīgde of corðre   cyninges þegnas,
syfone ætsomne,   þā sēlestan,
ēode eahta sum   under inwit-hrōf
hilde-rinca;   sum on handa bǣr
3125 ǣled-lēoman,   sē ðe on orde gēong.
Næs ðā on hlytme,   hwā þæt hord strude,
syððan orwearde,   ǣnigne dǣl,
secgas gesēgon   on sele wunian,
lǣne licgan;   lȳt ǣnig mearn,
3130 þæt hī ofostlīce   ūt geferedon
dȳre māðmas;   dracan ēc scufun,
wyrm ofer weall-clif,   lēton wēg niman,

3114–19 In ordering Beowulf's cremation Wiglaf comments that fire will now do
     what no iron had been able to do
3118b 'the shaft kept to its task'

....

wundur wonder   weall wall   wīsian guide

genōg enough   nēon from near   scēawian look on

3105 bēag ring   brād thick   sīe be   bǣr bier   gearo ready

ǣdre swiftly   ǣfnan prepare   þonne when   cuman come

þonne then   geferian carry   frēa lord   ūser our

lēof beloved

Waldend Lord   wǣr protection   geþōlian remain

3110 hātan command   gebēodan to be ordered   byre son

hæle warrior   hilde-dīor daring in battle   hæleð warrior   monig many

bold-āgend householder   bǣl-wudu wood for the pyre

feorran from far   ferian bring   folc-āgend leader of the people

gōda hero   tōgēnes for   nū now   glēd fire   fretan devour

3115 weaxan grow   wonn dark   lēg fire   wiga warrior   strengel chief

þone ðe him who   gebīdan endure   īsern-scūr iron shower

þonne when   strǣl arrow   storm storm   streng string   gebǣded driven

scacan fly   scild-weall shield-wall   sceft shaft   nytt function

healdan perform

fæðer-gearwe fitted with feathers   fūs eager   flān arrowhead   full-gān serve

3120 hūru indeed   snottor wise   sunu son

ācīgan call forth   corðer company   cyning king   þegn thane

syfone seven   ætsomne altogether   þā those   sēlest best

gān go   eaht eight   sum one   inwit-hrōf evil roof

hilde-rinc warrior   sum one   beran carry

3125 ǣled-lēoma blazing torch   ord front   gangan go

on by   hlytm lot   hwā who   strudan plunder

syððan when   orwearde unguarded   ænig any   dǣl piece

secg man   gesēon see   sele hall   wunian remain

lǣne wasting   licgan lie   lȳt little   ǣnig any   murnan grieve

3130 ofostlīce in haste   ūt out   geferian carry

dȳre precious   māðmas treasures   draca dragon   ēc also   scufan push

wyrm serpent   weall-clif cliff   lǣtan allow   wǣg wave   niman take

3126–29 'There was no drawing of lots as to who should rifle the hoard once the warriors had seen any piece resting unguarded in the hall, lying there wasting; little did any of them grieve . . . .' The lines begin and end with litotes

flōd fæðmian   frætwa hyrde.
þā wæs wunden gold   on wǣn hladen,
3135 ǣghwæṣ unrīm,   æþelingc boren,
hār hilde-rinc   tō Hrones-næsse.

[43]   Him ðā gegiredan   Gēata lēode
ād on eorðan   unwāclīcne,
helmum behongen,   hilde-bordum,
3140 beorhtum byrnum,   swā hē bēna wæs;
ālegdon ðā tōmiddes   mǣrne þēoden
hæleð hīofende,   hlāford lēofne.
Ongunnon þā on beorge   bǣl-fȳra mǣst
wīgend weccan: wudu-rēc āstāh
3145 sweart ofer swioðole,   swōgende lēg,
wōpe bewunden   – wind-blond gelæg –
oðþæt hē ðā bān-hūs   gebrocen hæfde,
hāt on hreðre.   Higum unrōte
mōd-ceare mǣndon,   mon-dryhtnes cwealm;
3150 swylce giōmor-gyd   Gēatisc mēowle
. . . .   bunden-heorde
song sorg-cearig.   Sǣde geneahhe,
þæt hīo hyre here-geongas   hearde ondrēde
wæl-fylla worn,   werudes egesan,
3155 hȳnðo ond hæft-nȳd.   Heofon rēce swealg.
Geworhton ðā   Wedra lēode
hlēo on hōe,   sē wæs hēah ond brād,
wēg-līðendum   wīde gesȳne,
ond betimbredon   on tȳn dagum
3160 beadu-rōfes bēcn;   bronda lāfe
wealle beworhton,   swā hyt weorðlīcost
fore-snotre men   findan mihton.

3140b 'as he had requested'
3148a 'hot at its heart'
3150b 'a Geatish woman': this mourner need not be a relative

flōd flood   fæðmian embrace   frætwe treasures   hyrde guardian

wunðen twisted   wǣn wagon   hladen loaded

3135   ǣghwæs in every way   unrīm untold   æþelingc prince   boren carried

hār grey-haired   hilde-rinc warrior

him for him   gegyrwan make ready   lēode people

ād pyre   eorð ground   unwāclīc not poorly made

helm helmet   behongen hung round   hilde-bord shield of battle

3140   beorht bright   byrne corslet   swā as   bēna one who asks a boon

ālicgan lay   tomiddes amidst   mǣre famous   þēoden prince

hæleð hero   hīofan lament   hlāford lord   lēof beloved

onginnan proceed   beorg mound   bǣl-fȳr funeral fire   mǣst biggest

wīgend warrior   weccan kindle   wudu-rēc woodsmoke   āstīgan arise

3145   sweart black   swioðol blaze   swōgan roar   lēg flame

wōp weeping   bewunden mingle   wind-blond wind-swirl   gelicgan subside

oðþæt until   hē it   bān-hūs house of bone   brecan destroy

hāt hot   hreðer heart   hige thought   unrōt cheerless

mōd-cearu sorrow   mǣnan utter   mon-dryhten liege lord   cwealm killing

3150   swylce also   giōmor-gyd mourning song   mēowle woman

bunden-heorde with hair bound up

singan sing   sorg-cearig grieving   secgan say   geneahhe repeatedly

hyre for herself   here-geong army invasions   hearde sorely   ondrǣdan dread

wæl-fyll slaughter   worn heap   werud troop   egesa terror

3155   hȳnðo humiliation   hæft-nȳd captivity   heofon heaven   rēc smoke

swelgan swallow

gewyrcan construct   lēode people

hlēo shelter   hōe headland   hēah high   brād broad

wēg-līðend seafarer   wīde far   gesȳne visible

betymbrian build   tȳn ten   dæg day

3160   beadu-rōf bold in battle   bēcn monument   brond fire   lāf what is left

weall wall   bewyrcan build around   swā as   weorð-līc worthily

fore-snotor most wise   findan devise

3151b 'hair bound up': a sign that the woman was married
3153 'that for herself she sorely dreaded invasions of armies'
3160b 'what remained from the fire': the ashes

Hī on beorg dydon   bēg ond siglu,
eall swylce hyrsta,   swylce on horde ǣr
3165 nīð-hēdige men   genumen hæfdon;
forlēton eorla gestrēon   eorðan healdan,
gold on grēote,   þær hit nū gēn lifað
eldum swā unnyt   swa hit ǣror wæs.
þā ymbe hlǣw riodan   hilde-dēore,
3170 æþelinga bearn,   ealra twelfa,
woldon ceare cwīðan,   kyning mǣnan,
word-gyd wrecan   ond ymb wer sprecan:
eahtodan eorlscipe   ond his ellen-weorc;
duguðum dēmdon,   swā hit gedēfe bið
3175 þæt mon his wine-dryhten   wordum herge,
ferhðum frēoge,   þonne hē forð scile
of līc-haman   lǣded weorðan.
Swā begnornodon   Gēata lēode
hlāfordes hryre,   heorð-genēatas;
3180 cwǣdon þæt hē wǣre   wyruld-cyninga,
manna mildust   ond mon-ðwǣrust,
lēodum līðost   ond lof-geornost.

3168 'as useless to men as it had been before.' This was a point made generally by
Christian missionaries about lavish heathen burial customs

....

beorg barrow **dōn** place **bēg** ring **sigle** jewel

swylce such **hyrst** adornment **swylce** as **hord** hoard **ǣr** previously

3165 **nīð-hēdig** in hostile mood **geniman** take

forlǣtan leave **eorl** warrior **gestrēon** wealth **eorðe** earth **healdan** keep

grēot grit, sand **nū** now **gēn** still **libban** dwell

elde men **swā** as **unnyt** without use **swā** as **ǣror** previously

ymbe around **hlǣw** burial mound **rīdan** ride **hilde-dēor** brave in battle

3170 **æþeling** prince **bearn** son **ealra** in all **twelf** twelve

willan wish **cearu** sorrow **cwīðan** utter **kyning** king **mǣnan** mourn for

word-gyd dirge **wrecan** recite **ymb** about **wer** man **sprecan** speak

eahtian praise **eorlscipe** heroism **ellen-weorc** courageous deed

duguð nobility **dēman** speak highly of **swā** as **gedēfe** fitting

3175 **mon** man **wine-dryhten** friend and lord **word** word **herian** praise

ferhð heart **frēogan** love **þonne** when **forð** out from **sculan** must

līc-hama house of flesh **lǣdan** lead **weorðan** be

swā thus **begnornian** mourn **lēode** people

hlāford lord **hryre** fall **heorð-genēat** hearth-companion

3180 **cweðan** say **wyruld-cyning** king in the world

mildust kindest **mon-ðwǣrust** most gracious

lēode people **līðost** gentlest **lof-geornost** most eager for fame

NOTE ON THE TALE OF FINNSBURH

From the poet's résumé of the *scop*'s tale of the tragic events at
Finnsburh at 1068–1159, scholars have reconstructed the main
elements of the episode, with the help of the separate 47-line
fragment of verse known as *Finnsburh* (or the *Finnsburh* Fragment),
and of *Widsith* and other literary and historical sources. Several
details are unclear, since the version of the *scop*'s lay given in
Beowulf assumes prior knowledge of the story, and selects moments
of moral or human import. These selected moments are presented
allusively and with implications which are not easy to read.

The main points of the story seem to be as follows. The Danish
prince Hnæf visits Finnsburh, the stronghold of Finn the Frisian,
who is married to Hnæf's sister Hildeburh. The Frisians mount a
night attack upon the hall of their Danish guests and kill Hnæf. But
the Danes successfully defend their hall, as is vividly related in
Finnsburh. Finn cannot take the hall, and the Danish survivors
under Hengest make a truce under which they acknowledge Finn's
lordship but keep their own hall. When winter is over Hengest is
reminded of his duty to avenge Hnæf, and Finn is reminded of the
treachery of his attack. In the subsequent fight the Danes kill Finn
and take Hildeburh home to Denmark. Hnæf is avenged, but
Hildeburh has lost her brother, her son and her husband. Finnsburh
has been destroyed.

One difficulty is that Jutes seem to have fought on both sides at
Finnsburh. It also seems that Hildeburh's son may have fought on
the side of his uncle Hnæf, to whom he may be a foster-son.

Heroic tragedy arises where obligations conflict. The supreme duty is to the lord, to whom loyalty is due even beyond his death. This duty may conflict with duty to kinsmen, people or homeland; to spouse or host or guest; or to one's given word.

The focus of this tale of treachery and vengeance is first upon the loss of Hildeburh's brother and son; then upon Hengest, bound by the truce-terms; Hnæf's funeral; Hengest's frozen wait; the return of spring, of action, and of those who prompt vengeance. The end is as sudden as the beginning.

FURTHER READING

Facsimile

DAVIS, N., *Beowulf*, a facsimile with facing transcription. The Early English Text Society. London: Oxford University Press, 1966

Editions

DOBBIE, E. V. K. (ed.), *Beowulf and Judith*. The Anglo-Saxon Poetic Records IV. New York: Columbia University Press, 1953

JACK, GEORGE (ed.), *Beowulf, A Student Edition*. Oxford: Clarendon Press, 1994

KLAEBER, F., *Beowulf and the Fight at Finnsburg*, ed. with Introduction, Bibliography, Notes, Glossary, and Appendices, 3rd edn with two supplements. Boston: D. C. Heath, 1950

SWANTON, MICHAEL (ed.), *Beowulf*. Manchester: Manchester University Press, 1978

WRENN, C. L. (ed.), *Beowulf*, 2nd edn, revised by W.F. Bolton. London: Harrap, 1973

Language

DAVIS, N., *Sweet's Anglo-Saxon Primer*. Oxford: Clarendon Press, 1953

MITCHELL, B., and ROBINSON, F. C., *A Guide to Old English*, 4th edn. Oxford: Blackwell 1985; Cambridge, Mass., 1987

QUIRK, R., and WRENN, C.L., *An Old English Grammar*, 2nd edn. London: Methuen, 1963

Translations

ALEXANDER, MICHAEL, *Beowulf, a Verse Translation*. Harmondsworth and New York: Penguin Books, 1973

CLARK HALL, J., and WRENN, C.L., *Beowulf and the Finnesburg Fragment*, a Translation into Modern English Prose, with Prefatory Remarks by J.R.R. Tolkien, 2nd edn. London: Allen and Unwin, 1950

GARMONSWAY, G.N., and SIMPSON, J., *Beowulf and its Analogues*. London and New York: Dent, 1968

Studies

BLISS, A.J., *The Metre of Beowulf*. Oxford: Blackwell, 1968

BONJOUR, A., *The Digressions in Beowulf*. Oxford: Blackwell, 1950

BRADLEY, S.A. (ed. and trans.), *Anglo-Saxon Poetry*. London: Dent, 1982; Boston, Mass.: Charles E. Tuttle, 1991

BRODEUR, A.G., *The Art of Beowulf*. Berkeley and Los Angeles: University of California Press, 1959

CHAMBERS, R.W., *Beowulf, an Introduction*, 3rd edn, with a supplement by C.L. Wrenn. Cambridge: Cambridge University Press, 1959. See also '*Beowulf* and the Heroic Age in England' in Chambers, *Man's Unconquerable Mind*. London: Cape, 1939

CHASE, C. (ed.), *The Dating of Beowulf*. Toronto: University of Toronto Press, 1981

CLARK, G., *Beowulf*. Boston: Twayne, 1990

IRVING, E.B. Jr, *A Reading of Beowulf*. New Haven: Yale University Press, 1968

NICHOLSON, L.E. (ed.), *An Anthology of Beowulf Criticism*. Notre Dame: University of Notre Dame Press, 1963

NILES, J.D., *Beowulf: The Poem and its Tradition*. Cambridge, Mass.: Harvard University Press, 1983

POPE, J.C., *The Rhythm of Beowulf*, 2nd edn. New Haven: Yale University Press, 1966

ROBINSON, F.C., *Beowulf and the Appositive Style*. Knoxville: University of Tennessee Press, 1985

SHIPPEY, T.A., *Beowulf*. London: Edward Arnold, 1978; Boston, Mass.: Charles River Books, 1979

SISAM, K., *The Structure of Beowulf*. Oxford: Clarendon Press, 1965

TOLKIEN, J.R.R., *Beowulf: The Monsters and the Critics, Proceedings of the British Academy* 22 (1936), pp. 245–95, 1937; included in Nicholson (above)

WHITELOCK, D., *The Audience of Beowulf*, 2nd edn. Oxford: Clarendon Press, 1958

Background

ALEXANDER, MICHAEL (ed. and trans.), *The Earliest English Poems*, 3rd edn. Harmondsworth: Penguin Books, 1992

——, *A History of Old English Literature*, 2nd edn. Basingstoke: Macmillan; Totowa, NJ: Shocken, 1986

——, *Old English Riddles from the Exeter Book*, 2nd edn. London: Anvil Press Poetry, 1984

BLAIR, P. HUNTER, *Introduction to Anglo-Saxon England*. Cambridge: Cambridge University Press, 1956

——, *The World of Bede* (*Studies in Anglo-Saxon England*). New York: Cambridge University Press, 1990

BRUCE-MITFORD, R.L.S., *The Sutton Hoo Ship Burial*, 3rd edn. London: British Museum, 1968; New York: W. Sessions (UK)/State Mutual Book and Periodical Service, 1988

CAMPBELL, JAMES (ed.), *The Anglo-Saxons*. Oxford: Phaidon, 1982; New York: Viking Penguin, 1991

CHADWICK, H.M. and N.K., *The Growth of Literature*, 3 vols.

Cambridge, 1932; New York, 1986: Cambridge University Press

FARMER, D.H. (ed.), *Bede's Ecclesiastical History of the English People* etc., trans. L. Sherley-Price, rev. edn. Harmondsworth: Penguin Books, 1990

FRY, D.K. (ed.), *Finnsburh: Fragment and Episode*. London: Methuen, 1974

KER, W.P., *Epic and Romance*. London, 1908

——, *The Dark Ages*. London, 1904

LORD, A.B., *The Singer of Tales*. Cambridge, Mass.: Harvard University Press, 1964

MANUSCRIPT READINGS

The list below attempts to record all readings in the edited text that differ from those legible in the manuscript or in the Thorkelin transcripts. The preferred reading is given first, inside a square bracket. The MS or transcript reading follows. Scribes used the superscript macron (as in *banū*, 158) to represent the omission of a following *m* or *n*. These and other abbreviations have been silently expanded, and scribal corrections accepted.

Many readings in the received text are silently adopted from the Thorkelin transcripts, where the transcripts preserve more than the MS now shows. The transcript made for Thorkelin by a professional copyist is known as Thorkelin A, and the transcript made by Thorkelin himself as Thorkelin B. Where emendations are made, the transcript readings are marked *TAB* where the transcripts agree, or *TA* or *TB* where a reading from one of the transcripts is the basis for the emendation.

Where letters or words have been lost from the edge of the MS, the loss is crudely indicated by the word *edge*.

Where there is no gap in the text of MS or transcripts but editors have added a word, the reading is marked *supplied*.

Points represent letters lost from the MS: one point stands for a single letter, two for two letters, and three for an indefinite number of letters. Points and spaces follow the practice of the respective transcripts.

The names of emendators are normally not given.

6 eorlas] eorl
15 aldor-lēase] aldor . . . ase
20 guma] . . . uma
21 bearme] . . . rme
62 wæs Onelan] elan
70 þonne] þone
84 ecg] secg
   swēoran] swerian
92 worhte] worh *edge*
101 fremman] fre *edge* man
139 sōhte] *supplied*
148 Scyldinga] scyldenda
149 secgum] *supplied*
158 banan] banū (*i.e.* banum)
159 ac se] *supplied*; *edge*
175 hærg-trafum] hrærg trafum
204 hige-rōfne] *TA* hige-þofne; *TB* hige forne
240 Ic hwīle] le
255 mīnne] mine
280 edwenden] edwend *edge*; *TAB* edwendan
302 sāle] sole
304 bergan] beran
307 sæl timbred] æltimbred
312 hof] of
332 æþelum] hæleþum
375 eafora] eaforan
389–90 þā tō dura healle / Wulfgār ēode] *supplied*
395 gūð-getāwum] guð geata wum
403 heaþo-rinc ēode] *supplied*
404 heorðe] heoðe
431 ond] *transposed from before* þes *in* 432
447 drēore] deore
457 For were] fere
461 Wedera] gara
465 Deniga] deninga
489 sǣlum ēow] sæl meoto

499 Unferð] HᴠN ferð (*likewise at* 530, 1165, 1488)
516 wylmum] wylm
567 sweordum] sweo *edge*; *TA* speodū; *TB* swe . .
578 Hwæþere] hwaþere
581 wadu] wudu
586 fela] *supplied*
591 Grendel] gre del
652 Gegrētte] grette
684 hē] het
702 wīde] *TAB* ride
707 scynscaþa] syn scaþa
722 gehrān] . . . an
723 hē gebolgen] . . . bolgen
752 scēata] sceat / ta
762 þǣr] *TA* ær; *TB* hwær *with* hw *crossed out in pencil*
765 þæt wæs] þæt he wæs
780 betlīc] hetlic
811 wæs] *supplied*
836 hrōf] h *edge*; *TB* hr . . .
875 Sigemundes] sige munde
902 eafoð] earfoð
936 gehwylcum] gehwylcne
949 nǣnigre] ænigre
954 dōm] *supplied*
957 Ecgþēowes] ecþeo wes
963 hine] him
965 mund] hand
976 nīd] mid
980 Ecglāfes] eclafes
1004 gesēcan] ge sacan
1022 hilde] hilte
1026 scēotendum] scotenum
1031 walu] walan
1032 lāfe] laf
      meahte] meahton
1051 lāde] leade

1073 lind] hild
1079 hēo] he
1117 ēame] earme
1128–29 Finne / eal unhlitme] finnel un hlitme
1130 ne] *supplied*
1151 roden] hroden
1174 þe] *supplied*
1176 rinc] ric
1198 māðum] mad mum
1199 þēre] here
1200 flēah] fealh
1218 þēod-gestrēona] þeo ge streona
1229 hold] hol
1234 grimme] grimne
1261 Cāin] camp
1278 dēoð] þeod
1314 hwæþer] hwæþre
      Al-walda] alf walda
1318 nægde] hnæg; *TAB* hnægde
1320 laðum] laðu
1328 Swylc] *edge*; *TA* swy . . .
1329 æþeling] *supplied*
1331 hwæder] hwæþer
1333 gefægnod] ge frægnod
1351 onlīcnes] onlic næs
1354 nemdon] nem *edge*; *TAB* nemdod
1362 standeð] stanðeð
1372 hȳdan] *supplied*
1382 wundnum] wundini
1383 Ecgþēowes] ecg eo es
1424 fyrd-lēoð] *edge* leoð; *TA* . . . leod; *TB* f . . . leod
1506 wylf] wyl
1508 þæs] þæm
1510 swencte] swectē
1513 in] *supplied*
1520 hond sweng] hord swenge

1531 wunden] wundel

1537 feaxe] eaxle

1541 andlēan] handlean

1545 seax] seaxe

1546 ond] *supplied*

1559 wæs] *supplied*

1599 ābroten] abreoten

1602 sētan] secan

1737 sefan] sefa; *TAB* sefað

1741 weaxe] wea; *TAB* weaxed

1750 fǣtte] fædde

1774 edwenden] ed wendan

1796 beweotede] be weotene

1803 scīma æfter sceadwe] *supplied*

1805 farenne] *edge* . . . ne ne; *TB* farene ne

1816 hæle] helle

1833 wordum] weordum

1836 Hrēþrīc] hreþrinc

1837 geþingeð] geþinged

1857 gemǣne] . . . e mænum; *TAB* ge mænum

1862 heafu] . . . a þu; *TAB* hea þu

1868 hine] inne

1875 hīe seoððan nā] he seoðða

1876 Wæs] *edge*; *TA* þæs

1883 āgend] aged

1889 hēap] *supplied*

1893 gæstas] *edge*; *TA* gæs *blank*

1902 māþme] maþma
      weorþra] weoþr re

1903 naca] nacan

1918 oncer] oncear

1926 hēah on] hea

1944 onhōhsnode] on hohsnod
      Hemminges] hem ninges

1956 þone] þæs

1960 Ēomēr] geomor

1961 Hemminges] hem inges

1981 heal] side

1983 hæleðum] hæðnū

1991 wīd] wið

2001 micel] *supplied*; *edge*

2002 hwylc orleg] hwy . . . ; *TA* hwyle *blank*; *TB* hwylce . .

2006 ne] *supplied*

2007 ǣnig] *TB* en . .

2009 fācne] *TA* fæ *space*; *TB* fer . .

2019 sealde] *supplied*; *edge*

2020 duguðe] *TB* . . . uguðe

2023 nægled] *edge* led; *TAB* . . . gled

2024 is] *edge*; *TB* se

2026 hafað] *edge* fað; *TAB* iafað

2032 ðēodne] ðeoden

2037 beardna] bearna

2042 geman] g *edge*; *TB* genam.

2044 geongum] geon; *TAB* geong

2055 gylpeð] gylp *edge*; *TB* gylped

2062 lifigende] *edge* de; *TA* figende

2063 ābrocene] *edge* rocene; *TA orocene*; *TB*. orocene

2064 syððan] *space* an

2067 beardna] bearna

2076 hild] hilde

2079 magu] magū

2085 gearo-folm] geareo *edge*; *TAB* geareo folm

2093 hū ic ðām] hu *edge*; *TA* huiedā

2094 ondlēan] hon; *TA* hondlean

2097 brēac] br *edge*; *TA* bræc; *TB* brec

2106 rehte] reh; *TAB* relite

2108 gomen-wudu] go wudu *edge*; *TAB* go mel wudu

2113 inne] . e; *TA* mne

2128 fæðmum under] fæ . . . der *edge*; *TA* fæð *blank* under; *TB* fædrungu ðer

2129 Hrōðgāre] hroðg *edge*

2136 grimne] grimme

2139 gūð] *supplied*; *edge*
2146 māðmas] *edge* s; *TB* . . . is
2147 mīnne] . . . ne *edge*; *TB* . . . ne
2168 rēnian] r . . . *edge* e; *TA* re *space*; *TB* ren . . .
2174 ðēodnes] ðeo . . . *edge*; *TAB* ðeod
2176 brēost] brost
2186 Wedera] wereda
2187 wēndon] . . . don; *TAB* . . don
2202 Heardrēde] hearede
2205 hild-frecan] hilde frecan
2211 rīcsian] *TA* rics an; *TB* ricsan
2212 hēaum hofe] hea . . .; *read as* heaum hofe *by Sedgefield*
        under ultra-violet light, and otherwise by others
2218 þēah ðe hē] *probably* þeah ðe he, *but indistinct*
        besyred wurde] . syre . . . de; *TAB* be syre . . .
2219 onfand] *illegible*
2220 bū] b . .
        gebolgen] gebolge . . .
2221 wyrm-hord ābræc] wyrm horda cræft
2223 þēow] þ . . .
2225 ærnes] ærn.s (Malone)
        fealh] weal . . . ; *TAB* weall
2226 onfunde] mwatide
2227 gyste gryre-brōga] gyst . . . br . g .
2228 earmsceapen] . . . sceapen
2230 þā hyne] *thus Sedgefield*
2232 hūse] *TB* se
2237 se] si
2245 hord] hard
2247 mōstan] mæstan *written over* moston *or* mostun
2250 fȳra] fyrena
2251 þāra] þana
        līf] *supplied*
2253 forð bere] f . . . *edge*; *TA* f *space*; *TB* fe . . .
2254 duguð] dug . . .
        sceōc] seoc

2255　hyrsted golde] *edge* . . . sted golde

2268　hwearf] hwe . . . ; *TA* hweir

2275　swīðe ondrǣdaðð] . . . da.

2276　hord on] . . . r . . .

2279　hrūsan] hrusam

2296　hlǣw] hlæwū

2298　wīges] hilde

2299　beaduwe] be . . . ; *TAB* bea *space*

2305　se lāða] fela ða

2307　læng] læg

2325　hām] him

2340　helpan] he . . .

2341　lǣn] þend

2347　þā] þā (*i.e.* þam)

2355　hond-gemōta] *TAB* hond gemot

2361　þrītigra] XXX
　　　eorla] *supplied*

2362　stāg] . . . ag

2363　þorfton] þorf . . . ; *TA* þorf *space*; *TB* þorf . on

2377　hine] hī (*i.e.* him)

2383　ðe] ðe ðe

2385　for feorme] orfeorme

2448　helpe] helpa

2468　tō] sio

2473　wīd] *TA* rid

2478　gefremedon] ge ge fremedon

2488　heoro] *supplied*

2503　Frēs-cyninge] fres cyning

2505　in campe] incempan

2514　mǣrðu] mærðū (*i.e.* mærðum)

2523　oreðes ond attres] reðes ond hattres

2525　furðður] *supplied*

2533　nefne] nef . . . ; *TA* nefu; *TB* nef . . . *with* ne *added later*

2534　þæt] wat

2545　stondan] stodan

2564　ungleaw] unglaw *with erasure*

2589　ofer] *supplied*
2596　hand] heand
2612　Ōhteres] ohtere
2613　wræccan] *TA* wræcca; *TB* vr . . .
　　　Wēohstān] weoh stanes
2628　mǣges] mægenes
2629　þæt] þa
2660　beadu] byrdu
2671　nīosian] *TB* niosnan
2676　wæs] *supplied; edge*
2678　mǣrða] m . . .
2694　gefrægn] *supplied*
2698　mǣges] mægenes
2710　sīðast] siðas
2714　bealo-nīðe] beal; *TA* bealomð; *TB* bealo niði
2723　helm] he; *TA* helo; *TB* heb
2727　wynne] wyn . .; *TA* wym; *TB* wyne
2755　under] urder
2765　grunde] gr; *TAB* grund
2769　lēoma] *TAB* leoman
2771　wrǣte] wræce
2775　hladon] hlod . . .; *TA* holdon; *TB* hlodon
2792　Biorn-cyning spræc] *supplied*
2793　giohðe] giogoðe
2799　mīne] minne
2814　forswēop] for speof
2819　hreðre] hwæðre
2821　guman] gumū (*i.e.* gumum)
2828　hine] him
2844　ǣghwæðer] æghwæðre
2854　spēow] speop
2860　geongan] geongū (*i.e.* geongum)
2882　Wergendra] fergen dra
2884　Nū] hu
2911　underne] under
2916　genǣgdon] ge hnægdon

2929 ondslyht] hond slyht
2930 brȳd āhredde] bryda heorde
2931 gomelan] gomela
2940 trēowum] treowu
2941 fuglum] *supplied*
2946 Swēona] swona
2958 Higelāces] hige lace
2959 forð] ford
2961 sweorda] sweordū (*i.e.* sweordum)
2972 ondslyht] hond slyht
2978 brādne] brade
2989 Hē ðām] h . . . ; *TB* h . d . .
2990 mid] *supplied*
       gelæste] gelæsta
2996 syððan] syðða
3000 wēn] *supplied*
3005 scild-wigan] scildingas
3007 Nū] me
3012 gecēapod] gecea . .
3014 gebohte] . . . te
3040 lāðne] la n *space*
3041 gryre-fāh] gry . . .
3060 wrǣte] wræce
3065 māgum] . . . ū; *TB* . . . gum
3073 strude] strade
3078 ādrēogan] a dreoge
3086 þēod-cyning] *supplied*
3101 sīðe] *supplied*
3102 gimma] *supplied*
3119 fæðer] fæder
3121 cyninges] cyniges
3122 ætsomne] sōne (i.e. somne, Zupitza)
3124 rinca] rinc
3130 ofostlīce] ofostlic
3134 þā] þ (*i.e.* þæt)

3135 æþelingc] æþelinge
3136 hilde-rinc] hilde . .
3139 helmum] helm
3144 wudu-rēc] *TA* wud rec; *TB* wud . . . rec
3145 ·swioðole] swicðole
      lēg] *TAB* let
3149 cwealm] *TA* cw aln; *TB* . . . lm
3150 Gēatisc] iat *or* eat *followed by 'traces of two letters, the first like* s *or* i *or a much distorted* g, *the second* e, c *or* o' (*Smith, 1938*)
3151 bunden-heorde] bunden hear(?de) *by ultra-violet light; TA* unden hiord; *TB* unden heorde
3152 song] . . . ng
      Sǣde] . . . ðe; *TAB* sælde
3153 here-geongas] . . . g . . . gas *by ultra-violet light*
      ondrēde] ond . . . ede *by ultra-violet light*
3155 hȳnðo] hyðo
      hæft-nȳd] h . . f . . nyd
      swealg] swe.lg
3157 wæs] .æs
3158 wēg-līðendum] . gliðendū
      gesȳne] g.syne
3159 betimbredon] bet.mbredon
3168 hit ǣror] he . . . e . . or *or* hi . . . r; *TAB* hi . . .
3171 ceare] *supplied*
3172 wer] w . .
3174 gedēfe] ged . . .
3176 frēoge] freog; *TB* freogen
3177 lǣded] *supplied*
3179 hryre] . . yre
3180 wyruld–cyninga] wyruldcyni *edge*; *TB* wyroldcyning
3181 manna] anna; *TB* monne
      mon-ðwǣrust] . . . ust; *TAB* mondrærust

GENEALOGICAL TABLES

THE DANES or Scyldings

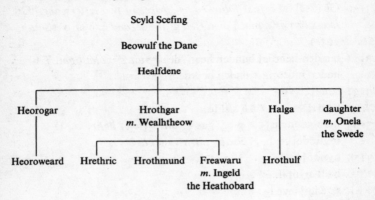

Scyld Scefing

Beowulf the Dane

Healfdene

Heorogar — Hrothgar *m.* Wealhtheow — Halga — daughter *m.* Onela the Swede

Heoroweard — Hrethric — Hrothmund — Freawaru *m.* Ingeld the Heathobard — Hrothulf

THE GEATS

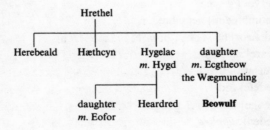

Hrethel

Herebeald — Hæthcyn — Hygelac *m.* Hygd — daughter *m.* Ecgtheow the Wægmunding

daughter *m.* Eofor — Heardred — **Beowulf**

THE SWEDES or Scylfings

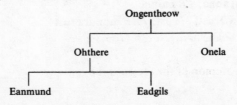

Ongentheow

Ohthere — Onela

Eanmund — Eadgils

GLOSSARY OF PROPER NAMES

The name in the nominative form is glossed, then followed by the number of the line in which it first occurs. Names that occur more than once in 'sub-plots' receive a more extended gloss with further line-references. For members of the ruling families of the Danes, Geats and Swedes, see also the Genealogical Tables facing this page.

Ābel   killed by Cain his brother (see Genesis 4) 108
Ælfhere   kinsman of Wiglaf 2604
Æschere   favoured counsellor of Hrothgar 1323
Ār-Scyldingas   (Honour-)Scyldings; descendants of Scyld; rulers of Denmark; Danes 464

Bēanstān   father of Breca 524
Beorht-Dene   (Glorious-)Danes 427
Bēowulf   king of the Danes, son of Scyld, father of Healfdene 18. Probably the Beo(w) found in West-Saxon genealogies
Bēowulf, Bīowulf   son of Ecgtheow, nephew of Hygelac, hero of the poem and later king of the Geats 343
Breca   son of Beanstan; chief of the Brondings 531
Brondingas   Brondings, a tribe 521
Brōsingas   name of a tribe, usually identified with the Brisings. See note to 1199

Cāin   killer of Abel; ancestor of Grendel 107

Dæghrefn   champion of the Hugas 2501

Dene   Danes 242. Also Beorht-, East-, Gar-, Healf-, Hring-, Norð- and West-Dene

Ēadgils   Swedish prince, son of Ohthere, elder brother of Eanmund; exiled with Eanmund by their uncle Onela 2379ff; harboured by the Geat king Heardred, who pays for this with his life 2202ff and 2384ff; later helped by Beowulf to regain the Swedish throne 2391ff

Ēanmund   Swedish prince, son of Ohthere, younger brother of Eadgils (see above); exiled to Geatland; slain by Weohstan 2611ff

Earna-ness   (Eagles') promontory in Geatland 3031

Ēast-Dene   East-Danes 392

Ecglāf   father of Unferth 499

Ecgþēo   Ecgtheow, a Wægmunding to whom the Geat king Hrethel gave his only daughter in marriage; slayer of Heatholaf; aided by Hrothgar; father of Beowulf 263

Ecgwela   a Danish king 1710

Eofor, Eafor, Iofor   Geat warrior, brother of Wulf; slayer of Ongentheow 2486 and 2977; Hygelac rewards him with the hand of his daughter in marriage 2993ff

Ēomer   son of Offa the Angle 1960

Eormenric, Eormanric   king of the East Goths. See note to 1199

Ēote, Ēotenas   Jutes 1072

Finn   king of the Frisians 1068. See Note on the Tale of Finnsburh

Finna land   the land of the Lapps 580

Fitela   nephew (and son) of Sigemund 879

Folcwalda   father of Finn 1089

Francan, Froncan   Franks, attacked by Hygelac 1210

Frēawaru   daughter of Hrothgar; betrothed to Ingeld 2022

Frēsan, Frȳsan   Frisians 1207. See Fres-lond

Frēs-cyning   king of the Frisians 2503

Frēs-lond   land of the Frisians, whether East (Finn's people) 1126 or West (tributaries of the Franks) 1157

Frēs-wæl   Frisian battlefield 1070

Frȳsan   see Frēsan

Gār-Dene   (Spear-)Danes 601
Gārmund   father of Offa the Angle 1962
Gēat   member of the Geatish people 640
Gēatas, Gēotas   tribe in southern Sweden 374. Also Guð-, Sæ-, Weder-Geatas
Gēatisc   Geatish 3150
Gēat-mæcgas   men of the Geats 491
Gēotas   see Gēatas
Gifðas   an East-Germanic tribe 2494
Grendel   monster killed by Beowulf; descendant of Cain 102
Gūð-Gēatas   (War-)Geats 1538
Gūð-Scilfingas (War-)Scylfings 2927

Hæreð   father of Hygd, the wife of Hygelac 1929
Hæðcyn, Hæðcen   second of three sons of king Hrethel of the Geats; accidentally kills his elder brother Herebeald 2434; succeeds Hrethel 2474; killed in battle against Ongentheow in the first Geat-Swedish war 2482; succeeded by his younger brother Hygelac
Hālga   younger brother of Hrothgar; father of Hrothulf 61
Hāma   hero who escaped from Eormenric with the Brising necklace 1198
Healfdene   king of the Danes, son of Beowulf the Dane, father of Hrothgar 57
Healf-Dene   Half-Danes, followers of Hnæf, then of Hengest. See Note on the Tale of Finnsburh
Heardrēd   son of Hygelac, king of the Geats, whom he succeeded as a minor; helped by his uncle Beowulf 2369ff; his support for the Swedish exiles led to his being killed by Onela in the second Geat-Swedish war 2202, 2388; avenged by Beowulf and Eadgils 2391ff
Heaðo-Beardan, Heaða-Beardan   Ingeld's people, enemies of the Danes 2032

Heaðoláf   a Wylfing, killed by Ecgtheow 460

Heaðo-Rǣmas   tribe living in Norway 519

Heaðo-Scilfingas   (War-)Scylfings 63 (note)

Helmingas   Wealhtheow's family 620

Hemming   kinsman of Offa and Eomer 1944

Hengest   leader of the (Half-)Danes after Hnæf's death 1083. See Note on the Tale of Finnsburh. Probably the Hengest who conquered Kent

Heorogár, Heregár, Hiorogár   son of Healfdene; Danish king; Hrothgar's elder brother 61; Hrothgar gives his corselet to Beowulf, who gives it to Hygelac 2155ff

Heorot, Heort, Hiorut, Hiorot   Hrothgar's hall 78

Heoroweard   son of Heorogar, whom he did not succeed, perhaps because too young; nephew of Hrothgar 2161

Herebeald   Hrethel's eldest son; his accidental killing by the arrow of his brother Hathkin led to the death of Hrethel 2434ff, and the outbreak of the first Geat-Swedish war

Heregár   see Heorogar

Heremód   Danish king, who after a promising youth became a cruel tyrant. After his death in exile, the Danes were without a king until the coming of Scyld 901, 1709

Hereríc   uncle of Heardred, hence possibly brother of Queen Hygd 2206

Here-Scyldinga   (Army-)Scyldings, Danes 1108

Hetware   Frankish people 2363. See note to 2357

Higelác   see Hygelac

Hildeburh   Danish princess, daughter of Hoc, sister of Hnæf, wife of Finn 1071. See Note on the Tale of Finnsburh

Hiorot, Hiorut   see Heorot

Hnæf   son of Hoc, brother of Hildeburh, chief of the Half-Danes 1069. See Note on the Tale of Finnsburh

Hóc   father of Hildeburh and Hnæf 1076

Hondsció   Geatish warrior eaten by Grendel 2076

Hrefna-wudu   Ravenswood, a Swedish forest 2925

Hrefnes-holt   Ravenswood 2935

Hrēosna-beorh   a hill in Geatland 2477

Hrēðel   king of the Geats, father of Hygelac 374 (genitive forms
    Hrædles, Hrædlan)

Hrēðling   son of Hrethel 1923

Hrēðlingas   Geats 2960

Hrēðric   elder son of Hrothgar 1189. See note to 1015b

Hring-Dene   (Ring-)Danes 116

Hrones-næs   (Whale's) headland in Geatland 2805

Hrōðgār   king of the Danes, son of Healfdene 61

Hrōðmund   son of Hrothgar; Hrethric's younger brother 1189

Hrōðulf   son of Halga and nephew of Hrothgar 1017. See note to
    1015b

Hrunting   Unferth's sword 1457

Hūgas   a Frankish tribe 2502

Hūnlāfing   a son of Hunlaf and follower of Hnæf 1143

Hygd   daughter of Hæreth; Hygelac's young queen 1926; receives
    necklace from Beowulf 2172; offers him the throne in place of
    her son Heardred, a minor 2369. The Geatish woman who
    mourns Beowulf at 3150 need not be Hygd, though she may
    have married him

Hygelāc, Higelāc   king of the Geats, killed in a raid on the Franks
    recorded by Gregory of Tours (see Introduction, p. xi);
    Beowulf is his sister's son 261

Ingeld   Heathobard prince, son of Froda; betrothed to Freawaru.
    See notes to 2025b and following passage

Ingwine   a name for the Danes 1044

Iofor   see Eofor

Merewīoing   the Merovingian (i.e. the king of the Franks) 2921

Mōdþryðo   young queen whose cruelty was curbed by her husband
    Offa. See note to 1931 and ff

Nægling   the sword Beowulf took from Dæghrefn 2680

Offa   king of the continental Angles; husband of Modthrytho; ancestor of king Offa of Mercia 1949

Ōhthere   elder son of Ongentheow the Swede 2928; father of Eanmund and Eadgils 2611ff, 2380 and 2394; elder brother of Onela 2616 and 2932

Onela   king of the Swedes; younger son of king Ongentheow 2932; married daughter of king Healfdene 62; exiled his nephews Eanmund and Eadgils; killed Heardred for harbouring them 2385; rewarded Weohstan for killing Eanmund 2932; killed in vengeance by Beowulf and Eadgils 2396

Ongenðēow, Ongenþīow   king of the Swedes, father of Ohthere and Onela 2928ff; saves his wife from Hathkin; pursued by Hygelac (first Geat-Swedish war) 2922–3007; killed by Eofor 2486ff and 2961ff

Ōslaf   Danish follower of Hengest 1148

Sǣ-Gēatas   (Sea-)Geats 1850

Scede-land   southern part of Scandinavian peninsula, once ruled by Denmark, hence used for the Danish realm 19

Sceden-ig   see Scedeland 1686

Scēfing   son of Scef 4

Scyld   founder of the Danish dynasty of the Scyldings 4

Scylding   descendant of Scyld, a Dane 53. Also Ar-, Here-, Sige- and þēod-Scyldingas

Scylfing   one of the Swedish royal house, a Swede 2381. Also Gūð- and Heaðo-Scylfingas

Sigemund   son of Wæls, father and uncle of Fitela, slayer of the dragon Fafnir 875

Sige-Scyldinga   (Victory-) Scyldings, Danes 597

Sūð-Dena   (South-)Danes 463

Swēon   Swedes 2472

Swēo-ðēod   the people of the Swedes 2922

Swerting   Hygelac's (maternal) grandfather (or uncle) 1203

Swīo-rīce   Sweden 2383

þēod-Scyldingas   Scyldings, i.e. Danes 1019

Unferð   son of Ecglaf; vocal courtier of Hrothgar 499

Wægmundings   the family to which Weohstan, Wiglaf and Beowulf
  belong 2607, 2814. See note to 2602
Wæls   father of Sigemund 897
Wælsing   son of Wæls: Sigemund 877
Wealhþēow   Hrothgar's queen 612
Wederas   Geats 498
Weder-Gēatas   (Storm-)Geats 498
Weder-mearc   Geatland 298
Wēland   Wayland the smith of the gods 455
Wendlas   Vendels, from modern Vendyssel, Jutland 348
Wēohstān, Wīhstān   father of Wiglaf 2613
West-Dene   West Danes 383
Wīglaf, Wīlaf   kinsman of Beowulf, a Wægmunding. See note to
  2602
Wīhstān   see Weohstan
Wilfingas   see Wylfingas
Wiðergyld   a Heathobard warrior, probably father of the young
  warrior of 2044
Wonrēd   father of Eofor and Wulf 2971
Wonrēding   son of Wonred: Wulf 2965
Wulf   brother of Eofor 2965
Wulfgār   chamberlain at the court of Hrothgar 348
Wylfingas   a Germanic tribe 471

Yrmenlāf   younger brother of Æschere 1324

READ MORE IN PENGUIN

In every corner of the world, on every subject under the sun, Penguin represents quality and variety – the very best in publishing today.

For complete information about books available from Penguin – including Puffins, Penguin Classics and Arkana – and how to order them, write to us at the appropriate address below. Please note that for copyright reasons the selection of books varies from country to country.

In the United Kingdom: Please write to *Dept. EP, Penguin Books Ltd, Bath Road, Harmondsworth, West Drayton, Middlesex UB7 0DA*

In the United States: Please write to *Consumer Sales, Penguin Putnam Inc., P.O. Box 12289 Dept. B, Newark, New Jersey 07101-5289.* VISA and MasterCard holders call 1-800-788-6262 to order Penguin titles

In Canada: Please write to *Penguin Books Canada Ltd, 10 Alcorn Avenue, Suite 300, Toronto, Ontario M4V 3B2*

In Australia: Please write to *Penguin Books Australia Ltd, P.O. Box 257, Ringwood, Victoria 3134*

In New Zealand: Please write to *Penguin Books (NZ) Ltd, Private Bag 102902, North Shore Mail Centre, Auckland 10*

In India: Please write to *Penguin Books India Pvt Ltd, 11 Community Centre, Panchsheel Park, New Delhi 110017*

In the Netherlands: Please write to *Penguin Books Netherlands bv, Postbus 3507, NL-1001 AH Amsterdam*

In Germany: Please write to *Penguin Books Deutschland GmbH, Metzlerstrasse 26, 60594 Frankfurt am Main*

In Spain: Please write to *Penguin Books S. A., Bravo Murillo 19, 1° B, 28015 Madrid*

In Italy: Please write to *Penguin Italia s.r.l., Via Benedetto Croce 2, 20094 Corsico, Milano*

In France: Please write to *Penguin France, Le Carré Wilson, 62 rue Benjamin Baillaud, 31500 Toulouse*

In Japan: Please write to *Penguin Books Japan Ltd, Kaneko Building, 2-3-25 Koraku, Bunkyo-Ku, Tokyo 112*

In South Africa: Please write to *Penguin Books South Africa (Pty) Ltd, Private Bag X14, Parkview, 2122 Johannesburg*

READ MORE IN PENGUIN

A CHOICE OF CLASSICS

Aeschylus	**The Oresteian Trilogy**
	Prometheus Bound/The Suppliants/Seven against Thebes/The Persians
Aesop	**The Complete Fables**
Ammianus Marcellinus	**The Later Roman Empire (AD 354–378)**
Apollonius of Rhodes	**The Voyage of Argo**
Apuleius	**The Golden Ass**
Aristophanes	**The Knights/Peace/The Birds/The Assemblywomen/Wealth**
	Lysistrata/The Acharnians/The Clouds
	The Wasps/The Poet and the Women/ The Frogs
Aristotle	**The Art of Rhetoric**
	The Athenian Constitution
	Classic Literary Criticism
	De Anima
	The Metaphysics
	Ethics
	Poetics
	The Politics
Arrian	**The Campaigns of Alexander**
Marcus Aurelius	**Meditations**
Boethius	**The Consolation of Philosophy**
Caesar	**The Civil War**
	The Conquest of Gaul
Cicero	**Murder Trials**
	The Nature of the Gods
	On the Good Life
	On Government
	Selected Letters
	Selected Political Speeches
	Selected Works
Euripides	**Alcestis/Iphigenia in Tauris/Hippolytus**
	The Bacchae/Ion/The Women of Troy/ Helen
	Medea/Hecabe/Electra/Heracles
	Orestes and Other Plays

A CHOICE OF CLASSICS

Hesiod/Theognis	**Theogony/Works and Days/Elegies**
Hippocrates	**Hippocratic Writings**
Homer	**The Iliad**
	The Odyssey
Horace	**Complete Odes and Epodes**
Horace/Persius	**Satires and Epistles**
Juvenal	**The Sixteen Satires**
Livy	**The Early History of Rome**
	Rome and Italy
	Rome and the Mediterranean
	The War with Hannibal
Lucretius	**On the Nature of the Universe**
Martial	**Epigrams**
	Martial in English
Ovid	**The Erotic Poems**
	Heroides
	Metamorphoses
	The Poems of Exile
Pausanias	**Guide to Greece (in two volumes)**
Petronius/Seneca	**The Satyricon/The Apocolocyntosis**
Pindar	**The Odes**
Plato	**Early Socratic Dialogues**
	Gorgias
	The Last Days of Socrates (Euthyphro/ The Apology/Crito/Phaedo)
	The Laws
	Phaedrus and Letters VII and VIII
	Philebus
	Protagoras/Meno
	The Republic
	The Symposium
	Theaetetus
	Timaeus/Critias
Plautus	**The Pot of Gold and Other Plays**
	The Rope and Other Plays

A CHOICE OF CLASSICS

Pliny	**The Letters of the Younger Pliny**
Pliny the Elder	**Natural History**
Plotinus	**The Enneads**
Plutarch	**The Age of Alexander (Nine Greek Lives)**
	Essays
	The Fall of the Roman Republic (Six Lives)
	The Makers of Rome (Nine Lives)
	Plutarch on Sparta
	The Rise and Fall of Athens (Nine Greek Lives)
Polybius	**The Rise of the Roman Empire**
Procopius	**The Secret History**
Propertius	**The Poems**
Quintus Curtius Rufus	**The History of Alexander**
Sallust	**The Jugurthine War/The Conspiracy of Cataline**
Seneca	**Dialogues and Letters**
	Four Tragedies/Octavia
	Letters from a Stoic
	Seneca in English
Sophocles	**Electra/Women of Trachis/Philoctetes/Ajax**
	The Theban Plays
Suetonius	**The Twelve Caesars**
Tacitus	**The Agricola/The Germania**
	The Annals of Imperial Rome
	The Histories
Terence	**The Comedies (The Girl from Andros/The Self-Tormentor/The Eunuch/Phormio/The Mother-in-Law/The Brothers)**
Thucydides	**History of the Peloponnesian War**
Virgil	**The Aeneid**
	The Eclogues
	The Georgics
Xenophon	**Conversations of Socrates**
	Hiero the Tyrant
	A History of My Times
	The Persian Expedition

READ MORE IN PENGUIN

A CHOICE OF CLASSICS

Adomnan of Iona	**Life of St Columba**
St Anselm	**The Prayers and Meditations**
Thomas Aquinas	**Selected Writings**
St Augustine	**Confessions**
	The City of God
Bede	**Ecclesiastical History of the English People**
Geoffrey Chaucer	**The Canterbury Tales**
	Love Visions
	Troilus and Criseyde
Marie de France	**The Lais of Marie de France**
Jean Froissart	**The Chronicles**
Geoffrey of Monmouth	**The History of the Kings of Britain**
Gerald of Wales	**History and Topography of Ireland**
	The Journey through Wales and The Description of Wales
Gregory of Tours	**The History of the Franks**
Robert Henryson	**The Testament of Cresseid and Other Poems**
Robert Henryson/ William Dunbar	**Selected Poems**
Walter Hilton	**The Ladder of Perfection**
St Ignatius	**Personal Writings**
Julian of Norwich	**Revelations of Divine Love**
Thomas à Kempis	**The Imitation of Christ**
William Langland	**Piers the Ploughman**
Sir Thomas Malory	**Le Morte d'Arthur** (in two volumes)
Sir John Mandeville	**The Travels of Sir John Mandeville**
Marguerite de Navarre	**The Heptameron**
Christine de Pisan	**The Treasure of the City of Ladies**
Chrétien de Troyes	**Arthurian Romances**
Marco Polo	**The Travels**
Richard Rolle	**The Fire of Love**
François Villon	**Selected Poems**
Jacobus de Voragine	**The Golden Legend**

READ MORE IN PENGUIN

A CHOICE OF CLASSICS

ANTHOLOGIES AND ANONYMOUS WORKS

The Age of Bede
Alfred the Great
Beowulf
A Celtic Miscellany
The Cloud of Unknowing and Other Works
The Death of King Arthur
The Earliest English Poems
Early Christian Lives
Early Irish Myths and Sagas
Egil's Saga
English Mystery Plays
The Exeter Book of Riddles
Eyrbyggja Saga
Hrafnkel's Saga and Other Stories
The Letters of Abelard and Heloise
Medieval English Lyrics
Medieval English Verse
Njal's Saga
The Orkneyinga Saga
Roman Poets of the Early Empire
The Saga of King Hrolf Kraki
Seven Viking Romances
Sir Gawain and the Green Knight